U0879290

迈入出版家行列

——韬奋出版奖获奖者小传丛书之一

中国出版协会 韬奋基金会 编

生活·讀書·新知三联书店

Simplified Chinese Copyright ©2013by SDX Joint Publishing Company.
All Rights Reserved.
本作品中文版权由生活·读书·新知三联书店所有。
未经许可，不得翻印。

图书在版编目(CIP)数据

迈入出版家行列——韬奋出版奖获奖者小传丛书之一 / 中国出版协会 韬奋基金会 编 -- 北京：生活·读书·新知三联书店，2013.9
ISBN 978-7-108-04505-8

Ⅰ.①韬… Ⅱ.①中… Ⅲ.①出版工作者－生平事迹－中国－现代 Ⅳ.①K825.42

中国版本图书馆CIP数据核字(2013)第062078号

责任编辑 朱利国 向 群
装帧设计 罗 洪
责任印制 李思佳
出版发行 生活·读书·新知三联书店
(北京市东城区美术馆东街22号)
邮　　编 100010
网　　址 www.sdxjpc.com
经　　销 新华书店
印　　刷 北京隆昌伟业印刷有限公司
版　　次 2013年9月北京第1版
2013年9月北京第1次印刷
开　　本 635毫米×965毫米 1/16 印张 32.5
字　　数 502千字
印　　数 0,001-5,500册
定　　价 88.00元
(印装查询：01064002715；邮购查询：01084010542)

韬奋出版奖获奖者小传丛书
编辑委员会名单

主　任　柳斌杰

副主任　聂震宁　刘建国　李宝中　王晓平

总策划　李宝中

编辑办公室　邢　岩　张增顺　温　暄

目　录

出版大发展呼唤出版大家

——代出版总序言

柳斌杰

韬奋出版奖是国家批准的出版界的重大奖项之一，是全国出版界个人最高奖项，在业界和社会上有很高的声誉和知名度。进入了这个行列的人，就进入了出版家的行列。

韬奋出版奖自 1987 年设立至今，25 年来先后评选了十一届，共有 149 位杰出出版人获此殊荣。他们是在中国出版领域贡献卓著的出版人，他们是中国出版人学习的榜样。这次中国出版协会决定将第十一届韬奋出版奖 20 位获奖者的个人小传结集成书，真实记录他们爱岗敬业、争创一流、勇于创新、淡泊名利的先进事迹，我认为这是一件非常有价值、有意义的事情。我还建议，从这届起，将每一届韬奋出版奖获得者的个人事迹都汇编成书，包括以前历届韬奋出版奖获得者，只要有条件能够提供稿件的，都尽可能汇编出版，使他们的精神、业绩，既能激励业界、比学赶超，又能昭示当代、留给后人。

获得本届韬奋出版奖的 20 人中，既有从事出版工作四十多年的老同志，也有奋战在编辑一线的中青年人才。翻看他们的个人小传，会深深感受到他们的创业激情，也会深深体悟到他们的不懈追求，他们在出版工作不同的岗位上，坚持弘扬韬奋精神，以自己的实际行动诠释了爱岗敬业、服务人民、投身改革、报效国家的精神品质，体现了与时俱进、开拓创新、勇于奉献的高贵品格。他们，用事业铸就了生命中的精彩华章；他们，用激情书写了出版人的时代风貌；他们，是中国当代出版人的优秀代表。

出版业的兴盛，总是和优秀人才的汇聚密不可分的。在中国出版历史上，曾有一大批学贯中西、卓有成就的大家在这里工作，出版业的发展、繁荣与辉煌与他们的杰出贡献是分不开的。改革开放三十多年来特别是党的十六大以来的十年，是中国出版业大改革、大变化的十年，也是大发展、大跨越的十年。十年来，出版软实力大幅提升，出版硬实力实现跨越，出版大国名副其实。可以说，出版体制机制从来没有像今天这样充满活力，出版产品从来没有像今天这样丰富多样，出版产业从来没有像今天这样发展壮大，出版传播能力从来没有像今天这样空前提升，出版在文化建设中的主阵地、排头兵、主力军、领跑者作用越来越显著。这些成绩的取得，也是与我们始终坚持人才兴业战略，让一大批优秀出版人才不断涌现分不开的。

人才兴，则事业兴。做好、做强一个行业，没有名人名家是不行的，作为文化基础的出版业尤为突出。出版业是传承文明、记录历史、普及知识、化育人类、传播真理的行业，是最具创新性的行业，更应该牢固树立人才资源是第一资源的观念。通过近几年的努力，出版业的人才结构逐步趋向合理，人才队伍也不断壮大。但相对目前出版业改革发展要求而言，优秀人才不是多了，而是少了，尤其是名家名人还不是很多，真正称得上是出版大家、出版名家、出版大师的更是凤毛麟角。从长远来看，这与出版业大发展大繁荣的要求不相适应，与党和国家文化建设战略的要求也不相适应。党的十七届六中全会提出了建设社会主义文化强国的宏伟目标，党的十八大对在新的历史起点上兴起社会主义文化建设新高潮、扎实推进社会主义文化强国建设作出了全面部署，并针对加强人才建设提出了“造就一批名家大师和民族文化代表人物”的明确要求。这就需要我们必须把优秀出版人才建设放在最重要的位置，优化政策环境，营造多出名家大师的机制，把更多的优秀人才汇聚到出版领域。

从另一个角度讲，国际出版业之间的竞争，归根结底也是人才的竞争。文化领域人才是核心竞争力，中国出版要在国际舞台上有地位、有竞争力、有影响力，就要多出名作、多育名企、多树名牌，而其关键是要多出出版名家、出版大家。这是建设出版强国的必然要求，也是必由之路。当前，信息化浪潮席卷全球，出版也处于大变革时期，人才作为出版文化创造力的核心作用越来越凸显，培育推出更多出版家是当前最为紧迫的任务。从出版业改革发展趋势来看，需要大力培养更多思想解放、头脑清醒、多谋善断、能把握局势的领军人才；从传统出版业向现代出版业转型来看，需要大力培养更多具有新思维、新思路、新技术的创新型人才；从当前复杂的国际形势来看，需要大力培养更多具有国际视野、开拓眼光、现代出版理念和深厚文化素养的复合型、外向型人才。

出版工作天地广阔、大有可为。希望全国出版工作者向韬奋出版奖获得者学习，在全行业掀起学先进、赶先进、争先进的热潮，以他们为榜样，以更高的职业操守、专业造诣、文化追求，积极投身出版业改革的实践，担负起推动行业发展的重任，让更多的名家大家脱颖而出，为推动我国出版业进一步繁荣发展、为人类文化进步事业建功立业。

（作者系全国人大常委、教科文卫委员会主任委员、
中国出版协会理事长）

第十一届韬奋出版奖
获奖者小传

投身激情与梦想的事业

——樊希安小传阅后感言

韬奋基金会理事长　聂震宁

《激情与梦想》一文记叙了第十一届韬奋出版奖获奖者樊希安，他的出版生涯的激情与梦想。从事出版业，第一要的就是激情，第二要的就是梦想。无激情便无动力、无进取、无自觉、无自重、无自信，尤其重要的是，无激情便无奉献，而无奉献也就做不成出色的出版业绩。因为出色的出版业绩通常有出版人的奉献在其中，只是往往不为世人所注意。无梦想也做不好出版。梦想便是追求创意、追求新意、追求高蹈、追求超越。没有梦想的人，往往流于平常。没有梦想的出版人，往往流于平庸。

正因为樊希安有激情在，才会有他主政生活·读书·新知三联书店后对学术文化和大众文化读物多层次的奋力开发；才会有对韬奋书店改造重建的决心和行动；才会有三联书店八十周年时一系列颇具创意的活动设计和安排。正因为他有梦想在，才会有京沪港三地三联书店联手创建高层论坛，通力合作创办三联书店国际公司，投资一千万人民币成立三联书店（上海）公司，在台湾设立三联书店特约经销店；才会有与省市新华书店系统的战略联盟，在宁夏、辽宁、黑龙江设立三联书店图书零售店，开通淘宝网三联旗舰店。

樊希安无怨无悔地投身出版业，因为他具有如许的激情和梦想。这激情和梦想，不一定是与生俱来，但一定植根于他从一开始就对文化事业怀抱着的敬畏之情和向往之心——这就是一位优秀出版人必备的内在素质。

生活·读书·新知三联书店党委书记、总经理　樊希安

激情与梦想

——记樊希安

一

1975年4月，樊希安从云南沾益上火车，整整坐了三天，终于到了北京。

他找到了自己要住的地方——东单煤炭部招待所。放下行李，他很兴奋地跑出来问守门的老大爷：天安门在哪里？——“往西是王府井大街，从王府井往南再往西，就到了。”面对近在眼前的天安门，三天的硬座竟没有使樊希安有半点疲劳，径直去了天安门。这个时候，天已经黑了，街灯亮了，天安门那个大广场，其景色正如所有描述那样：华灯初上……站在这里，樊希安心情激动：我的那些战友，好些人连县城都没有去过，我却到了北京，看到了天安门！

这一年，樊希安刚刚二十岁。接下来在北京的时间，是雷同的故事，他去了那些他能够去的所有景点，情绪一直是亢奋的，104路、102路……那些公共汽车，对于游客真是方便！

北京之行，当然有属于他自己的特殊记忆。招待所的人问樊希安：你去了天安门，看到北京最高的那幢楼——北京饭店了吗？那里面外国人可多了。于是，樊希安又去了趟北京饭店，外国人是看到了，但比外国人更让他惊讶的是：这家饭店的门是自动的——人走到门口，它就自动开了；进去后，又自动关了。这个真稀奇。就这么进进出出，一遍遍地看，慢慢也生出勇气，他自己也走到那扇门前——果然，门真是自动开的。

曾经的、遥远的年轻时候的北京记忆，很清晰。

三十七年后，樊希安回忆那趟让他印象深刻的第一次北京之行，说：当时隐约想过，如果能在这里工作，该多好啊！

勇敢地想象了一下，希望自己能够留在北京工作时，樊希安只是一个普通的基建兵战士。

十七岁那年，樊希安参加了征兵体检，身体没有问题，通过了；但樊希安对自己能不能当上兵，没有一点儿底。

樊希安的家在河南温县，这里是三国时期著名人物司马懿的故乡。世代务农的樊家，到了樊希安这辈兄弟三个，大哥去焦作当了教师，二哥在铁路上当警察。樊希安即将高中毕业时，二哥却不幸因公牺牲了，留下的两个孩子由爷爷奶奶带着。家里的壮男丁，只有老三樊希安一个。他自己也想好了，面对现实，老老实实待在家里当个农民吧！但是，他父母不这么想，看到樊希安体检通过了，他们说：你还是去当兵吧！别操心家里的事。

1972年末，樊希安成为解放军建字四一部队的一名战士，这支部队即基建工程兵第四十一支队，驻扎在贵州盘县。他很幸运，被分配到警通连载波班当通讯兵，一入伍就能学技术，还是先进的通讯技术，这是很好的机遇呢。只是，樊希安心不在此，志亦不在此。

在贵州盘县的军营里，樊希安最重视的地点莫过于邮局与邮箱，他一天一天地写稿，然后一封一封信寄出，等待可能比中彩票概率还低的刊用。那个年代的“制度设计”，对像樊希安这样的军营写作者，尤其是报刊投稿者颇为优厚：把信封剪一个角，注上“稿件”，就不用贴邮票，可以直接寄信了。当然，也需要谨慎注意，在没有“成功”、没有被报刊选择之前，得小心地、偷偷摸摸地写，如果总是发表不了，别人会笑话嘛。以文字，或者说以文学才能来改变自己的人生与命运，是那个时代的常规套路，只是，它的成功率比想象要低很多。

这个故事是个例外。仅仅半年，战友们发现了樊希安的志向，也欣赏到了他的才华。经过屡次不懈地写稿、投稿，1973年6月的一天，《贵州日报》发表了樊希安的处女诗作《军民情》。那个年代，能够在省报上一篇诗作，在四十一支队（师级建制），也算得上传奇了。见报第二天，领导也看见了，师政治部把樊希安找了过去……命运自此改变，樊希安成为支队宣传科的创作员。

农村孩子当然需要奋斗才会改变命运，但以一首诗而使自己脱颖而出备受重视，这奠定了樊希安未来命运的另一种基调：激情。以诗做底的人生，毕竟不同。

在从事了一年多的文艺创作之后，部队决定对樊希安进行深度培养——送他去《贵州日报》实习半年，以此将他的身份由创作者转变为部队的报道者。一般而言，部队里的宣传科都有报道组和创作组，而报道组更受重视。

在《贵州日报》学习结束，樊希安获得一次赴首都北京的机会：将一份介绍典型经验的汇报材料送到基建兵总部。他的多数战友尚未去过县城，他凭借自己的奋斗与机遇，竟然能到北京，能看到天安门，能见到外国人，还能看到不可思议的自动门。北京，一个多么令人向往的地方，梦想开始在心底升腾。

1976 年底，入伍四年后，樊希安面临两个真正具有意义的机会选择：在部队里提干，或者去读大学。两者分别何在？对于农村孩子当兵，真正的命运之变，即从农民跃升为干部，所谓“提干”，意义在此。当然，读了大学，身份也就自然成为干部。两者差别在于，读大学在三年之后，才可能完成身份转变；而如果不读，则在部队就可以马上提干了。——提干可以落实“干部”身份，才可能实现“北京梦”。

樊希安选择了读大学，成为最后一批工农兵大学生。当时，他们师仅有两个大学名额：北大哲学系与吉林大学中文系，樊希安成为了吉林大学的学生。随后恢复高考，知识改变命运成为一个时代的主题。只是，樊希安的选择在此之前；对他而言，一个农村孩子决定去读书，要等待三年才能拿到“干部”身份，是需要勇气与智慧的。而且，作为战士的身份去读大学，部队提供的生活补贴是非常低的。公允而论，符合那个时代的“理性”选择，可能并不是大学，而是等待直接提干。

知识当然改变命运。1982 年，大学毕业后的樊希安，有了接近曾经自己梦想的可能：他被借调到《基建工程兵》报社，开始在北京工作了。“借调”是正式进入的前一步，作为记者，樊希安打量这座城市，不再是游客心理——北京是他和他的基建兵战友的北京吗？看上去像。他们在真正建设着这座城市。樊希安用报道描述基建兵对城市建设的参与：修条跑道通蓝天。正在更快更大规模地建设这座城市与这个国家的时候，中央决定百万大裁军，基建兵也在被裁之列。

樊希安当然可以选择留在北京，不利之处是只能解决他自己的户口问题，家属不行，并且孩子还太小，这不是他想要的结果。

工作地点的改变、生活城市的迁徙，比如从贵州或者吉林到北京，无论对中国人还是全世界的人都一样，是抽象的“奋斗”概念的具体和实质表达。

那个穿着绿军装，才二十岁的小战士站在北京饭店门前，一遍遍盯着看自动门神奇地开与关……他问自己：我可以到这里来工作吗？第一次北京之行生发的这场很怯怯的“北京梦”，直到二十九年后的2004年，终于有了真正可以实现的机会。

当然，我们还不知道1982年樊希安北京之梦未遂之后，他去了哪里？

樊希安回到了长春，回到他读大学所在的城市。《吉林日报》决定接收既是大学生，又是转业军人的樊希安，这也是他最希望去的岗位。只是，人生未必事事顺遂。吉林省委宣传部看到了他的档案，“这是人才啊”！结果，樊希安未去成他所向往的《吉林日报》，却反被《吉林日报》的上级机构——吉林省委宣传部要走了。1983年1月，樊希安转业，正式到吉林省委宣传部宣传处上班。

在宣传系统干部与有才华的写作者两种角色之间，在相当长的时间里，樊希安的自我认定更接近后者——在宣传部里，他完成了纪实文学《双枪老太婆》，当年，这可是畅销书。“能写”！这是大家对樊希安的认定。

1991年，樊希安进入从事具体出版业务的机构——吉林人民出版社。在此之前，他已是正处级干部和破格提拔的副编审，到了出版社，虽然职务是“政治编辑室主任”，可在出版业务上仍得从头开始。

选择更接近自己兴趣与志向的出版机构，樊希安没有让自己，也没有让大家失望。他担任责任编辑的《风度美·气质美·韵致美》和《邓小平生平、著作、思想研究集成》，分别获全国图书“金钥匙奖”和吉林省政府优秀图书一等奖。在出版系统内，樊希安的角色有了多方位的磨炼——从编辑室主任，到时代文艺出版社代理社长；然后又调至吉林省新闻出版局任图书管理处处长，之后又出任吉林人民出版社总编辑，再后回到吉林省新闻出版局任副局长——这时，北京的中国出版集团开始组建运作，有关领导询问樊希安：要不要来北京，到出版集团工作？

这次向樊希安张开的北京大门，不再那么苛刻。如果樊希安同意，妻子与孩子将“随调”入京。

吉林省新闻出版局，还有省委组织部听闻樊希安可能会离开吉林去北京工作，也稍有意外：“是收入还是职务问题让老樊不满意，所以他要走？”相关领导来向老樊寻找答案，当然这一切猜测都不成立——就地方出版系统而言，樊希安早已接触到了天花板，在吉林可供发展的空间已经有限，北京的机会，才可能使他的事业更上一层楼。领导们当然理解樊希安，结果达成这样的共识：老樊是为了事业，我们支持他！

2004年，樊希安四十九岁。北京的机会来了，省里的领导与同事也很支持，曾经的梦想虽然延宕了二十九年，也眼看要实现了。可是，此时樊希安却有些犹豫：毕竟四十九岁了，毕竟在吉林工作了这么多年，有深厚的基础；选择北京，合适吗？他的组织人事系统的朋友给出一个很直接的标准：你这个级别的局级干部，五十岁是一条线，过了这条线，就不太可能再往北京调了。

闻听此言，樊希安不再犹豫，他下了决心：去北京！

事后看，樊希安的选择仍属“激情”，是诗人气质的表现。当时中国出版集团来人考察结束后，曾问樊希安希望去哪家出版社工作，他的回答是：哪里都行！说完这话，又补充道：最好别去美术或者音乐出版社，美术与音乐，实在一窍不通。

2005年6月，中组部的调令到了吉林，调樊希安到中国出版集团工作。吉林新闻出版局局长亲自送樊希安到北京，他们在吉林驻京办住下。局长当然想知道老樊的具体岗位后再回去啊！他问中国出版集团：你们要把樊希安分到哪里啊？集团说：现在还没定呢。局长回去了，樊希安就住在宾馆里看书、等分配。开始有消息说要把他分到中国大百科出版社，樊希安悄悄坐公交去了趟大百科出版社，“单位旁边还有家东北餐馆，不错”！——一个月后，正式的分配方案公布，樊希安被分到了生活·读书·新知三联书店，不是大百科。

从部队转业那会儿，北京也有工作机会，樊希安却选择回了长春，而不是两地分居；现在已经四十九岁了，又到北京来再次“创业”，家里的妻子同意吗？樊希安一个人独身到北京工作五年后，他爱人退休，不需要任何“调动”，户口于她无任何助益之际，终于“随调”来到北京；而樊希安接到调令来北京时，孩子还在长春读大学，后来自己考公务员考到北京——所谓“随调”解决的户口问题，其实对樊家没有产生一点影响。

北京，一个情结。选择北京，确实只是樊希安圆自己的梦，是一种激情选择，也是一个创业故事。那个穿绿军装的二十岁的小伙子，曾经的懵懂向往，成了三十年后的现实。

二

初到生活·读书·新知三联书店，樊希安分管《读书》杂志、人事、工会、图书馆以及“出版社转制”，位置是“二把手”，工作却相对轻松，他开始慢慢熟悉三联、融入三联。

进入三联书店第一件事，是参加店里在门头沟龙泉宾馆召开的年度选题工作会。这个选题会让樊希安惊讶：“出版社选题会，都是讨论具体选题。可是，三联的选题会，讨论的不是选题而是方向。比如三联书店要不要做电影，或者做小说类的书籍……”不解的樊希安得到的解释是：这就是三联，三联就是这样！这个解释让樊希安更疑惑：“三联果真就是这样？”

樊希安在吉林出版系统所积累的经验，当然告诉他不应是这样，哪有选题会只务虚不务实的呢？年度选题会是虚的，全年生产如何安排与进行呢？这时他的选择不是用吉林经验来碰撞“三联传统”，而是扎实地进入三联传统。

他开始研究三联书店的历史与传统。研究的第一个有形成果是：《我们今天如何竭诚为读者服务》——“竭诚为读者服务”，是三联书店创始人韬奋先生立下的店训。在韬奋先生的时代，这种服务甚至包括为读者邮寄图书、打官司、带孩子……是啊，今天，我们如何竭诚为读者服务呢？樊希安的结论是：在目前出版业泥沙混杂的情况下，还是要执著为读者提供优质的精神食粮，这就是三联今天竭诚为读者服务的方向。

在宏观上、思想上破解今天如何竭诚为读者服务之后，樊希安的第二项研究课题是：《关于学习韬奋先生事业性和商业性关系的论述》。

竭诚为读者服务——今天，我们要执著为读者提供优质的精神食粮。这是一家出版机构的“事业”所在，那么，如果仅仅只有“事业”可行吗？这个问题韬奋先生早就回答了：

首先我们要坚持事业性，事业性是根本，我们为文化而生，为了传承文化而存在；没了事业性，我们的根本就没了。但是，如果光强调事业性，不强调商业性，不努力地去经营和盈利，生存就难以为继，我们也就完蛋了。这一务实之论，是后来社会效益和经济效益两者辩证关系的最初表达。

这当然是远见卓识。樊希安重新学习并阐发韬奋先生的真知灼见，为三联书店在新的市场经济条件下的变化寻找传统思想资源。拥抱商业性，同样是三联书店的传统——事业性与商业性的融合，这才是“三联就是这样，这样才是三联”！

樊希安的第三项研究成果是：《关于三联书店强化大众出版物的思考》。如果说前述两项是战略性方向性的研究与思考，那么，思考大众出版物的出版，则是战术性的探讨了。

有意思的是，樊希安研究的这些问题，当然都是三联书店发展的大问题；他对三联历史与传统的思考，却带来了另一种结果：他慢慢融入了三联，大家接纳了他。

研究三联书店的历史与传统，这是樊希安选择进入并融入三联的一种路径。寻找三联未来发展之道，则是这种研究的目标所在。有意思的结果之一，是同事们接纳了他；而对樊本人而言，研究传统研究韬奋先生的思想，那个曾经榜样式的人物，对樊希安，由抽象而具体——“到了北京，进了三联，这个时候，我在想，未来的人生，应当做像韬奋先生那样的出版人！”跟当年那个二十岁的小战士相比，已知天命之年的他，对自己人生的期待与想象，有了实质性内容。

进入北京六年后的2011年，樊希安获得中国出版人的最高奖：第十一届韬奋出版奖。这当然是对他梦想与努力的一种肯定和回报。北京于樊希安，真实的意义是实现自己的人生价值。

2009年初，樊希安正式出任三联书店总经理。在宣布他任职的当天上午，樊希安去上级领导机关要政策：给三联书店批一个副牌社。所谓副牌社，意即三联书店所出书籍，可以选择两个牌子出版。这意味着，三联书店的市场化转型，可以先从这个副牌社开始，成了，由书店借鉴经验；不成，则吸取教训。可是，上级领导当即否定了这个请求——三联书店以及樊希安当下的核心任务，应该是稳定出版社，把书店的关系理顺。据此，樊希安从心里把“稳定三联”的任务，定为一年的期限。

然而计划总赶不上变化。樊希安上任三联书店总经理之际，中国出版集团公司的重点目标是谋求上市。在这盘棋里，包括三联书店在内的各出版社的资产，必须清晰明确。

集团财务统计的结果表明，当年1～5月，三联书店销售收入与去年同期比较，负增长11.11%，是集团图书出版单位销售收入下降的仅有两个单位之一。这半年，三联书店图书发货量在1万册以上的品种，只有1种。对于出版机构而言，如此格局，已呈现不折不扣的危机。

三联书店有书与刊两类出版物，相对特殊。对于刊物而言，《三联生活周刊》与《读书》是盈利的，比如2008年度，两家刊物合计实现利润1750万元左右。但刊与书合并后，上报的利润，却只有1351万元。再减去韬奋图书中心的亏损，利润总计才870万元。粗略地看，三联书店总体上是盈利的，但稍稍细致一点看，刊盈书亏非常明显，没有刊物补贴，早就明亏了；这一局面，难以持续。集团请来审计部门入店审计，所有的数据一笔一笔，清清楚楚。这下樊希安急了：稳定，三联书店当然需要稳定；可是，如果是消极的稳定，倒也能维持，可干不出成绩，到时候也同样要撵我老樊滚蛋！

更让人着急的是三联书店楼下的韬奋图书中心。仔细审计下来，这个中心竟然累计亏损两千多万！韬奋图书中心亏损，这是大家都知道的事实，可是亏这么多，谁也没有想到。这个中心办了十多年，已成北京市的文化地标，开始的时候连装潢都是领先的，两千多平方米的经营面积，每年向书店缴150万元的房租，倒也不算贵。后来，越交越少；最后，干脆不交了。不但交不出房租，连采购图书都没了资金，怎么办？上级有关方面出具的意见是：破产！并强调这是在理性思考下的首选方案。这让他好不为难。

经过一番掂量，樊希安放弃了这个“理性”选择。一上任，就把一个文化地标给破产掉，不甘心啊！另外，前面书店，后面编辑部，这是三联的传统，不能丢。如果真破产了，看上去是丢了一个包袱，结果呢？大家会说“三联”破产了，这对三联整体品牌有多大的损害啊！樊希安的选择非常明确：拯救！

做出这样的决定，需要“激情”。但是，具体到这一笔笔亏损的账，解决起来，却没法“激情”，只能精心“算计”——比如香港三联在韬奋图书中心的一笔投资，一轮一轮地谈，最后只支付了一个较小的数额，把这笔陈账了结了。尽管如此，还是要店里投入两千多万元的现金，才能把这个窟窿给补上。这谈何容易，但又必须去做！

韬奋图书中心，一个对三联书店来说的巨额亏损，就这样解决掉了。改制后，它的名字也改了，叫“韬奋书店”，这意味着它的脱胎换骨。经过深化改革，这一文化地标又焕发出生机和活力。

拯救“韬奋图书中心”不易，而扭转三联书店图书销售额的下降，则更有挑战性，更需要智慧。樊希安提出的方案是：通过强化大众出版物进入市场，增加销售，拉动经济效益的提升。

其实，这个方案很普通，难说它有独创性价值。但为什么三联书店却没人愿做，不去走由大众出版物进入市场之路呢？樊希安深入观察之后的结论是：这是一个不容易被察觉的结构性问题导致的。当时三联书店图书出版分三个编辑室：生活、读书、新知，这三个编辑室定位不清，图书同质化现象严重。出版之关键在于选题，而选题又在于清晰的编辑部的功能定位，编辑部定位不清，选题难以调整。因此，三联书店需要完成转型的第一步，是编辑部门组织结构的调整，通过调整组织机构进而调整选题结构。亏损、补窟窿、调结构等等不期而遇的挑战，改变了稳定一年的计划，也提供了变革的契机。压力之下，三联书店领导班子统一思想，迅速调整，把过去三个编辑室转换为学术、文化、大众三个出版中心。如此一来，各个中心定位清晰，选题与定位匹配，内部损耗变为秩序运转，因而大众出版物也就顺理成章地有组织有编辑来认真做了。畅销近百万册的《目送》，就是在这种结构下产生的一个奇迹。

三

在接到进京调令之际，樊希安曾写一首诗来记录自己当时的心情：“几番倾心向燕山，五十方将宿梦圆。羊头得草交鸿运，马蹄踏雪过蓝关。细算平生成败半，远眺重楼喜忧参。把握机遇再著力，不负友人不负天。”

真正到了北京，樊希安感叹：没有太多写诗的时间了。他的“北京时间”——需要的是“再著力”去“把握机遇”，以期“不负友人不负天”。因而，他的北京故事，是一重重的思考，一道道的对策，有无以及有多少智慧，是这个故事的核心所系。

樊希安开始动用自己在吉林时积累的资源，与各省市新闻出版局，尤其是新华书店系统建立彼此联系。这种联络达成的有形结果是：与山东、河南、江苏、黑龙江和青岛四省一市新华书店系统建立“战略联盟”。一家书店，或者更准确地说一家出版社，与发行系统建立联盟，自是业务必须，但却是与新华书店系统，一般认为是最庞大而低效的发行销售系统进行联合，意欲何为？

从一店之掌门人的角度来看，三联书店的品牌影响力，越在高端，影响越彰；但反过来，到了三四线城市，越往下走，影响力则越递减。如果有补贴，不在意经济效益，如此品牌的影响方式与结构，当然很好。但要码洋，要利润，如此，则市场格局太小。樊希安觉得自己必须平衡品牌影响力与实际收益力，这样一来，三四线城市的拓展，势在必然。

传统三联书店的销售渠道，则主要借助市场经济兴起之初的图书发行的“二渠道”，亦即民间发行渠道。这在相当意义上，也是三联书店早期成功的因素之一。

高端品牌与二渠道发行，这是三联的基本现实。如此格局，三联所拥有的现实空间当然有限，樊希安有拓展的可能吗？凡成事者，当然谋定而动。樊希安基于多年实际操作者的观察，成竹在胸。他认为：过去，新华书店系统确实改革滞后，靠着自己垄断的优势，控制市场却无效率。但是，这并非一成不变，新华书店系统自身也在变革之中，尤其这些年，变革迅速，其不为外界所知的事实是：全国性图书发行公司的新华书店，总店控制力降低，省地新华书店势力显著上升。这一升一降，意味着，过去的全国性发行垄断，逐渐变成省市的地方性垄断。这种垄断，又跟地方出版集团的组建相匹配，各地方出版集团的图书，自然会利用自己本地的新华书店先占领本地市场。如此一来，对传统的“中央级”出版机构，比如三联书店，则颇为不利。无论三联书店，还是中国出版集团，都没有自己的发行渠道。过去尚可以仰仗新华书店总店的支持，现在地方新华书店才是实力派，发行因此堪忧。

樊希安过去在吉林新闻出版局分管图书出版。在这个位置上，他对图书与渠道之关系，尤其是两者各自的演变，自是洞若观火。在调整三联书店内部结构，以求定位清晰的编辑部同时，他开始了自己创造性的拓展——跨界联盟，以求把三联的书更多地销出去。

对于出版社而言，发行是龙头，这是共识。樊希安执掌三联书店，决定自己来抓发行，从最苦的事做起。“最苦”的事，也是最需要智力的。与四省一市新华书店系统商议妥当，就要到青岛开会之际，樊希安的脚却意外被砸伤骨折了，他拒绝了医生让他卧床静养的建议，硬是拄着拐杖上了飞机，一拐一拐去青岛参加了“誓盟”大会。与会人员感动了，戏称他“铁拐李”。在他的主持下，三联书店第一届社店战略合作联席会获得圆满成功。

在新华书店系统结构性变迁之际，寻找并建立“中央级”图书出版机构与地方垄断发行渠道联盟——在目前中国，也只有新华书店有完备的三四线城市的发行网络，这是樊希安开拓的新模式。这种模式的创造性价值迅速被两端理解——对于类似三联书店这样的缺乏销售渠道的出版社，他们需要这个联盟给予渠道支持；而对于新华书店这样的渠道商，他们同样需要重建自己的品种基础。于是，樊氏联盟一经建立，即顺应了两方面的需求，出版机构以及新华书店多有要求入盟者。2012 年 4 月在无锡召开的第二届社店战略合作联席会，合作方已经扩大为四省五市，目前这一阵容仍在不断扩大中。

与新华书店系统建立联盟，是基于渠道的拓展，但它的意义却又不止于此。

目前图书发行，无论新华书店，还是二渠道，渠道竞争的主要挑战者是网上书店。新业态的出现，正在迅速侵蚀传统图书发行渠道。这是三联不可忽略的新势力。有意思的是，三联书店的出版物，多以知识分子为对象，因而读者也多为知识分子，他们是网络消费主体。三联的书有 30% ～ 40% 是通过网络销售出去的。对于三联，网络已成重要渠道。这个时候，重建与新华书店系统的“战略联盟”，意义何在？

樊希安描述网上书店：“竞争过于激烈”——而这种竞争，不二法宝即为降价。对于出版人而言，这是隐忧：目前三联书店的书，在跟网店谈判时，还能有一个好的谈判砝码，一是因为我们书的质量本身好，再则是我们有自己的发行通道。如果你完全没有自己的渠道，全部依仗网店网上销售，你就失去了控制力。所以，从这个角度看，跟实体书店比如新华书店系统的合作，是真正的“战略联盟”，无此联盟，首先在“战略”上无获胜机会。从现象透视本质，并由此确认对策，这才是强人强力所在。

循此思路，樊希安延伸性的期待是：未来如何将三联的地面书店作为中国出版集团的一个实体销售性机构，在全国各地联网落地。如此一来，中国出版集团有了自己的发行渠道，三联书店也可以从中获益。

而与上海三联和香港三联的战略合作，更是樊希安资源创造性整合的典型案例。

这一战略整合的核心方向是“品牌影响力”。分居三地的三家“三联”，如果联合，对品牌的提升会有什么样的结果？

1932年，韬奋先生由《生活》周刊而创立生活书店。稍后，1935年冬，三联书店前身的另一家出版机构——读书生活出版社成立，李公朴、陶行知、沈钧儒、章乃器、谌小岑、李芳等组成董事会。中国农村经济研究会的薛暮桥、张锡昌、孙冶方、王寅生、钱俊瑞、秦柳方、陈洪进等，则在1935年秋，创立新知书店。“生活”、“读书”、“新知”——三家出版机构，1948年在香港合并，这就是“三联书店”之由来。合并之后不久全国解放，三联书店完成历史使命，随即成为人民出版社的一个副牌。留在香港的三联仍然保持；1986年决定恢复三联书店建制之时，上海也恢复成立上海三联。于是，一家“三联”就有了三地出版机构。

北京、上海、香港三家“三联”，如果真正联合，或许能够成为真正在体制上创新的一家出版机构。只是，三家出版机构隶属关系不同，若真正合并，难度太大。但三家机构的融合，对彼此的品牌影响力的铸造，作用实在不可小觑。樊希安决心做这件事，他选择了不动结构的合作——三家“三联”于2010年召开高层年会，发表坚持文化使命的宣言。年会讨论了新的合作思路，三家出资成立三联国际公司，共同开拓国际国内市场。北京、上海和香港，三地的出版资源，特别是渠道可以以三联国际为载体而重新整合与共享。目前，三联国际公司已顺利注册，并已经开始实体运作。整合，无论是跨界，还是跨区域——京沪港，都会结出创造性新果实。

而以上战略选择，都源自于樊希安发展三联事业的战略思考。过去在相当长的时间里，未来三联书店的发展思路是什么？“小而特”？还是“大而全”？这两条道路是争议的焦点所在。樊希安跳出非此即彼的思路，提出“做强做开”。在中国出版集团领导来三联书店调研的时候，他具体阐述了自己的思路：

“从三联的实际出发，三联书店应该是做强做开比较合适。所谓做强，就是不断增强自己的出版能力和经济实力，靠品牌特色取胜；所谓做开，就是从公众影响力而言的，三联不公开谋求做大，对一个特色出版社而言，大而不强没有意思。但是我们要全力谋求做开，扩大辐射力和影响力，就是不盲目追求体量的增大，而是谋求布局的延伸和影响力的穿透。”

对此，樊希安有一个精妙的比喻，他说：

“我有个比方，三联书店不求成为萝卜，而是要努力使自己成为人参，人参体量虽小，但价值要远远高过萝卜，而且它的根须伸向四面八方，好的人参，尤其是老山参，根须延展到一两米开外。‘做强’，就好比人参的肢体，小而有它的核心价值；‘做开’，就类似人参的根须，向外尽量扩张开去。”

按此战略思路，来观照樊希安对编辑部门的组织结构调整，与省市新华书店系统跨界“战略联盟”，北京、上海、香港三家三联的跨区域联合，投资1000万成立三联书店上海公司，在台湾设立三联书店特约经销店，在宁夏、辽宁、黑龙江设立三联书店图书零售店等等，俱在“做强做开”思路之下，有章可循而且路径清晰。

作为“做开”战略的重要实践，樊希安提出并致力于打造“三联文化场”，业已取得了一系列成果：以北京美术馆东街22号三联书店编辑综合业务楼为依托，设立读者俱乐部、开通书香巷、建立韬奋图书馆、成功改制韬奋书店，建立“网上书店”、开通淘宝网三联旗舰店，形成了一个上下立体、内外贯通、文化氛围浓郁、高度密集的核心文化圈。

那么，樊希安所期待实现的目标是什么呢？

他的答案很简单：近期目标是把三联书店做成一家集团公司。其基本路径是：将现有的学术、文化与综合三个分社，变为三联书店母公司下面的三家出版单位；加上《三联生活周刊》、《读书》杂志、韬奋书店、三联国际公司、三联书店（上海）公司，形成“七星拱月”之势。在进一步“做强做开”之后，顺利实现集团化发展，为三联未来拓展更广阔的空间，最终将三联书店成功打造成国际著名品牌。

樊希安正在带领三联人向这一目标迈进。“做强做开”，并不只是一个口号，而是结出了一连串硕果：

2011 年，三联书店主营业务收入达到 1.97 亿元，较上年增加 3288 万元，增长 21%；利润在上年度突破 2000 万的基础上破 3000 万元大关，达到 3300 万元，增长 57%，是 2008 年利润的近四倍，创造了前所未有的佳绩。经济指标之外，其他方面的收获更为昭著：2009 年度在全国出版社等级评估中被评为一类出版单位，并获新闻出版总署授予的“全国百佳图书出版单位”荣誉称号，2010 年获得第二届出版政府奖“非常五加一”六项大奖，2011 年被评为全国新闻出版系统先进集体，《金克木集》、典藏版《陈寅恪集》、典藏版《钱锺书集》、《基督教经典译丛》、《老子十八讲》、《万水朝东》、《我与八十年代》、《唯一的规则》、《目送》、《巨流河》、《鲁迅箴言》、《暴风雨的记忆》、《对照记》等一批好书受到读者和社会各界赞誉。

2012年是三联书店创建八十年，7月26日在人民大会堂举办了热烈隆重的庆祝大会，党和国家领导人胡锦涛、吴邦国、温家宝、李长春、习近平、李克强等分别题词或致贺信，刘云山、刘延东、陈奎元、邹家华等中央领导同志出席了大会，上级领导、各界代表和京沪港三联员工共七百多人与会，规格之高，影响之大，堪称中国出版界顶级盛事。此外，三联八十年还举行了一系列店庆活动：召开《三联经典文库》座谈会、创办社会公益性质的韬奋图书馆、在江西余江恢复韬奋祖居，还有即将举行的三联国际文化公司的挂牌仪式……八十年的三联书店，历史荣光，现实亦辉煌。

2009年1月，樊希安出任三联书店新的“掌门人”之际，他自己坦言，愿意做一个“捆绑式火箭”，在把三联书店推向前进之时，也实现自己的人生价值。现在，他的愿望已经成为现实，在三联书店发展壮大的同时，他也获得了多种荣誉：中直机关五一劳动奖章获得者、第十一届韬奋出版奖获得者、中国出版集团公司优秀经营奖获得者等等。在奖项和荣誉面前，樊希安并没有满足，更没有止步，就像三十多年前初次踏进北京的那个小战士一样，依然踌躇满志。他提出了三联书店“八十年，再出发”的奋进口号，并进行更加宏伟的谋划。诗不写，梦还在，已经五十七岁的他身上充满奋斗激情，正全力写好“三联”这篇大文章：勇攀书山人未老，伏枥老骥再出发。

（作者　李鸿谷）

学者型出版人的价值与光荣

——米有录小传阅后感言

韬奋基金会理事长　聂震宁

我们的出版业曾经有过数不胜数的各类专家学者，他们的存在给出版业带来了最为可靠的实力和荣光。

而今，在产业化和市场化的浪潮中，专家学者型出版人似乎与行业有渐行渐远之势，寻找、吸纳专家学者型出版人，正在成为这个行业的奢想。

然而，出版业只要还是以内容为王的内容产业，即便如一些业内人士自称为内容服务商，专家学者型出版人就一定要成为这个行业不可或缺的中坚力量。

现在就有这样一位出版人，他曾站在美国杜克大学讲台上，发表关于中国乡村民主进程的演讲；在香港中文大学，他以“村级民主自治制度：一个必然的抉择，一个循序而进的过程”的见解，赢得广泛的钦佩；他曾经到过美国、德国等国家和我国台湾地区观摩领导人大选；他是中国欧盟村务管理培训项目顾问与指导委员会成员。他就是中国社会新闻出版总社社长米有录。

米有录曾以专业研究的扎实功底和敏锐眼光主编《乡镇论坛》杂志，杂志发行 90 万份。在美国哈佛、耶鲁、杜克等著名大学的图书馆里，可以看到这本专业性很强的杂志。

米有录接管一度经营十分混乱的中国社会出版社。他同样以专业学者的思维和敏锐，带领这家出版社在我国社会事业发展的选题开发、社区图书馆、农家书屋供书以及农民文学出版等方面迅速崛起，经济效益快速攀升。

这就是一位专家学者型出版人的价值与荣光。他的获奖，给出版业提供了启示和榜样。

中国社会新闻出版总社社长、总编辑　米有录

一个农民儿子的世界

——米有录印象

米有录获了韬奋奖。这是中国出版业的最高奖。新闻出版总署署长柳斌杰说：“进入了这个行列的人，就进入了出版家的行列。”

对获奖，米有录淡然处之，获奖人物谱要收的传略，他挨到最后一个，还说了这话：写个啥？

交谈中，我走进他的世界，认知着那个曾站在美国杜克大学讲台上，发表关于中国乡村民主进程演讲的中国学者；那个在香港中文大学，以“村级民主自治制度：一个必然的抉择，一个循序而进的过程”的见解，赢得广泛钦佩的学者；那个曾经观摩过美国、德国等国家和我国台湾地区领导人大选的观察员；那个中国欧盟村务管理培训项目顾问与指导委员会成员，感受他的悲悯与追求。

蛇咋就吞了象

米有录在门口沉默了会儿，走进会场。众人追寻着他的目光，让他感到有些异样。不知是谁带的头，掌声响起来。一下子，掌声满堂。

从这掌声中，他听出了信任，听到了期盼。他已经没有退路，因为，这信任，不能拒绝。这期望，更不能无视。

2000年国庆节前，民政部部长多吉才让把米有录和杂志社社长王爱平找去。“你们《乡镇论坛》办了多年，有经济实力，业务能力强，政治意识强……”领导慷慨地发着高帽，米有录心里明镜似的：这就是领导的艺术，接下来，部长要压担子了。

果然。“你们考虑考虑把中国社会出版社接过来。”多吉才让进入主题。

从1989年接手办起《乡镇论坛》，米有录先是做编辑部主任，而后在总编辑的位置上，做了近十年。杂志从太原办到北京，年发行量从几千册到九十多万册。编辑部十几个人，办公室、住房都解决了，小日子过得挺好。

论级别，《乡镇论坛》杂志只是个处级，接局级的中国社会出版社，这不是让“蛇吞象”吗？

过了节，事情已经没有回旋余地。“你们不用再想，这事就这么办！”再去部长办公室，米有录和王爱平听到多吉才让这样说。

米有录成了《乡镇论坛》与中国社会出版社合并工

作小组的组长，这是部党组会议上定的。

上任之后，他得去看看中国社会出版社账上有多少钱，职工工资有多高，家当有多大，职工都在干什么。

一圈儿看下来，他的心里真的不轻松。“蛇”面前的“象”，病得不轻。偌大一个出版社，账上只有几万元，库房里库存书堆得像山，新华书店的欠款乖乖有七百多万，书的退货率接近50%。员工的工资水平，比杂志社低了不小的一截。

吞这样一头“象”，难啊！

新任中国社会出版社总编辑、法定代表人米有录坐在办公室里。作者来了，讨要稿费。讨要排版费的，纸款的，印刷费的，装订费的，债主没有拉空的，接踵而至。

转过年，全国“两会”前，又有事上门了：《北京晚报》头版刊出报道，几十位作家起诉中国社会出版社侵权。讨说法的作家们住在昆仑饭店，在人民大会堂开会的民政部部长多吉才让坐不住了，把出版社的领导找去，说：“丢不起这个人啊！”

社领导班子二话没说，赔了108万。“社里惹上的官司有六七十件。我算了一下，欠的各种债，七七八八有两千多万。刚来时，有一件事我挺纳闷，每到吃饭时，人特别多，大大超过员工人数。一问才知，敢情那多出来的都是债主。”

学经济学出身的米有录，处理债务也真有邪的。“社里召开了债主会议。在河北离北京最近的三河，请了七八桌。我一生没吃过这么闹心的饭。我对请来的客人说，饭不好，因为社里没钱。但我们会尽快核清债权，制订还款计划，从核清债务时起逐月还，十八个月还清全部债务。”说这话时，米有录的底气，是《乡镇论坛》十年攒下的两三千万元。话说出去了，他压力也不小，杂志也要发展啊，现在，这钱，一下子让并进来的中国社会出版社还了账。

“那次，一个作者，找到我的办公室。八十多岁的老人，我们还欠着人家的稿费，作孽呀。我对老人说，老先生，您别再来了。您把身份证复印件、账号留下，明天就还您稿费。”这事米有录记到今天。

中国社会出版社的图书编辑们不知新的社班子要干什么，编辑部的会议居然拉到库房里去开。面对堆在库房里五六千万码洋的书，编辑们各认各的“孩子”，社里调整出书结构的举措，贯彻得出奇顺利。

接着，进行“零效益”核算，出版社与职工实行税前利润分成，职工绩效预付……这一系列做下来，大家的干劲上来了，牢骚怪话销声匿迹了。

“不用虚构，那经历，那感觉，写出来准比一般的小说还有味道。”米有录调侃着。

没做过出版的米有录，出手不凡。

2001 年，世纪之交，他看到了机会。于是，米有录出版生涯的破冰之书《跨世纪的中国民政》谋划继而推出。“民政系统有需求，1 省 1 卷，36 卷，向全系统组稿。各省卷印了 3000 套，民政综合卷印了 8000 册。发行很顺利，出版社有了不小的进项。”

让中国社会出版社翻身的工程，是全国万家社区图书室援建。社区建了图书室可书柜里却没有书，米有录和社班子看得真切，于是，有了由中国社会出版社策划，民政部、中宣部、全国文明办、文化部、广电部、中国作家协会六部委主办的大型读书活动。中国社会出版社为此引进了《魅力社区的建设》(日本)、《社区设计》(美国)、《世界范围内的社区发展》等 15 种图书，出版了一批以社区建设内容为主，涉及社区卫生、社区组织，社区警务、法律、人物传记等题材的书。“社区读书知识竞赛，全国搞了 6 个赛区，三千多人参赛，动静不小。”米有录说。

做出版，米有录和他的一班人做出了门道。在别人看来，一个部委出版社资源有限。而在他们眼中，资源漫山遍野。乡村、社区、兵营，到处留下了他和他的团队辛勤耕耘的身影。

2003 年，米有录带领全社开始进军农村阅读市场，那里是他熟悉、一刻不曾忘记的广阔天地。五六年下来，他主持策划了千余种农民看得懂、用得上、买得起的图书：以案说法，损害赔偿，新农村人居环境和新农村建设，农村社区建设、社区服务、社区安全，农村疾病防治与合作医疗，农民看世界……选题不仅实实在在，而且有全新的思路，体现着超前的关怀。农村读物这一巨大的阅读潜在市场，让出版做得风生水起。2007 年，国家启动农家书屋工程，第一批农家书屋推荐书目中，中国社会出版社 680 多种图书榜上有名。几年下来，中国社会出版社进入农家书屋推荐书目的图书，竟有千余种。

"2004 年，中国社会出版社销售码洋突破了两个亿，旧债还清了，还创利税两千多万。"米有录淡淡地说。

没几年的工夫，中国社会出版社由一个官司缠身的出版社，走上健康发展之路，成为全国百佳图书出版单位、国家一级出版社。

为泥腿子办杂志

1986 年，市场经济在中国还是一个敏感的话题。这一年 10 月 11 日，《光明日报》"经济学专刊"上刊出了一篇题为《劳动力商品化是不可逆转的趋势》的文章。此时，作者米有录，正全神贯注在他的农村劳动力研究上。他在刚刚发表于《经济研究》上的《试论国民经济成长与劳动力转移的关系》一文中作出了预测：到 2000 年，中国农村将有 1.5 亿剩余劳动力。预测在当时是大胆的，即使在十年后看也是准确的，作者找到了国民经济的成长与农村剩余劳动力转移之间的互动与变量关系，把农村劳动力剩余的原因归结于二、三产业和城市化的滞后。

正当米有录决定专心研究农村劳动人口流动问题时，一份杂志——《乡镇论坛》的创办中断了他的研究。

这份杂志的面世是时代给予的机会，而它的创办者则抓住了这个机会。

全国联产承包责任制的实行，极大地激发了农民的生产积极性，农村经济的快速发展和1984年撤销人民公社建立乡镇政府的制度安排，对村、乡提出了旺盛的管理需求，这与管理体制、管理能力的落后形成了强烈的反差。中国需要一本办给乡村干部看的杂志。

1989年1月，由山西社科院、中国农业经济效果研究会、农村读物出版社联合创办了《乡镇论坛》，紧接着在2月，民政部也加入其中，成为主办方之一。1991年这本杂志改由民政部主管主办。

“谁叫米有录？连副部长叫你呢。”

慈眉善目，质朴不乏坚毅。坐在副部长办公室里，米有录端详着面前的连尹。

“刊物叫《乡镇论坛》，就要名副其实，不是为民政部自身服务，而是办给乡镇干部看，为他们服务。”听着连尹的话，米有录心有灵犀。

“从大面上看，农村大包干、公社改乡镇后，问题堆在乡里、镇里，疑惑留给了乡镇干部。但从乡镇干部的来稿和读者的来信看，根子都在村里。村，是当下农村问题的集结点，杂志要为乡镇干部服务，根子还要向下扎，要扎到村里去。杂志的定位开始从以乡镇干部为主调整为乡村干部并重，到年底再次调整为以村组干部为主。当年，已有部分村干部能看到《乡镇论坛》了。

“1 月创刊时，开机 1 万份，上半年有大量杂志积压，到 9 月，杂志订阅出现了重大转机，订数超过 1 万份，许多新增订户要求回订全年，库存一下子全没了，好不容易留下 20 套，最后社里卖得只剩下 1 套样刊。”

《乡镇论坛》草创之初的境况，从米有录的话语中呈现出来。

激动人心的发展持续了近十年。1990 年，刊发 5 万；1991 年初刊发 13 万，年末达到 16 万；1993 年初刊发达到 30 万份。以后，每年以 10 万份增长，到 1998 年发行量已达 90 万份，是当时中国农村发行量最大的期刊之一。

“坚持正确的政治方向，跟中央精神紧些再紧些；坚持理论性，表达方式通俗些再通俗些；坚持探索性，研究问题深些再深些；坚持指导性，离基层近些再近些；坚持实用性，内容实些再实些；坚持知识性，含量广些再广些；坚持趣味性和可读性，形式活些再活些，文章短些再短些。办刊之初，社长李学举就提出了这个明确的要求。这么多年,《乡镇论坛》一直保持着这样的风格。用老百姓的话，说老百姓的事。它对中国民主政治的推动作用不可低估，这是一个团队的功劳。我一直认为,《乡镇论坛》是乡村干部爱的结晶，它的发展，是杂志社历任领导、编辑和通讯员辛勤耕耘的结果。我只是这个团队的一个成员。”米有录说。

翻检着《乡镇论坛》，我的心让情感打湿。

世纪之交，米有录在他发表在《乡镇论坛》上的一篇文章中，喊出了“谢谢您，父老乡亲”。他说，这“是因为，我切身地感受到父老乡亲在过去的日子里，付出的太多太多，得到的太少太少；向他们伸出的索要之手太多太多，帮助之手太少太少”。米有录“要让更多的人知道，正是那些泡在苦辣酸咸中的乡镇干部，和那些有苦说不出的村组干部支撑着中国农村稳定与发展的大厦。全国的几百万村组干部，他们没有国家干部的名分，没有端铁饭碗者的稳定收入，更没什么官职‘品位’。他们仍然是农民，依然要流自己的汗，吃自己的饭。但作为村组干部，却要为政府分忧，奉命收这要那，下要为村里的老少爷们排忧解愁。在上压下挤的夹缝里，他们理着国家的事，干着村里的活，挣的钱不多，担的责不小，受的气不少。然而，他们却难以得到社会的理解”，“他们的付出连起码的尊重都没有得到”。米有录就为这，呕心沥血地办着《乡镇论坛》。用它，放大着农民的呼声，传达着党和政府想让农民听到的声音。

1997年《乡镇论坛》百期之际，米有录在《百期感言》中写道："本刊的主要读者，是被誉为'中国农村改革与发展的脊梁'的乡镇干部，是世界上最为勤劳善良、厚道实在的农民朋友。是他们用双手支撑着共和国的大厦，是他们创造了用世界上7%的耕地供养22%人口的人类奇迹。正是这样一批可敬可爱的人，给予了本刊以有力的支持和深深的爱。读者通过鸿雁，把他们的爱传递给本刊，把我们的心牵回到辽阔田野，与他们摸爬滚打在一起。"《乡镇论坛》创刊百期时，已收到了十余万件来自乡村干部和农民的来信、稿件。这些来信，有的写在小学生的作业纸上，有的写在包香烟的纸上。"吐的是直言快语，说的是乡情民意，道的是真情实况，言的是家长里短。面对这田野的呼唤，时代的呐喊，铁石之心也会为之颤动，冰冷之血也会为之沸腾。不尽力办好杂志怎能对得起有养育之恩的父老乡亲，又怎能对得起他们那一颗颗滚烫的心？读者的爱把本刊'为农服务'的宗旨浇筑得神圣、庄严，把本刊'为农效力'的职责夯砸得实际实在。也使'农之忧乃我之愁，农之喜乃我之乐，农之富乃我之荣'成为本刊的'刊魂'。"

饱蘸情感的文字，使我明白，为什么当初《乡镇论坛》会得到每天几麻袋读者、作者来信的回报；为什么老百姓会拿着这份薄薄的刊物去讨说法；大榕树下，村民们为什么会拿着喇叭，传播杂志上的文章。

眼前的文字幻化成听米有录讲述的一幕：交加雷雨中，几位农民代表敲开杂志社的大门。他们从民政部一路打听，找到这儿，天已经黑了。“我们第一次坐火车，路费是乡亲们凑的。我们想要一份国务院文件，拿回去，评理。”留乡亲们吃饭的餐桌上，米有录知道了这一切。

乡村民主的歌者

至今仍然朴素得如同大地上的一块土坷垃的《乡镇论坛》，是米有录和乡镇论坛人的骄傲。

把这本杂志放进中国期刊之海，其貌不扬，不显山不露水。但它的读者，却是用心掂出了它的斤两。在九十多万的订户中，80% 的读者是乡村干部。

薄薄的《乡镇论坛》，是在农民们像 20 世纪 80 年代渴望土地那样渴望着“四个民主”，像不得温饱的人珍惜粮食一样珍惜着民主的权利的波澜壮阔背景下，登上历史舞台的。从创刊之初，它就开始了与村民自治“四个民主”携手同行，参与、记录、推进农村基层民主进程之路，为反映基层呼声、主张农民利益尽着绵薄之力。农民订阅这本杂志，与娱乐无干，却是与生存休戚相关。这是米有录和他的团队为之骄傲的理由。

为了两位村民的选举资格，村民们不惜千里迢迢来北京讨个说法；

为了公平而公正地选出一位村主任，一个村的两千多村民，啃着干粮，喝着凉水，连续开了十几个小时的选举会议，毫不厌倦地等待着三轮投票结果；

为了投上一票，外出的“打工仔”们不惜包上客车、坐上飞机在选举日前赶回家乡；

为了维护选举的合法公正，村民们花几十元买回村委会组织法的挂图，敲锣打鼓迎进村，挂在选举会场；

有的竞选者，为了取得选民的信任，掏出几万元、十几万元现金，作为任期抵押金；

……

《乡镇论坛》采摘下这一朵朵绽放在中国农村民主大潮中的浪花，在杂志里留下中国广袤大地上民主进程的坚实脚印。

米有录、王爱平主编的《静悄悄的革命——中国村民自治的历程》序言中指出：当人们在谈论中国的改革与发展时，自然不会忘记发轫于20世纪80年代初的农村经济改革。因为这一改革把它的功绩以物化了的经济增长量呈现在世人面前，而成为一个不可争辩的事实。但倘若用这一不争的事实来涵盖中国农村近二十年来的改革与发展，恐怕会随着时间推移，给人们留下了一个重大的缺憾。事实上，当农民在进行经济领域的革命时，另一场革命也在悄悄地进行，也在默默地镌刻着中国历史上新的一页。它给人们带来的变化，虽然没有以物化了的形态而显得光彩夺目，以至于没有引起人们给它以应有的关注，但它给农民、给农村、给历史的影响，绝不比前者逊色。这场静悄悄的革命就是以民主选举、民主决策、民主管理、民主监督为主要内容的村民自治制度的产生和形成。

写作者讴歌着这场静悄悄然而却是翻天覆地的变革。

书名取自《乡镇论坛》一篇文章的名字，那篇文章是米有录写的。书中，除第一编外，“都是由一串串村民自治的脚印和一篇篇对村民自治进行分析、研究的文章组成的（米有录语）”。文章均选自《乡镇论坛》。书与杂志好似由远及近、从小到大的两个窗口，让人们得窥这场变革。

米有录留在书中的文字充满激情。“村民自治，是九亿农民的非凡创造，是华夏儿女的政治杰作。它正在结束着一个很长很长的历史，开启着中国历史长卷中非同寻常的一页。”

在这场变革中，米有录虽然不能像村民那样，在有史以来的第一次直接选举中投上一票，在农村民主的热潮中翻起一朵小小的浪花；也不能像村民代表那样，在民主议事的“殿堂”里，过把主人瘾，在960万平方公里的土地上留下一个小小的足迹。但作为

《乡镇论坛》这本以倡导村民自治、推进民主政治为己任的杂志的总编辑，他不辱使命，带领着编辑部的同人，笔耕于村民自治的田野，为村民自治鸣锣开道，为基层民主摇旗呐喊，伴随着九亿农民的伟大创造和实践走过十年的历程。

在做《乡镇论坛》总编辑的十年中，之前已经有《农村雇工诌议》、《中国农村家庭的变迁》、《中国农民分化与流动》等著述面世的米有录，在原有的研究领域消失了，潜心于一个崭新的天地。他几乎再没有论文发表，但同事们说，中国农村却多了一份优秀期刊。每期《乡镇论坛》上，都有他的文字，是期刊的开篇语、要紧的话。每期几百字，是总编辑米有录看稿件的心得，是他心路上的履痕。

米有录有一次特殊意义的采访，那是在1998年，《乡镇论坛》编辑工作近十年的时候，他去寻访村民自治的源头。

越接近原点，米有录越发按捺不住激动。“11月18日一早，我们驱车离开宜州市区，在柳州至宜州的公路上奔驰近一个小时后，转入雨后的泥泞山道。颠簸的汽车两旁，没有喧闹，没有车水马龙，只有秀丽的青山绿水。我好像是一个久别的学生在跋山涉水寻找恩师，又似乎是一个在崎岖小路上攀登不止而希望看到真理亮点的人，又轻松得像一个没有任何包袱和压力，在百花丛中采蝶戏耍的玩童，这种特有的心境是我在数十年的都市生活中从未有过的。一个多小时的陶醉、遐想，一个多小时的心灵漫游，使我忘记了道路的坎坷。颠簸的车辆，似乎融进了大自然的怀抱，成为大自然的一个音符。忽然，在奇秀林立的山峦中，出现了一片开阔地。白色的屋墙与翠绿的山峦，勤劳的壮族人家在稻谷收获后侍弄着冬菜，成群结队的‘看家鹅’伸着脖子鸣叫着，似乎在欢迎着客人的到来。惊诧之余，我第一个感觉是，来到了陶渊明笔下的桃花源，而映入眼帘的高压线网告诉我，这是20世纪90年代的桃花源。”米有录此刻的心境，正应了杜甫那句“感时花溅泪”。

在广西宜山县合寨村果作屯，米有录见到五位中国村委会的创始人，和他们聊起十八年前的情景。

“都说村民自治发端于合寨，有什么可以证明的物件吗？”在米有录的询问下，村主任蒙国平拿出了三张发黄的纸页。十八年前的那件注定会写进中国民主进程的事件一下子变得清晰而触手可及。纸页上，是1980年7月14日由85户农民签字画押的《村规民约》，它赋予了村务管理以深刻的民主内涵。“这真是目前我国最早的那份由村民实行自我管理的村民自治文献吗？”米有录不敢相信自己的眼睛。

在此之前，提起村民自治的源头，官方文件、传媒抑或专家学者的研究报告，众口一词认定它1980年起源于广西的宜山县和罗城县，具体是哪一个村，为什么会产生在这个村？没有确切的记载。为了填补民主进程中这一盲点，米有录从北京一路寻来。始料未及，此刻，历史深处的细节竟这样直白地展露在面前。

“我们与韦焕能、韦有全、韦定陆、覃立轩、韦鹏舞五位村委会成员照了合影，提出想复印《村规民约》原件。可那时，乡下还没有复印机。韦焕能说，‘你把这原件拿走吧。’看，这老乡多淳朴！多珍贵的文献，他就想这样交给我们。我到县城，找到复印机，复印了，把原件还给老乡，叮嘱他们保存好这无价之宝。就在宾馆，我一气呵成写出了《静悄悄的革命从这里开始》的报道。”

村民自治制度的实行，是一场改变着农村政治经济社会文化各方面的深刻革命。十年中，《乡镇论坛》像一个拾珠者，拾捡着乡间民主的珍珠。它记下了农民踩在广西红土地上的村民自治的第一个足迹；记录了吉林梨树县“海选”与辽宁铁法市胡家村、开原市小盘岭村、黑龙江青冈县的“竞选”这两朵绽放在黑土地上的民主之花；呈现了山东章丘阜西村村民自治章程；率先报道了民主监督的创举；展示了“两票制”——农村党组织建设的有益探索；跟踪着河北村务公开的实践……

十年间，由于终审，几乎看了《乡镇论坛》每一篇稿件的米有录，至今，还能一一说出村民自治中四个民主在九亿农民创造中，首次出现的准确地点与时间。

“民主选举，广西果作带了头；民主管理，山东章丘阜西村村民自治章程中首次提出；民主决策，是辽宁村民代表会议的经验结晶；民主监督，是山东招远群众在理财中想出的法子，这个概念第一次是在作者李学举的文章中出现的。”米有录回忆着。

现任《乡镇论坛》主编周立，帮助记者梳理乡间民主进程脉络。“米总记得还真清楚，时间、地点大致八九不离十。”按着米有录的提示，翻阅了旧刊的周立，服了。

“研究中国的乡村政治、村民自治，不看《乡镇论坛》是个遗憾。”研究中国农村发展问题的美国俄亥俄大学教授欧博文说。是的，在美国杜克大学、哈佛大学、耶鲁大学等大学的图书馆，都可以看到这本朴素的杂志。

中国广大农村正在发生的变化，吸引了国外研究者的目光。那次访美，米有录在一个研究机构还与他参与主编的那本《静悄悄的革命——中国村民自治的历程》不期而遇。

《乡镇论坛》成为中国泥腿子踩踏出民主大道壮举的记录者与歌者，米有录内心充满自豪。

母亲离去的夜晚

“你睏成个啥了，别陪了。你陪着，我走不了，去把你哥叫过来。”母亲说。

米有录叫来了哥哥。

母亲走了。

临走，留给米有录的，还是万般关爱。

“孝心不能等待，我特遗憾。”凝重的气氛中，我看到米有录眼眶里泪光的闪动。

那是1998年，米有录出差去广西，然后是西安，离家很近了，他绕道临猗，回家看看。

他带着苹果，跨进了家门。妈在炕上坐着。

“妈，我明天就回北京了。”米有录踌躇再三，还是把话说出来了。兄妹四个，三个守着妈在山西老家，只有米有录一个在千里之外。他像个放出去的风筝，知道妈手中的线拽得有多紧。

“这次不要那么着急走，多待两天。我觉着不好呢。”这话，从妈嘴里说出，米有录惊了。妈这一辈子，从不因为家里的事耽误外面的事。冥冥之中，老人似乎感觉到了什么。

陪妈待了几天，米有录还是走了。北京的杂志社里还有一摊子事等着他呢！

这回，妈唤呢。米有录赶到母亲床前，已经是夜里十点多了。算是见上了最后一面，妈，松了手上那根线，再无力牵挂。

“母亲去世，不到七十岁。穷苦了一辈子，舍不得吃穿。家乡河津产棉花，从小就见妈手上总有纺不完的线，织不完的布。那窄幅布，卖到供销社，一丈块八毛，可那是母亲多少心血的付出啊。母亲善良，与邻居处得融洽，去世时，不用叫，全村的人都来吊。母亲不识字，但善解人意哩。‘文革’中，初中只念了高小，学校就停课了，我只好回家。好不容易盼到恢复中学，可父亲说：‘家里这么多孩子，日子紧，你就别念了。’我气了，出去，站在当院的石磨边抹眼泪。母亲走过来问我：‘你真想念还是不想念？’‘我想念！’我耿耿地应着。妈进屋去和父亲说：‘叫他念吧。’人生这么重要的选择，就这样定了。”

米有录在记忆中，搜寻着对父亲的印象。“村里人都叫父亲‘大汉’，他个头高，有一米八多。勤劳、善良、耿直，不自私。碰到不顺眼不公道的事，敢于直言，碰到需要帮助的事，也二话不说，不计得失，能帮的出手就帮。妈常讲起，20世纪60年代，全国很多地方遭灾，我们那没歉收还丰收了，可国家收得多，百姓还是缺吃的。我们兄妹几个有时也饿得发慌，有一次父亲下地回来路过队里的菜地，种地的大叔就说：‘大汉，你那几个孩饿得不行了，你拿个北瓜（南瓜）给孩子们吃吧。’爸不肯。爸觉得那瓜是队里的东西，动不得。

“还有一个印象。我二十一二岁上，在村里当副书记、副主任，后来当主任，父亲从不过问村里的任何事情。多年之后，我还时不时地在想，老父亲怎么就那样明白，那样清楚，知道家人干预公事的坏处。父亲认字是解放后在识字班学的，一年买一本皇历看着，字没生疏。”

米有录说着自己的父亲母亲，讲的是中国农民的故事。“我从不觉得当农民是耻辱的事情，没有懦弱与胆怯。在山西上大学时，冬天，我就穿着家里做的棉衣，黑的，对襟的那种。我不认为中国农民是愚昧的。当个农民多不容易，国家的大厦、共产党的大厦，农民支撑着呢！”米有录深爱着父母，他们是中国的农民。他是儿子，回报中国农民是他心中永远的惦记。

父母亲连接着米有录与他出生的那块土地。那是山西河津汾河边上的一个村庄，米家湾。黄河从山里出来，一下子进入平原，汾河汇进黄河的入口就在河津，也叫古龙门，传说中鲤鱼跳龙门的地方。这是河槽地区，两边是高山，北边的几个乡镇在塬上，再往北，就是吕梁山。

米有录可为他的家乡骄傲。“晋南地区，是中华文化的发祥地。尧庙在那里，关帝的出生地和关帝庙也在那里。晋南的儒家文化的根基也很深，儒学盛行，有耕读文化的传统。地理上，河津西邻黄河，过了河，就是陕西的韩城，我们那儿听天气预报，都听西安的。那儿受秦文化影响大，陕西的眉户，大人孩子都爱。县里出的名人有王勃、薛仁贵……不少哩！”

亲的热的那块土地，是他的家乡，是中华民族的皇天厚土。

不知怎的，听着米有录的故事，一首歌在心中腾起：

“面朝黄土背朝天，铁打的衙门流水的官，水载船呀民养官，没有水呀哪有船，没有百姓哪有官？一粒米呀几多汗，一顶乌纱多少权，百姓的事儿百姓管，百姓的官儿百姓选。千年等来了这一天，婆娘爷们儿选村官。选票轻得是张纸，选票重得似泰山。民心不可违呦，百姓就是天！”

歌词的作者是米有录，歌名就叫《百姓就是天》。

为农民搭个舞台

2009年1月6日在民政部新闻发布厅举行的发布会与往次不同。

部长、司局长们坐在台下，主席台上坐着的，是特殊的贵宾——农民作家。中央文明办、民政部、文化部、新闻出版总署、国家广电总局和中国作家协会六部委举办的“情系农家，共创文明”活动农民作家代表媒体见面会正在举行。

中国社会出版社的发展渐入佳境，米有录想把心中一直记挂的事做成。“一定要给农民搭个舞台，他们不但是文化的消费者，还是文化的创造者。”农民在米有录眼中，就是不一样，他熟悉中国农民，就像熟悉自己家里的人。

回报农村与农民，米有录带着他的团队已经做了很多。1993年，《乡镇论坛》举办了“万村扶贫赠刊”；1996年杂志社独家举办“爱我中华兴我农村”百名博士百村行；1997年，“京港学子赴老区科技扶贫考察团”奔赴百色，为老区带去千余项科技成果，与此同时，杂志社组织兰州大学等五所高校二百多名师生，开展了“百村千户”调查。

2008年，米有录又有了一个创意：让知名作家与农民作家手拉手，去圆农民的作家梦。让农民拿起笔，把情感诉诸笔端，表达自身独特的审美追求。

《黄土女女》、《光棍三条半》、《亲亲的山峁亲亲的水》、《猫庄史》……看看书名，就知道展现的是怎样的一个斑斓的，但却是今天很多人不熟悉的世界；翻开书页，散发着泥土芬芳，生活着万千生灵的一部农民当代史呈现在人们面前。

把文学梦从少女做到人母，农家妇女石淑芳的八十五本日记，感动得著名文学评论家高叶梅写下这样的文字：“我们都知道农村妇女受教育的程度，也知道十几年前她们普遍的生存境况，当城乡封闭被打破后，农村妇女获得了更大的发展空间，但同时她们的淳朴天性也在被时代生活弥漫的物欲所侵蚀，而有这样一个山村女子，竟十几年痴心不改地迷恋阅读和写日记。八十五本日记啊，仅凭记载的岁月痕迹，就是一份非常珍贵的民间文学了。”高叶梅把作品推荐给中国社会出版社。她知道，出版社的编辑们正不遗余力地四处捕捉农民作者的信息，推荐正逢其时。

石淑芳的日记变成了小说《山女世界下着雨》。高叶梅读罢，忍不住给责任编辑打了电话。小说中的人物此时已移居她的脑海，新鲜带给她无限的阅读愉悦。

生活在豫西小山村的石淑芳，是山村历史上第一个写书的人。婚后，为给写书做准备，她“开始抄《新华字典》，现在依然记得坐月子时，脸色蜡黄、头包围巾、满手煤油味儿地在灯下写字的情景”（石淑芳语）。怕一个山女的文学梦被人耻笑，她的读和写是秘密的地下式的。本子藏在上地摘菜的篮子下面、玉米地里、黄瓜架下。她以膝盖当桌，土坷垃当椅，痴迷地写着。她说：“哪怕我的作品不能面世，我的未来是一片黑暗，我的文字是别人眼中的驴粪蛋，我还是要写。至死我会将这一摞摞手稿摆在棺里，摆在枕畔，我将和我的文字一起化为一缕轻烟，这其中你定会看见我深藏的笑颜：人不光靠麦子活着，还有信念！”

这泣血的文字。在它们没写出来的时候，米有录就知道。乡间还有多少石淑芳，米有录清楚。

作家协会主席铁凝说得实在：在新中国的创作史上，还很少有这样全方位展示农村文化成果的集群式作品；在新中国的出版史上，还很少有过这样成规模出版的农民作者的系列佳作。因此，仅从这个角度来审视，这些作品集中出版的意义就不容小觑。

我把近百部农民作家的作品都拿回了家，米有录送的。我想细细地读。书不厚，可承载的生活与情感是厚重的。米有录说：“农民也是文化发展主力军，别把他们看不起。”这话，我听得真切，也记得牢靠。

如果米有录不当出版社的总编辑，这一百部农民作品会有什么样的命运？我问自己。

对于我的自问，米有录作了这样的回答：

“农民应该有展现自我的大舞台，缺了这个舞台，文化就谈不上‘大发展，大繁荣’，眼前发展了，繁荣了，也是眼前的、暂时的。道理很简单，文化消费和文化发展的主力，都在乡下，都在农村，农民将是文化大发展中的弄潮儿。

“体制改革后，我不再担任出版社的总编辑了，作为总社的负责人，我一直在想：怎么样给农民搭建一个更大的舞台，让农民能更轻松、更顺畅、更少花费、更不费劲地登上这个大舞台，展现自我。弄潮先得有个弄潮板吧！这里面有体制问题、有政策问题、有市场问题，也有认知上的偏见问题。但办法总比问题多，这个题该破，也能破。”

（作者　庄　建）

开拓出版的未来之路

——读王明舟同志小传有感

中国教育出版传媒集团党委书记、总经理　李朋义

我和王明舟社长认识很多年了，读起他的个人小传，有一种非常熟悉和亲切的感觉。我们都是一毕业就进入大学出版社，从最基层的编辑校对工作做起，历任出版社各个岗位，最后成为社长。读到王明舟年轻时冒雨抢救“奥数”书一段时，我特别有共鸣，当年在外研社的时候，我也曾冒雨抢救过“新概念”，这大概是我们这一代出版人所特有的奋斗经历吧。

十七年前，中国市场上出现过一本轰动一时并影响至今的书——微软帝国的缔造者比尔·盖茨撰写的《未来之路》。比尔·盖茨在这本276页的书中预测了微软乃至整个科技产业未来的走势。王明舟社长当年独具慧眼的选择被事实不断证明着。今天，这本书中的预言几乎

都实现了，电子教育，电子商务，电子政务，无一不是现在网络应用的主流。发达国家和地区发展新兴产业的重要经验就是依靠人才，产业的层次取决于人才的层次，有什么样的人才才能发展什么样的产业，往往是通过引进一个领军人才、一个创新团队、一批高科技人才，带动一个新兴产业成长。王明舟社长就是这样一个能够带领一个社、一个产业成长进步的领军人才。无论是他选题策划的编辑基本功，还是开拓进取的经营管理理念都非常值得年轻的出版人好好学习。最后，衷心地祝愿王明舟社长继续带领北大出版社走在出版行业的“未来之路”上。

北京大学出版社社长　王明舟

领航吧，船长！

——王明舟特写

他与出版一见钟情，大学毕业便踏上出版征途，历经风雨淡定而立；他对出版独具慧眼，引进出版《未来之路》掀起中国的信息化风暴；他对出版心存敬畏，兢兢业业实践“传播知识，积累文化，繁荣学术，服务社会”的办社宗旨。他是学术灯塔的守护者，北大出版的领航人。乘风破浪会有时，明舟扬帆济书海。

从小编辑到大编审

王明舟数学好是众所周知的，也是理所当然的，因为他毕业于北京大学数学系。1984 年夏天，两个工作机会摆在二十二岁的王明舟面前：一是回河北唐山教书，一是到北大出版社当编辑。那时的王明舟对出版、编辑一头雾水，但由于自幼喜欢阅读，“无知”的他选择到出版社做起了理科图书编辑。当时的王明舟和北大出版社一样朝气蓬勃、蓄势待发。如果不是有当年的照片为证，谁都不敢想象王明舟曾有过那样时髦的范儿——长长的头发，新潮的西装短裤，还摆着酷酷的造型。

因为数学好，来到出版社后王明舟时常要承担一部分年终考核的工作，而他做数据统计时用心算笔记的习惯一直延续至今。他的数据分析报告全是他亲笔书写的钢笔行书，通篇字迹隽逸，每每让人眼前一亮。

走上领导岗位后，王明舟虽然减少了做责任编辑的工作，但是不管多忙，每一次选题讨论只要他不出差，都会亲自参会。出版社的每一个选题，最后都需要由他和总编辑共同把关。近两年来，出版社终审室因为老编辑多年迈多病等原因人手非常稀缺，每年近一千八百种的新书终审成为严重的现实问题。于是，社里所有具有编审资格的老师都被加大了终审工作量，王明舟作为社长也主动承担了这个任务，白天没时间就每天把稿子扛回家熬夜看。拿到他的终审意见，终审室主任李霞老师忍不住感叹说，王明舟大编审重出江湖，宝刀不老，终审的稿子又快又好，填写的终审意见比责任编辑的初审意见还要具体详细。表扬过后，又一堆待终审的稿子被送到了王明舟的案头……

在王明舟的带领下，北大出版社依托北京大学雄厚的教学、科研优势，积极争取国内外专家学者的支持，出版了大量高水平、高质量、适应多层次需要的优势高等教育教材，不断推出高水平的基础学科、新兴学科和边缘学科著作，同时，注重文化积累，积极挖掘、整理出版优秀文化典籍。北大版图书在包括文史哲、法学、经济管理、汉语教学及学术普及等领域都形成了比较明显的优势和特色。

在王明舟担任社长的九年间，北大出版社共获得各类出版物奖三百余项，其中国家级奖项10项，并出版了一批具有较大学术影响和文化价值的图书，如《中华文明史》、《儒藏》等。出版社在他的领导下也获得了多项荣誉：2009年，北大出版社被国务院新闻办、新闻出版总署授予“中国图书对外推广计划特别奖”；同年被新闻出版总署授予“全国百佳图书出版单位”称号。2010年，北大出版社被新闻出版总署评为“第二届中国出版政府奖·先进出版单位”。

从老平房到新基地

王明舟烟不离手是在社内社外都出了名的，他能超额完成许多种任务，但戒烟对他来说却是个很难完成的任务。前两年北京市政府出台了一个政策，不允许在公共场合抽烟，出版社全体女同胞欢欣雀跃，王明舟社长“痛心疾首”。果然，此后出版社的会议上空气清新宜人，只是大家发现王明舟偶尔会悄悄退场，然后在 5 分钟后又悄悄回归。也许只能在烟雾缭绕中，王明舟才能进入状态，开始他深邃的思考并做出睿智的决定。

2003 年初，北大出版社进行了新一轮行政班子换届，四十一岁的王明舟出任北大出版社社长。当时的北大出版社发展状况在行业中相对落后，王明舟深感自己任重而道远，他与书记金娟萍、总编辑张黎明同心同德，团结全社上下一心，协力谋求出版社的新发展。王明舟将“传播知识，积累文化，繁荣学术，服务社会”确定为北京大学出版社的办社宗旨，下力气调整出版物结构和内部运行机制，迅速扭转了局面，取得了连续的快速增长。九年来，北大出版社经济效益的增长明显快于品种规模的增长和码洋的增长。出版社的办社实力不断增强，总资产从 2002 年的不到 1 亿元发展到 2011 年的 6.08 亿元，实现利润从 2002 年的两千多万元增长到 2011 年的七千多万元。

2006 年，北大出版社的年出书品种已近一千五百种，而印刷厂和库房的规模已经明显滞后于出版社的发展进度。也就从那一年开始，北京的房地产产业开始了前所未有的疯狂。考虑到出版社的长远发展以及北京土地价格的总体走势，王明舟果断地做出了一个现在看起来极富有远见的决定，他要建立北京大学出版社自己的印刷和物流基地。

由于当年出版社刚刚步入良性发展的状态，积累还不够充足，这个想法也受到了一些阻碍。这大胆的一步需要太多的勇气迈出，还好，王明舟没有动摇。2006年4、5月间，王明舟向北京大学提出购买土地的申请，很快，学校批复了意见，同意他的决定。有了学校的支持，王明舟感到更有动力，尤其令他感动的是，时任北京大学常务副校长的陈文申教授亲自陪他跑到北京各个区县考察土地价格，并与他一起与业主谈判。终于这位非专业的风险投资家决定出手了，2006年10月，出版社以每亩土地仅28万元的价格在大兴购置了140亩土地。2008年上半年，出版社大兴物流基地一期工程顺利完成结构封顶，同年底库房投入使用。

2009年春节的团拜会，王明舟将出版社离退休的老员工们请到初步竣工完成的大兴印刷物流基地参观。四十余位老同志一下车便兴奋不已，王明舟则当起了导游，领着大家顺序参观。虽然当时新设备还未进场，但看到如此宽敞亮堂的厂房，已经八十岁高龄的老总编苏志中老师依然很激动，王明舟对老总编细致而专业地讲解着每一处厂房的设计和功能。许多老同志都谈起了当年出版社在平房时大家编书、搬书的往事，与北大社多年的感情让老同志们在看到出版社的新基地、新气象时都非常高兴，王明舟也不忘陪着老同志们在新基地合影留念。

2010年底，出版社完成了大兴6万平方米建筑面积的现代印刷和物流基地建设，印刷厂顺利完成搬迁，出版社的仓储物流条件和办公条件得到了显著的改善，为出版社下一步的发展奠定了坚实的物质基础。盛夏到来的一天，王明舟看到办公室里放着一个大西瓜，很是诧异。从大兴印刷物流基地过来的员工说，这是他们的心意，因为社长每年夏天都想着给他们买绿豆熬绿豆汤防暑降温，他们也送一个大兴的西瓜给社长解暑。大兴的西瓜的确甜到了心里，王明舟感慨万千。

从侠骨到柔肠

王明舟行走于出版江湖多年，颇有侠士风骨。他不说虚话，只办实事；他不轻易许诺，但言出必行；他不抱怨不推卸，却有责任有担当。

2007年，教育部、新闻出版总署正式出台《关于高等学校出版体制改革工作实施方案》，并确定十八家大学出版社作为转企改制的第一批试点单位，标志着大学出版社的体制改革工作正式启动，北大出版社也在十八家试点单位之列。在王明舟的亲自全力推动下，经过两年多的努力，在陆续完成了内部清产核资、财务审计、资产评估以及国有资产备案之后，北大出版社于2010年12

月，正式注册成为北京大学出版社有限公司，初步完成了改制工作，由此翻开了新的篇章。

作为一名企业家，王明舟一直将社会责任放在首位，积极承担义务与责任，努力回报社会。甚至在出版社的招聘现场，他都会考察应聘者的社会责任感。北大出版社走上良性发展道路后，王明舟饮水思源，努力回报北京大学对出版社的支持。2002 年底，出版社向北京大学上缴利润 600 万元，到了 2011 年底，出版社向学校上缴利润达到了 1760 万元，这些资金有力地支持了北京大学教学和办学条件的改善。

从红十字基金到北京大学爱心基金，再到共产党员献爱心，每一次的赈灾捐款、爱心捐助，王明舟都是捐赠最早、捐款最多的一个。在他的影响之下，出版社的员工也都很重视社会责任，这也逐渐成为北大社企业文化的一个重要元素。2008 年汶川地震后，曾亲历过唐山大地震的王明舟在社里的干部会上动情地说，我遭过灾，我知道灾区人民现在有多困难。我们出版社作为企业，要有社会责任感，企业的员工也要有社会责任感。我们要尽自己所能，尽力给灾区人民更多支持。灾区人民可以说是我们的衣食父母，是人民养育了我们，当人民需要我们帮助时，我们应毫不犹豫地伸出援助之手，尽自己最大所能给灾区人民最大支持。他代表北京大学出版社通过中宣部、新闻出版总署为四川地震灾区捐款

60万元。他自己带头捐款2000元，在社长的带动下，出版社三百多名员工一共为灾区人民捐赠善款二十七万余元。

2008年11月，王明舟当选为第六届中国大学出版社协会理事长。与此同时，王明舟将这种社会责任感延伸到了整个大学版协，他积极组织会员单位参与社会公益事业。2009年，受教育部社科司委托，王明舟率领大学版协组织向贵州凯里学院、陕西省宜君县人民政府捐赠图书的活动，共有96家大学出版社、教育部直属出版社捐赠图书7438种，共计45949册，码洋101.26万元；2011年组织全国大学出版社向西藏大学捐赠图书三百余万元，其中北大出版社捐赠三十余万元。2010年青海玉树大地震发生后，王明舟同志立即组织大学版协开展募捐活动，组织大学出版社捐款300万元，为灾区的重建奉献自己的力量。

2009年北大出版社恢复建制三十周年，社庆那天没有隆重的仪式也没有奢华的宴会，出版社只是请来了数十位多年来为北大社贡献佳作的老作者，向他们表达了最真切诚挚的谢意。第二天，王明舟和相关社领导来到北京大学校团委和学生会，将原本准备用在社庆活动的三十万元捐给了新入学的贫困生们。历经风雨进入而立之年的北大出版社，过了一个朴素而有意义的生日。

北大社的领导大多没有什么架子，这大概也是王明舟社长带的头。有一次王明舟正在办公室接受记者采访，一名和他年龄相仿的同事进屋找他办事，见了他便直呼其名："王明舟，你帮我签个字吧。"此举令记者瞠目，后来发稿时记者把这件小事也写了进去，感慨北大社的领导平易近人，工作氛围平等和谐。

出版社海外合作部的员工几乎都是女性，每次得知要和王明舟社长一块出国参加国际书展，她们都特高兴。因为和王明舟一起出门，女同胞们就有主心骨了，社长会带她们在国外吃到经济美味的中餐，还会主动帮她们搬行李。这一幕曾经让其他忙前忙后伺候领导还唯恐不周的同行们羡慕不已。王明舟平时就很朴素，每次出国都从不逛商场，也从不买奢侈品，换好的外币花不出去，这可能也是北大出版社的特色吧。

身为一社之长，王明舟对员工的爱护和关心也像他的为人一样，实在、直接。为了让年轻员工在出版社有成长和提升的空间，王明舟非常重视员工的培训工作。每年他都会让人力资源部给员工们安排新员工入职培训、拓展培训、编辑业务培训等多形式的培训，并亲自讲授其中的内容。为了鼓励编辑们参加新闻出版总署的编辑资格考试，从 2007 年起，编辑们只要通过了当年的资格考试，出版社就负责报销考试报名费、培训课程费和考试资料费用。这个承诺不仅提高了出版社编辑职业资格考试的通过率，也让员工们切实感到了社领导的支持与温暖。

每逢节假日，王明舟都会要求员工报告出行计划，叮嘱员工出门注意安全，长假回来后，王明舟还经常会亲自挨个屋问候。近些年北京偶然遇到极端天气，王明舟每次都会安排社办公室提前发通知提醒大家，并且非常人性化地允许提前下班甚至放假，让员工们尽早回家以确保人身安全。

2007年北大出版社的春节联欢会上，大屏幕播放了一段员工们自己拍摄的视频，其中一段是全社员工评选“谁是出版社最严肃的人”，社长王明舟以绝对优势拿到这个单项奖。看到自己获此“殊荣”，王明舟居然一脸不解，看来他丝毫不觉得自己严肃，或者他自我感觉还很幽默吧。走近王明舟，他还真不严肃，他的表达能力超强，寻常的故事经他描述出来，就变得尤其生动。和同事一块吃饭，为了打破僵局，王明舟也经常会拿自己开刀。他多次在各种场合表达了自己残留的、较为严重的重男轻女的封建思想，他称自己女儿为“丫头片子”，虽然这“丫头片子”毫不输于须眉，像她老爸一样也考上了北大。王明舟还总结出来一条规律，说是北大出版社“风气不正”，娶来的媳妇都给出版社生女儿，出版社嫁出去的女儿都给人家生儿子，北大出版社需要长期进行“整风”。2009年总编室主任陈健的媳妇临产，陈健跟他请假回老家陪产，王明舟跟他开玩笑说，你要是没生个儿子就不要回来了。还好，陈健带着媳妇和儿子安然回京，王明舟大喜。

从《未来之路》到未来之路

王明舟的书柜中，《未来之路》被塞在尘封的角落，掸去浮灰，封面上比尔·盖茨的脸是那么年轻，笑容是那么灿烂。就是这本小书，多种殊荣加身："改革开放30年30部优秀科普翻译图书"、"10年最成功的引进版图书"、"建国50周年最有影响的100部图书"以及"60年中国最具影响力的600本书"，就连这本书的出版合同也已被中国历史博物馆（现国家博物馆）收藏。

十七年前，由北大出版社出版、新华书店总店北京发行所独家发行的《未来之路》（*The Road Ahead*）曾引起全球震动，比尔·盖茨在书中揭示了微软成功的秘密，并且预言了计算机行业的未来。《未来之路》对发展我国信息产业功不可没，也是我国在版权贸易方面对外开放的典范。作为《未来之路》的责任编辑之一和版权谈判的中方代表之一，关于《未来之路》的出版往事在王明舟脑中恍如昨日，历历在目。

1994年北京国际图书博览会期间，美国微软公司出版社负责中国地区的版权代表与北京大学出版社进行了一次会谈，提及盖茨先生拟写作一本书，阐述信息高速公路的发展前景并展望其对人类社会方方面面的影响，表示了愿意与北京大学出版社合作出版中文简体版的意向。

消息传出后，对于是否应该引进这本书引起了激烈争论，出版界甚至有人质疑为这样一个大资本家树碑立传是否合适。时任北大社副总编辑的王明舟与同事一块对比尔·盖茨的这本新书进行了反复调研讨论，并大胆预测：《未来之路》中文版有着广阔的市场前景，更为重要的是，这本书的出版无疑对进一步提高国民特别是青年一代的科技意识，开阔视野，了解计算机软件行业先锋人物的思想，借鉴其事业成功的经验，推动中国高科技的发展，会有重要的启示和影响。于是在北大出版社元老、最优秀的编辑之一也是王明舟走上出版之路的领路人的邱淑清老师的强力支持下，王明舟力排众议决定引进这本书，不管《未来之路》的出版之路多么艰难曲折，他都将义无反顾地行进下去。

1995 年 3 月，美方代表来京，正式与北京大学出版社代表邱淑清、王明舟就此书的合作意向进行洽谈，尽管对方提出了很高的难以实现的条件，但北大出版社依旧向美国微软表示了愿意合作的积极姿态。这次谈判，双方在合作条件上有较大接近，但分歧仍然很大。

同年 6 月，王明舟和张文定两位副总编辑赴美参加 ABA（美国书商协会）书展，并顺便拜访微软公司，双方再次进行了十分紧张的谈判。此时，《未来之路》在全球除中文简体版外，其他二十余种语言版协议均已签订，因此，不仅是北大出版社想早点落实此事，微软公司也有一种紧迫感。

经过五次拉锯式的谈判，美方再次较大幅度降低条件，已基本接近北大社的要求，仅在版税计算及支付方式上存在一些分歧，特别是在中文版图书的定价上，由于中美国情不同，分歧较大。此后，双方通过电话、传真进行了多次接触，充分阐述了各自的意见，王明舟耐心地向微软解释中国的图书市场情况及读者对定价的承受能力，向对方提供了同类图书的定价状况。他不懈的努力终于使对方接受了北大社的意见，1995 年 10 月初，北京大学出版社与微软公司以 10% 的版税率，预付 5 万美元（分两期支付）的条件正式签署了《未来之路》的出版合作协议。

如此周折反复的谈判过后，勤于思考、善于总结的王明舟分享给同事一套谈判攻略：在与外方合作者的谈判中，既要尊重对方，又要不卑不亢，既要认真听取、研究对方提出的条件，又要敢于坚持自己的意见。同时要耐心解释，因为毕竟双方的国情不同，考虑问题的出发点不同，得出的结论也可能相距甚远，既要坚持原则，有充分的耐心，又要有一定的灵活性，当机立断，既要小心谨慎，又要有一定的胆量和气魄。只要双方有合作的诚意，经过一定时期的坦诚、耐心交流，终会有一个双方满意的结果。

1995 年 10 月中旬，虽然双方正式签署的协议仍在邮寄途中，还未正式生效，微软公司就破例将《未来之路》的英文清样、计算机盘片及封面照片等资料寄往北大出版社。要知道此时即便在微软公司也只有少数几人可以看到清样，书稿处于严格保密状态，作为高度重视知识产权保护的美方来说，这一行为充分表明了微软公司对北大社的高度信任与合作的诚意。

稿件一到，出版社立即开始了翻译、编辑出版工作。由于微软希望《未来之路》的二十余种语言版能在全球同期上市（1995 年 12 月至 1996 年 1 月），因此时间非常紧迫。为此，出版社组织了专门班子负责本书的出版工作，资深编审邱淑清老师与王明舟成为责任编辑。并专门抽调一台计算机，配备了专职录入人员排版，这一方面是为了抢时间、保质量，另一方面也是出于保密和防止给盗版者有可乘之机的考虑。

好书必得好译方能互不相负，谁能承担起《未来之路》的翻译重任呢？王明舟把目光锁定在北京大学著名翻译家和语言教育家的辜正坤博士身上，辜正坤先生被他多次登门的诚意打动，开始了尽心尽力的翻译工作。

此后事实证明，辜正坤先生的译文是独一无二、不可僭越的。

1996年1月，《未来之路》中文版终于与读者见面了。上市短短两个月时间，《未来之路》发行近40万册，在社会各界引起了强烈反响，中央电视台、新华社等新闻媒体广为宣传，国外新闻媒体对此也予以报道。美国微软公司十分高兴，认为中文版的译文质量和出版发行及宣传工作在二十余种语言版中是最好最成功的一个。

十七年前比尔·盖茨颇具前瞻性地预言了信息科技与世界的未来之路，今天当我们已经踏上“未来之路”时，盖茨的预言有的已然成真，有的仍在未来。辜正坤博士在《未来之路》的“译者后记”中写道：“路贯通一切。然而路各有各的不同。有凡尘之路，有心灵之路，有上达天堂之路，有下窥地狱之路。前通远古，后接未来——因此有这《未来之路》。”

《未来之路》大获成功之后，微软公司对北大社信任倍增，继续开展合作，策划出版《未来时速》一书。新书仍由邱淑清老师和王明舟担任责任编辑，当时微软公司一交稿就急着要出书，为了保证在对方要求的期限内出版这本书，邱淑清老师和王明舟连续加班三天三夜审稿、校稿。虽说加班看稿对编辑来说是平常事，但在当时，只有恩师邱淑清心里知道，王明舟的母亲病情危急正在医院接受抢救。为了社里的信誉，王明舟把对母亲的关心和焦虑深深埋在心底，默默坚持着手头的工作。遗憾的是，没能等到这本书出版，老人已经离开了人世，稍可欣慰的是，王明舟没有错过与母亲那匆匆却弥足珍贵的最后一面。

在北大出版社恢复建制三十周年社庆纪念文集《风雨三十年》的首篇，王明舟写下这样的文字："这些天，我一直在思考这个问题：北大出版社风雨兼程，走过了艰难但充满光明的三十年，没有辜负全校师生的期望，也赢得了一些社会赞誉，但是，这些都已成为历史，在当前的社会形势下，特别是在北京大学加快建设世界一流大学步伐的背景下，北大社怎么走未来之路？北大社的长远目标在哪里？"

建设世界一流大学出版社，这是王明舟也是所有北大出版社人的坚定目标。那么，什么是世界一流大学出版社呢？这个问题似乎没有一个明确可度量的指标，王明舟有着他自己的理解：首先，世界一流大学出版社必须肩负起引领社会向前发展的社会责任，落实到出版行为上，就是要为科学知识和技术的传播，为知识的传承和积累，为人类文明和思想的发展而作出相应的贡献；其次，世界一流大学社需要具有很强的出版能力和经营实力，需要一支能够对学术、思想、文化、社会发展动态具有很强的判断能力，并能与一批一流学者有效沟通的编辑队伍；第三，世界一流大学出版社具有很强的世界意识和全球市场经营能力。

目标在前，作为北大出版社的领航人，王明舟一刻也不敢懈怠，一秒也不敢浪费，他肩负的重担只能让他继续思考，继续探索，继续引领我们驶向彼岸更美的风景。

（作者　刘　洋）

潘正安同志小传读后感

中国教育出版传媒集团党委书记、总经理　李朋义

出版产业是知识、智力、创意密集型产业，对人才的依赖程度较其他产业显得尤为突出。有张元济才有现代出版业的商务印书馆，有陆费逵才有中华书局，有邹韬奋才有三联书店，有冯雪峰才有人民文学出版社新中国成立之初中外古典文学名著的出版，有陈翰伯、陈原才有“汉译世界名著丛书”。潘正安同志作为一名优秀的出版人，四次出任《药典》的责编，他之于《药典》，正如有周振甫才有钱锺书的《管锥编》，有姜椿芳才有《中国大百科全书》编辑出版工作的启动。每一个出版人都知道编校差错率万分之零点一四的分量，从编辑出版的角度来说，潘正安是一个当之无愧的优秀出版人。

当前，我国新闻出版业正处在新的历史阶段。党的十七届六中全会提出了建设社会主义文化强国的宏伟目

标，党的十八大对在新的历史起点上兴起社会主义文化建设新高潮、推动社会主义文化大发展大繁荣做出了全面部署。站在新的历史起点上，我国新闻出版业对出版企业的领导者提出了更高的挑战、更新的要求。要求出版人不仅仅要精通出版业务，还要懂得市场经营、企业管理、财务运营、信息技术……潘正安同志既能在编辑培训班上讲授《图书项目财务预算》，又能负责协调全社生产经营，甚至还编写了用于生产管理的软件，他用实际的工作行动完美地诠释了新时代出版人这一定义。目前中国出版界，正需要像潘正安同志这样勤奋敬业、无私奉献的年青一代出版人。

化学工业出版社总编辑　潘正安

平凡中演绎精彩华章

——记潘正安

在出版业日益追求社会效益与经济效益最大化的今天，成本和利润，已成为越来越多的出版人关注和面临的难题。在中国编辑学会组织的一次策划编辑培训班上，在《图书项目财务预算》讲座中，授课者用一个实例解析了图书成本构成及利润计算方法，并将图书内容价值定位与装帧设计、印制工艺、印制新技术应用联系起来，进而谈到图书定价、印数策略，分析了不同图书类型与销售渠道、折扣、退货的互动关系，在此基础上讨论优化成本方案、合理估算图书销售收入和利润。讲座指导编辑运用财务知识做好选题策划和营销方案、做好日常生产经营决策，力求实现图书价值最大化。课堂上，偶尔的咳嗽使他多少显得有些痛苦，啜一口茶水之后，他语气中始终充满激情。课堂交流时，有位学员问起关于封面覆膜的问题，他拿出几本样书，介绍了光膜、亚光膜的特征，覆膜与烫金、UV 的组合，常见质量问题与预防措施，覆膜封面的装帧效果及其成本计算中的细节问题。这些工作技巧，学员们普遍感到很实用，也使同行们走出了困惑，赞不绝口。有位学员这样说："我已经在出版社工作十多年了，第一次听到这样直观、系统地介绍图书装帧设计和印制方面的知识，对理解图书成本、做好选题策划很有帮助。成本问题过去一直是个难题，今天终于弄明白了。"

这位有着强大气场的授课者就是化学工业出版社潘正安总编辑。他的儒雅气质，他的博学与平实，吸引了众多的目光。

出版高峰攀登者

1984 年，当化工出版社获得作者单位药典委员会的认可，拿下《药典二部》(西药)出版权时，他刚刚跨进编辑出版的大门。领导看中了潘正安这个扎实肯干的后生，让他协助老编辑组织编写一批与《药典》配套的参考书，他在工作中显示出细致、严谨的作风和专业的素养，获得了作者们的信任。这为在激烈的竞争中赢得 1990 年版《药典二部》的出版权奠定了坚实的基础。年轻的潘正安出任了 1990 年版《药典二部》的责任编辑。

《药典》作为国家药品质量的法定标准，关系到用药的安全性和有效性，其编订、出版质量标准不言自明。

1990年版《药典二部》共计178万字。1990年3月起分批交稿，要求当年10月出版，总共只有7个月时间。而且，由于编写人员众多，收来的书稿稿面五花八门，有手抄稿、剪贴稿、油印稿和各种格式的打印稿。这样的稿件印刷厂不愿承接，即使答应接收也很难保证后续的排版、校对质量。本来就是“抢来”的稿子，再要求作者誊清显然不可能。当时，三四十万字的图书从收稿到出书一般要两年左右。为保证出书时间，潘正安提出了细致的工作方案，与其他几位编辑通力协作，一边做审稿和编辑加工，一边对稿件进行抄写或剪贴整理，一连干了四十多天，达到“齐清定”的发稿要求，弥补了大量疏漏。当编辑们提出要与作者研究书稿中的问题时，几位主要作者都感到意外，觉得原稿经过层层把关，质量已很过硬。当编辑从专业角度提出一个个高水平的质疑和修改建议后，作者们对编辑在专业图书质量把关中的作用给予了高度评价。稿件发排后，潘正安主动与后续工序配合，在生产调度中找空隙，确保了按时出书。这一版《药典》发行了近九万册，社会效益无须多言。

《药典》质量的高标准养成了潘正安追求完美的工作作风，对书稿的深入研读，使潘正安通晓了《药典》各构成部分的内容特点、相互关系、常见问题，成了一位《药典》专家。出版社编校团队中的成员，由潘正安协调工作标准；《药典》起草、审核专家乐意与潘正安探讨专业问题，协商编辑规范。几年协作下来，《药典》起草单位对潘正安和化工出版社的工作更加信任，甚至有些依赖。这种良性互动促进了双方的合作，提高了《药典》系列图书的出版质量，包括 1995 年版《药典二部》、英文版《药典》、《药典注释》、《临床用药须知》等一批精品工具书相继在化工出版社诞生。

世纪之交，世纪之战如约而至。2000 年版《药典》出版竞标异常惨烈，几家医药类出版社看到《药典》的品牌影响力，纷纷参与出版投标。有人竟然报出了只有化工出版社三分之一的价格。面对挑战，潘正安代表出版社做出了石破天惊的承诺：编校差错率低于 0.5/10000，每超出一个差错认罚 1000 元；收稿后 3.5 个月出书，每超期一天认罚 1000 元！

化工出版社中标之后，《新闻出版报》以《一诺千金、一字千金、一天千金》为题做了详细报道。记者在报道中写道："水利水电出版社汤鑫华社长说，化工出版社要实现承诺并不容易。新闻出版署图书司李建臣处长认为，保证按合同日期交书，这体现了出版社市场经济观念，至于保证 1/20000 以下的差错率，当然应该鼓励，因为新闻出版署对合格出版物编校质量的差错率规定是 1/10000，出版社做得越好，我们的出版事业进步将越快！"

活是争到手了，可怎么如期完成却让行家们捏了一把汗。

2000年版《药典》共四百六十余万字，相当于九部《史记》的字数，而且专业性很强。困难面前，潘正安成竹在胸。有了前几版经验，他制订的编辑工作方案，对各环节的工作程序和质量标准更有针对性，便于编辑分工协作。审稿发现了数百处错漏和疑问，都与作者逐一讨论、确认后再作修改，显著提高了《药典》质量。为提高编校质量，潘正安还根据书稿内容特点，对校对软件进行了“驯化”，把书稿中的典型差错和几个来源的规范中医、药学名词分别输入到校对软件的用户接口文件中，大幅度改进了软件校对《药典》的辨错能力。经过周密调度和质量监控，终于提前出书。

经资深专家严格检查，《药典》一部和二部的编校差错率均为万分之零点一四，不到承诺差错率的三分之一，为化工出版社赢得了极高的声誉。

以一诺千金博得众彩的化工出版社，在五年后的投标中，再次以绝对优势一举折桂。已担任出版社总编辑的潘正安也前无古人地连续第四次出任《药典》的责任编辑。

虽然早就担任管理职务，事务繁忙，但潘正安并没有放松自身的业务探索。他用精益求精、锲而不舍的精神以及别人“喝咖啡”的时间，编辑出版了一大批高质量的精品图书。其中，有3种书获得部级科技进步奖，5种书获部级优秀科技图书奖，1种书获全国优秀畅销书奖。

管理创新探索者

潘正安做事实事求是，不尚空谈。重效果、看数据。

正当人们对潘正安在编辑工作中的表现大加赞赏的时候，他的另一种才华也悄然显现出来。1996年，他调到出版社市场营销部，负责协调全社生产经营的日常运作。

为做好生产计划管理工作，他多次深入印刷厂了解图书排印装过程。他还利用作者提交的书稿电子文件，亲手转换排版了十多种书，这个过程使他对装帧设计、校对、出片和拼版等许多过程有了深入的感受，更好地抓住生产计划和质量控制的关键。遇到大型书稿、高难度生产任务，只要潘正安协调安排，各环节都能高效配合。这期间，编印发各环节管理制度逐步完善，生产运营有序高效，为全社快速发展提供了有力支撑。

不久，审定全社所有图书定价、印数的任务也落在了潘正安的肩上。这是一个极需智慧和经验的工作。

那时，正值我国图书销售由新华书店统购统销的计划经济模式向市场主导模式过渡的时期，环境变化造成图书定价、印数决策难度加大，“皇帝女儿皇城等嫁”的日子已经成为美好的回忆。编辑出身的潘正安首先想到去查阅选题资料，弄清选题背景、市场定位、作者专长，与责任编辑交换意见成了他每天的重要工作。但这些细致工作，也只能做到对图书的销量做个大致的推测。

潘正安认识到，印数和定价是出版经营诸多因素的集中体现，单凭经验很难保证决策质量，必须尽可能收集数据资料供决策参考。当时，新华书店的征订量越来越少，参考价值越来越低。拍脑袋不行，数据又不足，怎么解决这个矛盾呢？一向富有智谋的潘正安陷入了深深的思索之中。

一个偶然的事情激发了他的灵感。在与印制部门研究图书生产计划时，他发现出版社过去十多年来每一种图书的生产情况都详细记录在卡片上，几千张卡片码放在一起足有一米多厚。他如获至宝，白天紧张忙碌于日常工作，晚上静静地坐在计算机旁，将每一张卡片中的数据资料分门别类录入计算机编成数据库。从此，他每天晚上都要到 9 点之后才离开办公室，一干就是两个多月。社领导关切地对他说："录入资料这样的简单工作，拿到工厂交给工人做行不行？"潘正安回答说："这是一个熟悉情况的过程。我把这些卡片录入完了，社里过去十几年来各种图书的生产情况也就装到脑子里了。"

随着资料源源不断地录入数据库，经过多角度的分析摸索，对各个专业方向、不同用途的图书销售数量找到很多参考线索。本来乱麻般毫无头绪的定价、印数决策难题在他的头脑中渐渐清晰起来。录入完毕，他又亲手编写用于生产计划管理的软件。几个月过去，这套以大量数据为支撑的软件开发完毕，一经使用便大放异彩，不但在定价、印数决策中显示了效力，对指导编辑策划选题也很有帮助。

化工出版社市场化程度很高，图书以店面销售为主，出版业务范围又在不断拓展，所有这些特点都预示了定价、印数决策的高难度。而在潘正安代表出版社签发图书定价和印数的九年里，全社滞销书册数还不到总印量的 2%。这在主要面向店面零售的出版单位，简直令人难以置信。

潘正安没有满足眼前的成果。在他主持下，这套生产计划管理软件中又增加了成本利润测算功能，并逐渐将图书生产数据与销售发货数据、零售监测数据进行有机融合，接着又开发了图书重印智能预报功能。编辑室申报的年度出版计划，经软件处理后初步预测出效益构成，及时反馈编辑室，可以对出版计划和工作重点进行调整，大大提高了计划管理的科学性和有效性。这套凝聚着他智慧和汗水的软件系统在工作中屡试不爽，被誉为“潘氏计算法”。

如今，生产计划管理软件已经升级成为出版管理信息系统，融入了业务规范和工作技巧，引导编辑深化选题策划、细化质量控制、加强市场营销。信息系统贴近各业务岗位的工作需要，重视用户体验，大家几乎不需要培训就能熟练使用这个软件，切实提高了工作效率，改善了管理质量。

实事求是、狠抓细节、立见实效是潘正安抓管理的又一特点。

1996年底，出版社按惯例核查存放在印刷厂的库存纸张。工作一向扎实认真的潘正安发现，不足一吨的零头库存竟然多达几百宗，而每一宗库存已经不够印制一本书！如果将几宗纸合起来印制一本书，书的前后纸张就会有色差，品相很差。由于这些原因，零头纸库存常常丢弃一旁，慢慢地就成了死库存，造成浪费。再探原因，印务部门缺乏购纸计划，常常在图书付印之后才临时向经销商买纸，不但价格高，而且每一批纸印制一两本书之后就剩下零头了。潘正安对此十分痛心，当即提出，将本社常用纸张进行梳理归类，并根据生产计划预测未来一段时间的用纸量，每个规格都形成较大批量，直接向造纸厂订购。由于采购批量加大，采购价格降低，纸张质量也有所提高，基本消除了零头库存的浪费现象。后来进一步改进，就年度用纸计划向造纸厂招标，稳定了纸张供应，大大节约了采购成本。

20世纪末，印刷装订工价已经市场化。由于多数编辑不熟悉印装工价，背后议论纷纷，使印制人员背负了沉重的思想负担。工价标准过低的项目，印刷厂不愿意接，影响出书周期和质量，但印制人员不敢提出上调工价的建议，怕留下立场不端正的恶名；工价标准过高的项目，印制人员也不愿意提出下调的方案，担心下调容易上调难。潘正安摸清情况后提出，定期向同行出版社和印刷厂调研，并综合考虑工价、周期和质量因素，酌情调整工价标准。由于有编辑部门、财务部门的人员参与，过程透明，结果得到了各方认可。这一办法实施十多年来，化工出版社的印装工价在同行出版社中始终处于中等水平，对控制图书成本、保证出书周期、提高印制质量、满足市场供应起到了促进作用。

潘正安常说，管理不能靠突击，只有做到常态化、制度化，才能实现管理效益最大化。早在担任编辑室主任期间，他就牵头制定了编辑室考核办法，积极贯彻社里的改革意图。作为编辑室的代表，他了解编辑所思所想，熟知图书编辑出版的关键制约因素，考核办法有很强的针对性，既为编辑业务发展创造了良好条件，也对编辑提出了较高的发展目标。这些措施解放了编辑生产力，推动了全社出版业务的发展。调到业务管理部门后，他再次牵头完善编辑室考核办法，将图书质量、重点图书规划完成情况、业务板块发展目标等因素作为社会效益目标纳入编辑室考核，使考核更加客观和全面。这些考核办法得到认真实施，并长期保持相对稳定，保证了出版业务持续、健康、快速发展。

改革发展的耕耘者

2005 年，刚刚跨过不惑之年的潘正安走上化工出版社总编辑的岗位，成为我国大型出版单位中为数不多的年轻总编辑之一。

不惑也惑，潘正安当时面临着改革与发展的巨大压力。因为在这个岗位上，绝不能“独善其身”，而是要与领导班子成员一起，托起出版社明天的太阳。

在波澜壮阔的改革开放大潮中，为寻求持续快速发展，化工出版社一直处在不断的变革当中，早些年侧重管理机制改革，近些年着力专业结构调整与拓展。在总编辑位置上，潘正安重点考虑的是谋划发展思路，不断优化产品结构和专业布局，并组织实施。

化工出版社的科技出版业务曾经长期局限于原化工部所属的传统化工领域。管理机制改革后，出书范围才逐步延伸，先是使化学、材料、机电专业逐步壮大，继而逐步形成环境、安全、能源、生物、医药、食品、农业、轻工等专业图书板块。如今，这些既相对独立，又有很强关联性的专业板块在相应细分市场的占有率大多排在前三位，成为化工出版社特有的优势专业群。

化工出版社的大中专教材出版业务虽然历史悠久，但多年来仅为本行业的几个专业服务。如何拓展业务？务实求进的领导班子慧眼独具，看清了教材巨大的市场空间。2006年，社里安排潘正安兼管高等学校教材出版工作，以加大教材工作力度。当时正面临我国高校招生由连年大规模扩招转为稳定招生规模、提高质量的阶段，这样的环境必然对教材出版带来挑战。潘正安敏锐地感到，提高教学质量必然对教材有更高要求；同时还发现，占高等教育半壁江山的高等职业教育，正在由以往主要参照本科、注重学科教育的教学模式加速向现代职业教育模式转变，更加重视学生的职业技能培养。这些都是教材出版的发展机遇。

面对新的挑战与机遇，潘正安动员编辑加强高等教育规律和教学改革的研究，力求以现代教育理念指导教材建设工作。同时多管齐下：一是在全社范围内整合编辑力量，在传统优势专业基础上适度延伸，以求形成规模优势；二是深入学校加强调研，着力提高教材出版质量；三是借鉴国外经验，做好营销工作，在教材销售的重点地区设立院校代表，提升教材服务水平。

为了落实上述工作，潘正安身先士卒，冲在最前沿。当时，教材推广服务在我国还刚刚起步，人员、经验都很缺乏，他亲自带人深入高校，探索营销之路。经过艰苦努力，化工出版社逐渐形成了以驻各地院校代表为主体，以社内教材服务部为核心，以专业编辑为依托的教材推广服务体系，在教材出版链条中发挥了重要作用。据统计，化工出版社教材销售码洋在

2005年8858万元的基础上，猛增到2011年的近2亿元，教材在学校中的影响力和覆盖面显著提高，持续发展的基础更加扎实。

中国进入"十一五"的第一年，一本名叫《中国震撼世界》的新书进入全美畅销书排行榜，并一举获得当年英国《金融时报》年度最佳图书奖。也是在这一年，中国一部名叫《大国崛起》专题片的解说词也成为全国最畅销的图书。这一切都证明，中国经济的发展已经达到了一个空前的高度，人民对物质和精神生活的追求将进入一个崭新的阶段。

潘正安和领导班子成员敏感地嗅到了这种新鲜的气息，果断提出开辟新战场，利用本社的销售渠道和编辑力量优势进军大众出版。如果说化工出版社在专业出版领域一枝独秀的话，在大众出版领域则稍显稚嫩，要面对和承受诸多先行者的巨大压力。计划实施之初潘正安提出，首先利用本社在医药、食品、轻纺等专业的编辑和作者优势，从健康、饮食和生活类图书入手，让科技更好地服务人们的生活。这种渐变渗入的策略，实现了新业务的平稳推进，很快取得成效。

为了落实专业结构调整方案，潘正安再次表现出超强的执行力。他发动全体编辑制订选题规划，鼓励编辑部门结合年度工作计划每年对选题规划进行滚动修订。规划注重可操作性，对日常选题工作指导性强，使出版工作目标更明确、重点更突出，在激烈的竞争环境中提高了主动驾驭图书市场的能力。

实践证明，调整专业结构、转变增长方式这一策略是化工出版社发展的催化剂，带来了可喜的成效：目前，化工出版社已经由一家行业出版社发展成为国内知名度和影响力较大的综合性科技出版社，形成专业出版、高等教育出版与大众出版同步发展的格局；销售码洋从2005年的2.9亿元增加到2011年的6亿元；“十一五”期间获中国出版政府奖（含提名奖）5项、中华优秀出版物奖2项，入选“三个一百”原创图书6种，累计获得省部级奖励三百余项；27个项目入选新闻出版总署“十一五”国家级重点图书出版规划并圆满完成，被评为国家重点出版规划先进单位；2009年以来入选国家出版基金5项。

传经授业奉献者

多年来，潘正安一直非常重视组织培训工作和对年轻职工的传帮带活动。他关心年轻职工的学习和生活，鼓励他们勤奋敬业，通过制订职业生涯规划，将企业发展的机遇与实现个人价值目标联系起来。

2002年进入化工出版社从事文字编辑工作的赵媛媛，如今已在总编室副主任岗位上干了两年，在出版社选题管理中承担着重要角色。每当提起自己的成长经历，她不无感慨地说：“潘总编是我的引路人。他对我们年轻人的帮助从来不是简单的说教，而是个性化的激励和耐心细致的引导。他鼓励我们要多参与工作的各个环节，不要考虑事情的贵贱，要把每件事做踏实。潘总编这样要求我们，他自己也是这样做的。我们的一个调研报告，有时要改上四五遍，每一遍他都会认真看后提出改进意见。在潘总编的指导下，个人总有一种把事情做好的使命感。”

张安超是去年刚到化工出版社的新人，他深切感受到潘正安总编辑对年轻同志的关爱和培养。他在自己的感受中写道：“进入网络中心后，刚接到开发辅助销售的软件设计任务时，我感到无从下手。潘总编亲自指导我如何在设计中体现以用户为中心的理念。在文档撰写技巧上，又教给我分三步走的策略：第一步，先用一页纸简明扼要地列出用户的使用目的；第二步，用两三页纸阐明实现用户目的的主要方法和具体目标；第三步，再详细说明实施的手段和过程细节。每完成一步，潘总编又帮我一起反复斟酌并与用户研究确认，然后再做下一步。这样做起来，每一步的任务都很明确，不会偏离轨道，不但过程很严谨，效率也很高。经历这样一个过程，让我建立了一套很有效的工作方法。”

每年为新员工组织系统的出版业务培训是化工出版

社的传统。潘正安在课程设计、教学管理和授课方面投入了极大精力，亲自授课，发挥了自己精通出版业务、实践经验丰富的优势。他在授课中运用现代职业教育理念和方法，既有理论深度，又与实践紧密结合，为员工们展现了现代出版的丰富内涵。他在讲座中首创性地提出了选题策划的三大关键点：市场策划、产品策划和财务预算，使选题策划的内涵具体而又丰富，便于理解和实施。他的讲义中有很多类似的方法创新。学员们普遍认为“潘总的课实用、有效，眼界也很宽”，在工作中时常参照他的授课资料来解决实际问题，也习惯在遇到问题后向他请教。

“实用、有效”不仅表现在编辑出版业务上，也体现在人才成长的其他各个方面。他在一次发言中说：“社里要我指导大家撰写业务论文，我欣然领命。理了一天思路，我在第二天晚上写成了草稿，搭起了初步框架。从那天起，三个夜间深梦中我产生的灵感，都在早晨醒来后补充进了稿子，使文章基本成型。又过去一周，补充了几个零星的想法，在结构与表达上也做了一些改进，成了现在的发言稿。”这是他以亲身经历为大家展示的一个真实案例。看到有的人对写论文有些发怵，潘正安故意用轻松的语气为大家畅谈“享受写论文的过程”，从论文线索的挖掘、主题的形成、结构的梳理到文章的打磨，娓娓道来，引导大家总结编辑出版和营销工作经验，体验作者写作的过程。他鼓励大家就工作环节中的小题目来写文章。写这样的文章需要丰富的实践经验和深入的探索、思考。文章写成了，作者对工作中的问题也就有了清晰和深入的认识，对作者本人是个提升过程。这样的文章对读者的借鉴价值一般也很大。

为了确保培训效果，潘正安承担了十多个专题讲座的授课，为此投入了大量精力。他说："对我来说，每一个讲座专题就是一个研究课题。出版行业在不断发展，为了能给大家建立正确方法、拓宽眼界，自己就得不断学习、探索，随时充实和更新，带给学员最新的出版理念和实践案例，这对自己的业务工作也是个促进。授课活动让我有机会与很多出版同行交流，实现了教学相长。"

化工出版社的培训工作在出版业内早有口碑，受到多方关注。中国出版协会科技出版工作委员会在考察了化工出版社的业务培训工作后，对委员会组织的培训课程进行调整，并从 2004 年起委托化工出版社每年承办全国科技出版社新编辑培训班和策划编辑培训班。潘正安秉承师道，以承办单位主管社领导和主讲教师身份参加了培训班的课程设计、教学组织和授课工作。此外，在中国编辑学会、新闻出版总署培训中心等单位组织的出版业务培训中，他也投入了大量精力。他对出版专业问题的真知灼见，使许多出版同行深受启发，被石油工业出版社的一位编辑评价为“有关出版的知识无所不知，无所不会，是出版界的全才”。

在中国编辑学会举办的策划编辑培训班上，培训组织者——中国编辑学会袁良喜在课前向学员介绍说：“这几年的编辑培训中，学员们很希望听财务方面的课。以前，我们请过出版社的财务专家、印刷企业的工价专家来讲课，编辑们听过之后觉得讲课内容跟自己的工作对不上。化学工业出版社潘正安总编辑将图书选题策划与装帧设计、印制生产、市场营销很好地融合在一起，化繁为简，抓住了策划编辑需要掌握的关键问题，也拓宽了编辑的思路。潘总编从编辑角度提出有关财务问题的解决方法和思路。很多方法和技巧是他多年来积累的经验，现在毫无保留地贡献给大家，所以潘总编的课是我们培训班最受欢迎的精品课。”

2009 年，潘正安经推选担任中国出版协会编校委员会副主任。在当年举办的“第二届韬奋杯全国出版社青年编校大赛”活动中，他牵头组织竞赛命题、阅卷工作。他提出，竞赛本着“贴近编校工作实际、发挥规范引导作用”的理念，赛题设计充分体现编校工作特点，重点考查编校人员处理实际工作的业务能力。命题时力求平时工作怎么做竞赛就怎么考，业务能手不需要复习就能赛出水平，受到广泛好评。2011 年再次举办编校竞赛，他主张针对编辑和校对岗位分别命题，等于是同时举办两场竞赛，既为了更好地反映编辑与校对岗位的业务特点，也为了提升对校对工作地位的认识，向过度轻视校对工作的部分出版单位发出明确信号。这个想法得到中国出版协会领导的支持，竞赛再次取得圆满成功。

潘正安同志还代表编校委员会组织了多项业务活动。2010年底，他接受新闻出版总署出版管理司委托，承担了第二届中国出版政府奖入围图书编校质量检查的组织工作。在时间紧任务重的情况下，他周密组织、精细检查、谨慎复核，顺利完成任务。他还热心参加总署质检中心业务建设工作，受到有关领导和出版同行的好评。

编辑出版是潘正安的职业，也是他全部的嗜好。一个个奖项肯定和证实了他以往的付出。当华灯初启的时候，我们依然能够看到他为出版事业默默忙碌的身影。他的培训讲座和指导交流已经使数以千计的年轻出版人在业务上获得帮助。他对出版工作的痴迷，他广泛、扎实的出版业务功底，他低调、谦逊、热心助人的品格，这种精神力量同样影响和带动众多出版人为我国的出版事业作出更大贡献。

（作者　陈　茁　梁静丽）

用优秀点亮生命中的精彩

——潘宏小传阅后感言

人民出版社社长　黄书元

走进出版队伍刚刚十九年的潘宏荣获“韬奋出版奖”，成为迄今为止最年轻的获奖者。检阅她编辑的四百五十多种有代表性的学术专著，其中，5 项获得国家级图书奖，28 项获军队、省级优秀成果或图书奖，还有一大批“双效”俱佳的精品力作。作为编辑，潘宏可以说是一个成功者。成功可以被复制，但成功绝不会是偶然。

优秀的编辑必须有广博丰富的内蕴，潘宏的内蕴是学识、知性、修为和品位。从硕士到博士，从先秦史到中共党史，她几乎完成了对中国通史的系统学习，这使她在将自己的学识积累融入编辑工作时，能够做到游刃有余。

在这个人人渴望快速成功的年代，浮华、浮躁、虚荣、功利等使一些人把投机取巧作为追求成功的捷径。而潘宏踏踏实实、一步一个脚印，对文字，她一字一句、一丝不苟；对作者无论是将军还是大学生新兵，她付出同样的真诚。她每年的文字编辑量在800万字以上，在这些漫长、严肃而复杂的编、审、校过程中，没有坚忍与自信、没有专业严谨的推动力量和专注严格的敬业精神是不可想象的。真诚给她带来广泛的人脉，带来对事业更多的帮助。

潘宏的成功更在于她以玲珑剔透之心发现美、创造美、把美推向极致。人以群分，惺惺相惜，只有优秀才能聚集优秀。一个把优秀当做习惯的人注定会成功！

军事科学出版社第二编辑室主任　潘　宏

把追求优秀当成习惯的出版人

——记潘宏

接触过潘宏的人对她都会有一个共同的印象，这是一个把追求优秀当成一种习惯的女军人。

当一个人总是在一个个重大的选择或是事件中都有优秀表现时，追求优秀便成了她生命中的一种习惯。

2012年3月25日，一个星期天，潘宏的优秀再次被复制。这一天，中国版协在国家新闻出版总署为第十一届“韬奋出版奖”20位获奖者隆重颁奖，潘宏就是其中的一位。所不同的是，她是获奖者中唯一的现役军人及一线图书编辑。

“韬奋出版奖”是中国出版人的共同梦想。许多出版人，倾其毕生精力和才华，依然与这项殊荣无缘。走进出版队伍刚刚十九年的潘宏荣获了这个奖项，成为迄今为止最年轻的获奖者。潘宏的优秀，使她更幸运。在那一天，她成为了一道靓丽的风景，她代表所有获奖者上台发言，她美丽而独特的军人气质被瞬间定格。

潘宏发言的最后一句话是："一分荣誉，十分责任。"这句话告诉我们，在她未来的生命历程中，优秀还会再被复制。

二

潘宏是军事科学院军事科学出版社第二编辑室主任。众所周知，军事科学院聚集了一大批中国最优秀的军事理论研究专家，是当今中国最有影响力的军事智库。潘宏成为其中的一员是诸多偶然集成的必然结果。

很少有人知道，十九年前，潘宏是"考试"进入出版社的。那一年，潘宏在寻找人生的下一站。

如果说进京解决夫妻两地分居问题是她的一个被动选择的话，那么，走进军事科学院出版社则是她的一个主动选择。对于有着军校讲师阅历的潘宏，军事科学院敞开了欢迎的大门。当时她面临三个岗位选择：军事历史研究部、军事图书资料馆、军事科学出版社。最终潘宏选择了军事科学出版社，一个最具挑战性的职业，一个可以磨砺才智、成就优秀的团队，一个跟潘宏一样，在十多年以后成为全国知名、全军拔尖的优秀出版社，而这些，潘宏当时也没有料到。

1993 年的一个冬日，军事科学出版社刘义昌社长很热情地接待了她，接着就把她领到了打字室，社长很客气地把一份英文版的《克林顿就职演说》递给她，要她译成中文。在人来人往的打字室里，潘宏淡定从容，完全不受外界的干扰，不多时，潘宏就把译稿交给了社长。译稿转到了老外文编审手里，老编审当即拍板：就是她了。译稿其实是一次考试，潘宏优秀胜出，被作为外文编辑录用了，成为军事科学出版社当时学历最高的硕士编辑。

后来，潘宏谈到了选择出版社的理由：出版工作最能考验一个人的综合能力。她希望挑战自我。

“平台好，起点高，责任大。”这是获得“韬奋出版奖”后潘宏对自己供职单位的评价。绝少矫情虚饰，褒贬由人忖度。

二

进入出版社，经过一年编辑基础业务磨砺后，潘宏很快完成了职业角色转换，完全适应了新的工作岗位，并开始了她作为一个出版人的目标追求。

一个优秀的出版者，必定是从选题着手的。

在此之前，潘宏编辑了很多很多书，多是一些出版给定任务，可以说编辑对选题的控制力有限。随着职业经验的积累，潘宏的工作状态渐入佳境，她开始从选题入手，主导书稿的创作与成书过程，进入了出版者创造性劳动的高级阶段。

在工作上，潘宏是个有故事的人。

2010年冬的一天，她的办公室里来了两位特殊的客人，一对父女。儒雅的父亲缓缓地介绍说：她（女儿）放假在家，看过您编辑的书稿，我和导师谈论序言修改时，她在旁边听到导师对您改稿的夸奖，就央求我再来北京时一定带她见见她心中钦佩的女责任编辑，一睹您这位“女强人”的风采。这位父亲指着女儿还幽默地加了一句：“您的粉丝！”惹得小姑娘不好意思起来，略带羞赧的淳美微笑，把潘宏的脸也染得笑意盈盈。两天后，潘宏收到小姑娘从南开附中发来的邮件，这样描述自己的感想：

“在北京玉泉山脚下的军事科学出版社，我见到了潘宏阿姨。她是父亲专著的责编。……现在的人们已经不常使用的钢笔，依旧是她的书写工具，蓝黑色的行楷刚劲有力，星星点点地散布在页眉页脚间，构成了一幅带着墨香的画卷，让人感到她编辑态度的严谨和缜密。其实，父亲是对文字很自负的人，他的很多文章曾得到诸多师长的一致好评，面对潘阿姨的修改，父亲心悦诚服。……我感到，知识让这位女军人充满了果敢而利落、沉稳而大度的性格魅力。”

小姑娘所指的书稿是《角力东北：战后中苏关系研究（1945.8—1946.5）》。原本是南开大学的一篇优秀博士论文，经作者修改后成书。潘宏初读书稿后，立刻被内容吸引，她白天在班上看稿，下班后把书稿带回家，连续几天挑灯夜读。该书运用部分俄罗斯刚刚解密的档案资料，深入探讨了“冷战”初期在中国东北，三国（中、美、苏）四方（中国国民党、中国共产党、苏联、美国）围绕复杂的战略利益，展开外交角逐，奠定东北亚格局的经过。她对书稿作出判断：选题敏感，资料较新，观点鲜明，笔触尖锐，并决定出版这部书稿。潘宏为把书出好，在军事科学院相关专业研究员中传阅了这份书稿，征求意见。初审完毕后，她把作者与阅稿人召集到一起，对书稿的政治关、学术关、保密关再来一次集中把脉，最后书稿做了重大选题备案，缩小了出书范围。因为过度劳累，潘宏还病倒了，在她住院期间，这本书出版了。

作者在《后记》中坚持写下这样一段话：

“她（潘宏）专业严谨的推动力量和专注严格的敬业精神成为此书顺利出版的卓有成效的可靠保障。在严肃而复杂的审校过程中，是她的坚忍与自信，给了我学术认同感与理性自豪感，从中常常体会到一位资深编辑远见卓识中彰显出的科班学术功底的柔性张力和当代学者型军官的顽强毅力。”

2008年5月12日，地震撕裂了巴蜀大地美好的山川，也铸就了一个个可歌可泣的故事。大学生新兵胡存刚，参与了陇南抗震救灾，并且用自己稚嫩的笔触写下了一本特殊“日记”。

这是一名九零后出生的战士，小胡通过来灾区采访的一名作家了解到在北京军事科学院有一位敬业的女编辑潘宏。于是，他千里迢迢到北京敲开了潘宏办公室的门：“首长，连里只给我一周时间联系出版的事儿，我在北京没有熟人，住招待所等你的消息。”小战士毫无修饰地说着自己的想法，眼中流露出出版“日记”的渴望。

送走小胡，潘宏翻看着书稿心想：能够在那样危险艰苦的抗震一线坚持写日记，实属不易，应该给新战士鼓励和支持；“5·12”大地震一周年祭该怎样纪念这个“国难日”；“日记”反映的是一个部队集体，怎样让这个集体的事迹得到传播；出版时限短，如何保证书稿质量……

她当即接通了小胡所在部队连指导员的电话，核实了小胡反映的情况，上网查阅其所在团——“金刚钻团”在战争年代的光荣历史，以及“5·12”大地震时在陇南执行任务被军委授予“抗震救灾英雄集体”等等背景资料。一俟这些准备工作结束，她心里有了底，于是，放下手头所有的工作，认真阅读这本浸满战士血汗的“日记”。这是个涤荡心灵的过程，审读中，她仿佛置身震中的陇南，看到战士们在倒塌的房屋里寻找生命，在频繁的余震中抢救财物，在阴晦风雨中搭建帐篷学校，在倾囊捐赠中奉献爱心。“日记”体现了一名新兵对部队的热爱，对百姓的挚爱，对荣誉的珍爱。潘宏当即向社领导介绍了“日记”的出版价值，在李泉社长的支持下，她先行进入编辑程序，同时进行相关选题及出版手续的报批。她为这本“日记”定下书名：《“5·12”抗震救灾战士日记：一个新兵的108天》。

潘宏说：“这是我编辑工作中算得上做得最辛苦的一部书稿，也是我为他人做嫁最心甘情愿的一次。这本‘日记’编辑难度大，小战士初次行文笔触稚嫩，要修改的地方很多。”可是原滋原味的朴素情感，大爱面前的涓涓付出吸引着潘宏，她用六个昼夜完成了初审。当小胡看到整页飞墨的改稿后，怔得说不出话来。回部队前，小胡一定要表达谢意，看到他真诚的样子，潘宏只留了一页便笺画，画面上满是红心和“爱”的字样，这是在帐篷学校里小胡为孩子们辅导功课时，学生们送的。小胡把这份“珍藏”送给了自己心目中最好的编辑。

故事在延续，潘宏趁小胡所在部队首长来国防大学学习的机会，请集团军刘雷政委为这本“日记”作序。书不到二十天就出版了。纪念抗震救灾一周年的电视节目里，传来“金刚钻团”回访陇南的报道，播出了他们向灾区赠送这本“日记”的画面，不久，电话里又传来“日记”在兰州军区获昆仑文艺文学奖后小胡因激动而发颤的报喜声。数天后，小胡所在连连长——全国抗震救灾模范范鹏斌同志来京，他在电话里热情相约，在会面地点，范连长捧了一大束鲜花，送给他“仰慕的、敬业的、美丽的”责任编辑。潘宏在接受采访时说：“我本不美丽，却因从事的编辑职业而变得美丽；我因书缘，结识了一个英雄的连队；因自己的努力，可能改变了一个战士的命运。……我想，只有爱自己的工作，才能自觉投入自己的热情，才能将服务意识变成一种行为自觉。”

三

潘宏曾出版个人专著1部，合作出版、翻译著作5部。良好的学历教育，为她编辑质量高、学术性强的军事理论图书，打下了坚实的专业知识基础。

潘宏于1983年入学本科就读历史系，1990年获东北师范大学历史学硕士学位，专业研究方向是先秦史。1998—2001年，完成了中国人民大学中共党史专业博士学业。所有这些历史专业知识的系统积累，是成就她作为军事理论出版者必要的知识支撑。

2009年4月，军事科学出版社决定出版《建国以来毛泽东军事文稿》（3卷）。这是继1993年6卷本《毛泽东军事文集》出版后，毛泽东军事思想研究领域又一重大成果。“文稿”集中收录了1949年9月—1976年2月间，毛泽东关于军事理论、军事战略、国防和军队现代化建设、反侵略战略准备，以及抗美援朝战争、对台斗争、援越抗法、援越抗美、边境自卫防御作战等方面的电报、指示、讲话、谈话、书信、题词等821篇。

潘宏担任书稿第一卷责任编辑。为这次出版，她做足了前期的学术准备工作。经协调，她先行参加了课题鉴定会。会上，中央文献研究室、国防大学等军内外几十位知名专家，以及军事科学院的几代军史研究专家聚集一堂，他们对书稿提出的修改建议，对全面了解书稿内容以及出版价值创造了极有利的条件。潘宏详细地对照初稿做着笔记，针对全书的宏观布局，把握关注编辑的每一个细节：关于文稿标题的拟就，关于入选篇章的争论，关于错字、漏字、衍字和不规范字的订正说明，关于明显错讹史实的修改，关于文稿编排顺序的确定，关于同一主题著作的集纳，关于文稿注释的规定。她认为这是对军事科研必要的"靠前"服务，是编辑工作的必要延伸，是保证经典图书质量的重要环节。

《建国以来毛泽东军事文稿》的如期出版，填补了毛泽东军事思想研究领域的空白，军事科学出版社也因这项出版成果，完成了毛泽东军事理论研究经典的系统出版任务，为后续有关毛泽东军事思想的研究提供了权威参考样本。

近年来，潘宏几乎参与了出版社所有经典著作的编辑工作，包括《邓小平军事文选》(3卷)、《中国军事通史》（17卷22册）、《中国人民解放军军史》（6卷）、《中国工农红军长征全史》（5卷）；诸多军事学权威性学科专著《国际军事学概论》、《军事管理学》、《军事训练学》（10册），以及军事学研究生系列教材（56册）等等。

2003年，适逢毛泽东诞辰一百一十周年，纪念邓小平诞辰一百周年，也是以江泽民为核心的党中央领导集体实现新老领导班子交接的一年。随之，加强党的执政能力建设宣传教育活动在党内全面展开。独特的政治背景激发了潘宏的策划灵感，她以出版人的视角记录下这个特殊的年份，策划出版了"共和国领袖领导艺术丛书"，全面展示中华人民共和国历史上这三代领袖的领导风采。她充分发挥党史专业优势，分别请中国人民大学、中共中央党校、中央文献研究室的专家学者，采取强强联合的方式，撰写《毛泽东的领导艺术》、《邓小平的领导艺术》和《江泽民的领导艺术》三本图书。这套书一经投放市场，便多次加印，累计印数达到9万册，并且荣获第六届解放军图书奖，取得了可喜的社会效益和经济效益。

2005年，正值世界反法西斯战争胜利六十周年，为配合这次纪念活动，她与军事科学院军事历史研究部抗战史专家们密切配合，策划编辑出版5卷本《抗日战争史画》，该书入选国家新闻出版总署"全国纪念抗战胜利百种图书"书目，向全国重点宣传推介。

2006年，中宣部与国家新闻出版总署联合下发通知，隆重纪念长征胜利七十周年以弘扬长征精神。为此，在社领导的鼓励和支持下，她积极行动，集思广益，与军事科学院军事历史研究所红军史专家们通力合作，策划编辑出版《中国工农红军长征全史》，首次确立了红一、红二、红四方面军、红25军四支长征队伍，以及“红军大会师”独立分设5卷的写作思路。全史用100万字500幅珍贵图片，图文并茂再现了长征的全过程，厚积薄发地体现了长征史研究的最新成果，翔实记录了长征中的重要战役战斗，寓教于史地突出了长征精神的实质。该书选题入选新闻出版总署“十一·五”重点图书出版规划项目，出版后被列为中宣部“弘扬长征精神”精品图书，荣获首届中国出版政府奖（提名奖）和第六届解放军图书奖，成为中央领导有关长征精神集体学习参考用书。更令潘宏欣慰的是，《全史》被列入“全国农家书屋工程书目”。一部严肃题材的图书，共发行10万套50万册，成为上自国家领导人，下至平民百姓雅俗共赏的图书精品，可以说是军事题材出版物的一个奇迹。她曾对前来采访的记者说：“在我的编辑生涯里，这是我策划的最有成就感的一部图书。”

2009年临近“八一”的盛夏，反映红色主题“人民军队永远忠于党”的18集文献电视纪录片《忠诚》尚在酝酿中时，潘宏就敏锐感觉到可以依托该项目，策划一部有价值的图书。她找到了项目主持人兼撰稿人，在她的努力下，有关该片同名解说词《忠诚》出版合同顺利签约。纪录片的热播受到了解放军四总部领导的关注，《忠诚》一书也多次重印。有关领导指示：这样的好书，应下发部队，成为军营经常性思想教育的必备书。

2011 年，中国共产党迎来了辉煌的九十华诞，中宣部和国家新闻出版总署联合推荐“200 种优秀图书”，在全国百家书城集中展示展销。在这次重大纪念活动中，潘宏的编辑成果得到充分展示。她参与策划或担任责任编辑的《中国人民解放军军史》(第 5 卷)、《中央红军征战记》、《忠诚》、《中国人民解放军的八十年》4 种图书入选并列展。

四

2005 年初春的一天，老社长王显臣把潘宏叫到办公室，郑重地向她交代一件大事：由杨牧之副署长担任总编辑，集全国古籍整理、翻译家集体智慧，由中国出版界协同完成的一项重大国家级出版项目正在全面展开。军事科学出版社作为一家中央级优秀出版社，应当代表军队出版系统作出应有的贡献。你学过古代史，外语又好，多想想这件事。

一位学养深厚的长者关于编辑业务的谈话，一项关于当代中国人出版使命的嘱托，一份关切年轻编辑成长的期望。这是潘宏回顾自己投身《大中华文库》出版工程最初的，也是最深刻的记忆。

《大中华文库》(汉英对照)是国家重大出版工程，是中国历史上首次系统全面地向世界推出的外文版中国文化典籍的巨大工程，是弘扬中华民族优秀传统文化的基础工程，被列入国家“十五”重点图书出版规划中的“重大工程类”。潘宏是参加这项重大出版工程的唯一军人编辑，她承担其中兵书类图书的编辑出版工作。其中包括：宋代钦定兵学经典武经七书——《孙子兵法》汉语与联合国六种官方语言对照版、《吴子》、《司马法》、《尉缭子》、《六韬》、《黄石公三略》、《唐太宗李卫公问对》以及《太白阴经》中英文对照版，共计8种10册图书。

这是一项庞大而漫长的工程，历时六年完成。潘宏独立承担了从立项到成书的全部过程，包括项目的申请与预算制定，中文工作底本选定及协调共享外文版权资源，联络中外文专家翻译并定稿，精心编辑修改各文种中外文对照版图书，优选专业录排并盯机拼修定版，统筹受领出版任务的异地装帧及全彩印制。

说起来容易，做起来难。难就难在，同一种图书，却需要翻译成法文、德文、俄文、西班牙文、阿拉伯文、日文六语种的对照版。其中，阿拉伯文的翻译最难找。功夫不负有心人，潘宏终于找到合适人选。阿拉伯文《孙子兵法》的翻译专家是总参某部的周武官，他有二十八年驻中东经历，对《孙子兵法》有研究，也有前期译注《孙子兵法》的基础。潘宏为了书稿的出版，经常往返于出版社和专家的驻地，非常辛苦。专家愣是被潘宏的敬业精神所打动，周武官主动提出到录排公司修改定稿，与潘宏共同盯机，废寝忘食地工作，用了一周的时间，完成了《孙子兵法》汉阿对照版付印前最后的出片工作。书出版后，深受感动的周武官一定要请潘宏吃饭以致谢忱，后来周武官退休后到外地任教，每逢假期，只要回京就一定找机会来出版社看望潘宏。

军事典籍的出版极大地丰富了《大中华文库》的图书门类，书籍出版后荣获“国家图书奖最高荣誉奖”，成为名副其实的“国家文化名片”。胡锦涛主席赠书美国耶鲁大学、温家宝总理出访西班牙、李长春访问澳大利亚及南亚多国、李克强出访朝鲜半岛，以及其他党和国家领导人出访，均首选《大中华文库》作为国礼赠送出访国。

出版人制作出了一份国礼，这对于出版人来说是莫大荣耀。

潘宏作为制作国礼的一分子，天道酬勤，赢得了莫大的幸运与回报。

五

几度春秋回首，潘宏对自己的职业选择再作评价：出版可以让人成为有钱的商人，可以使人成为神通广大的能人，但真正的出版人必须于“历史大事处凝眸，于文化传承中担当，这是出版人应有的政治素养，也是中国出版使命使然”。

她这样说，真的这样做。

一路求索，一路清欢，一路收获。

针对地方书商频频重复出版高校军事理论教程问题，潘宏向社领导建议：不能重复出版此类图书，军事科学出版社最有资质组织专家写好高校军事理论课教程。为此，她依据全国军训办颁行的《学生军训大纲》，策划撰写了《普通高等学校军事理论教程》，现累计发行三十多万册。从此，军事科学出版社不再审批同类选题，为净化高校军事理论教材图书市场尽了一份责任。

编辑《中国工农红军长征全史》时，她将自己多年积累的历史图片资料电子版贡献出来，并经过自己的精心挑选后，分发给5卷作者选用。《全史》出版获得极大成功，一位作者曾不无感慨地对潘宏说：“《全史》的军功章里，有我们的一半，也有你的一半。”

潘宏对《眺望心弦：大洋深处的对话》一书的作者说：您的图书亮点，是您在受总部派遣随“远望”号出海执行“天宫”一号与“神舟”八号交会对接远洋测控任务中，进行心理疏导服务的记录，是“家在船舱，人在海洋，情在蓝天，爱在‘远望’”的特殊环境下，面对一群驰骋大洋搏击风浪，追星揽月鏖战海天的“远望”男子汉们，对生命的追问与思考。作者坦言：潘主任的话让我豁然开朗，图书主题变得鲜明突出，依据她的策划思路，图书内容、目录及版式焕然一新，该书出版首印数大增。

潘宏与《就便材料应用分析与研究》的作者如此交流：书稿体现了最现实的战时实用应急思考，选题出版意义重大，但是，能为我所用的，岂不是战时对方也最想知道的？讲台上口头传授的与白纸黑字落文的应有区别；研究成果的现实应用与出书目的应有区别。于是，书稿的整章大段删改，在作者的感激与配合中顺利完成，规避了泄密的风险。

潘宏对职业的热爱深深感染着她的同事，对出版事业的追求感动着每一位来访者。有这样一组数字：她从业十九年来，共编辑图书四百五十多种，其中，5 项获得国家级图书奖，28 项获军队、省级优秀成果或图书奖。每年的文字编辑量在 800 万以上，2011 年编辑图书 50 种。潘宏对出版职业有个人的理解：为广大读者策划提供优秀的精神产品，为书稿提出关键性修改意见和锦上添花的编辑规范，为作者和读者的服务意识真诚地化为服务自觉，应是出版人的境界和追求。

对图书选题的社会价值负责，对书稿的出版质量负责，对出版社的声誉负责，对个人的荣誉和职业操守负责。这是她近二十年始终恪守的职业准则。

六

伫立红山之巅放眼远眺，颐和园湖波粼粼，玉泉山双塔静立。山脚下，被称为首都生命之源的京密运河，如玉带环绕蜿蜒北去，青龙小桥收咽锁钥阻扼西山。中国军事思想智库——军事科学院依势坐落在这层峦叠翠的美景中。在这里，六十多年前叶剑英一行曾为毛主席和党中央进驻北平前哨落脚；1958 年军事科学院建院时，叶帅作为第一任院长兼政委执掌军事科学院，与粟裕、王树声、宋时轮等老一辈军事家运筹帷幄，总结战争经验，制定条令条例，开启人民军队现代化征程。在他们的言传身带下，几代军科人在半个多世纪里唱响“三更灯火五更鸡，甘把忠骨埋红山”的军科精神，把这里营造成了中国军事理论研究的圣殿。

这里有太多的传奇人物，也有太多的感人故事。

潘宏在高中读书时曾立下“誓言”，一辈子想方设法也要“看一眼”天安门。少女时的梦想竟神奇地变为现实，而此生置身于这座圣殿，身边真实的物境人文给她心灵的震撼又岂是梦中可以想见！

一位身着旧军装不戴领章帽徽的长者背手疾步而过，身后的警卫战士一路小跑地紧跟着。每遇此景，潘宏都会驻足而立，目光会被那一老一少移动的身影左右，直至消失在她目光不及的远处。这是她多年不变的习惯，她行注目礼表达对那位长者的钦佩和景仰。

他是潘宏崇拜的英雄——济南战役13纵37师师长，是她尊敬的首长——军事科学院副院长，是她难忘的第一部获国家级图书奖的作者，也是第一位在出版专著扉页为自己这个“小编辑”工整写下“潘宏存念”并留下签名和日期的高锐将军。

1994年春，刚到社里不久，潘宏领受了《中国上古军事史》的编辑任务。读研期间主攻先秦史专业的她非常高兴，心想可以一显身手了。她精心编辑着这本专著，随着作者梳理中国上古军事史的发展脉络，仔细推敲作者的观点，到图书馆核准每一条注释，可有几条注释怎么也核不出来了。“偷些懒吧，打上问号，交给作者解决吧。”

几天后，她在秘书的带领下，在家中见到了作者，双方的吃惊竟都在交谈中表现出来。“没想到把我这本古史书编得这么好的编辑是位‘小姑娘’，你给我留的作业我都完成了。”老将军的一句话打消了她的紧张情绪，她的脸随即也红了起来。她吃惊地发现自己折页的几处问号已经被“拉直”，作者工整地写出了引文出处，有的地方甚至还标出了译文供编辑参看。更奇的是高锐副院长竟交给她三尺长的手书软笔篆字书名，以及手绘的古代车马战阵封面局部图。真正出自一人之手的书画文！

这是一段刻骨铭心的记忆，她领略了“上马提枪战沙场，下马握笔著文章”的老一辈革命者的风采和谦逊的人格魅力。这种魅力一直在她二十余年的职业生涯中延宕，内化成她对知识的渴求和对高尚人格的景仰。“作为编辑，如果我不具备一定的学识，我何以面对作者，怎能与军队这些知名专家学者对话？”“我一定要不断学习，一定要完善自己的知识结构，一定要练好自己的内功，才能胜任编辑工作。”多少年来，潘宏一直这样要求自己，在自觉学习中进步成长。

潘宏有史学学术功底，潘宏有编纂史学书稿的实力。

从硕士三年中国古代先秦史专业学习，到军队高校四年中国革命史教学，从多年明清史有兴趣的史书阅读，再到中共党史专业攻读博士学位，她几乎完成了对中国通史的系统学习，具备了扎实的历史学学术功力，使她在将自己的学识积累融入编辑工作时，能够做到游刃有余。她说：“知识的积累，是我工作取得成绩的根本所在。”

多年来，她编辑出版了诸多有代表性的学科专著：

《中国人民解放军的八十年》、《中国人民解放军军史》、《中国工农红军长征全史》、《中国抗战史画》、《军事训练学》、《国际军事学概论》、《军事管理学》、《安邦大略》、《大一统：中国历代统一战略研究》、《宋代孙子兵学研究》等等，对重大题材书稿，她均能提出关键性修改意见。

在编辑《中国工农红军长征全史》时，她与作者“唇枪舌剑”切磋写作内容：中央与张国焘几个回合的斗争不能多次出现在目录中，长征史不能写成一部政治斗争史，中央与张国焘的意见分歧只能作为长征的一个曲折过程，这个曲折过程的写作目的是衬托长征胜利的来之不易，否则，全史弘扬长征精神的写作主线就会受到干扰，甚或歪曲中国革命历史。她对一本严肃学术作品做这样的顶层设计，纠正了书稿的错误，避免了书稿的颠覆性修改。

编辑《中国人民解放军军史》第5卷时，初审结束后，她与主编恳谈，军史的分章写作，使有关“文革”前党内、军内“左”倾错误的提法各章不同，显得混乱，应与《中国共产党历史》第二卷上册相关内容“对表”，这是对重大历史问题已有结论与党中央保持一致的必要学术规范。更重要的是，她提出一个重要的学术观点，任何时候治史者不能把党和军队所犯的历史错误归因于个人，否则便不是马克思主义唯物史观的治史态度，有关经验总结的史鉴意义也会大打折扣。这些修改意见，在军史编校过程中被主编重视和吸纳，确保了精品图书的学术质量。

潘宏有一个好的习惯，每编一部有价值的书稿，都积极配发书评。她说书评是自己与作者在编辑过程中在学术上心交神会的成果，她以这种形式创造性地体现图书的出版价值。她在《人民日报》、《光明日报》、《解放军报》以及《军事学术》等核心学术期刊上发表书评，对所编重要图书给予推介。在《解放军报》，她以“学会运用国际法的武器”为题，评价《战争法原理与实用》对处理国际军事纠纷的指导意义；在纪念世界反法西斯战争胜利六十周年之际，她以“前事不忘后世之师”评介策划出版的5卷本《中国抗日战争史画》；在“打遍全球”的美国人积极充当世界警察，小布什开始第二个总统任期的时候，她以“布什的战争内阁”为题，介绍了同名译作有关布什内阁班底施政战略的未来走向；以“引领国际军事研究领域学科建设的一部力作”为题，介绍了《国际军事学概论》作为军事学一级学科诞生以来奠定学科基础的研究成果的重要影响。2008年1月17日，《解放军报》发表题为“回顾、怀念与感悟”的文章，这是她在第六届解放军图书奖颁奖大会上作为获奖责任编辑代表的发言，介绍了《中国工农红军长征全史》的策划出版过程，以及长征史研究的最新进展，阐发了长征精神的现代意义。2012 年第 4 期《中国军队政治工作》发表“论武德与社会风尚”，评述《中华传统武德发展史略》的出版价值，充分肯定作者为学治史的初衷，以及这部优秀图书出版的镜鉴意义，积极宣传新世纪经济全球化加剧、政治格局诡谲多变形势下，弘扬中华传统武德的时代意义。潘宏认为，书评体现了一种阅读关注和引导，从更深层意义上说，体现出版人的社会责任意识。

已经拥有博士学位的潘宏，始终注重学习，她的学习收获在工作中得到多方面创新性体现。她利用自己外语基础扎实的优势，完成了国家重大文化工程《大中华文库》兵书 10 册的编辑出版工作，同时，开拓了军事科学出版社走出国门参加国际书展的先例，先后完成 8 批次 12 人执行国际书展任务的各项协调工作。在她的积极筹划下，出版社引进版权图书 4 种，输出版权图书 1 种，实现了出版社版权贸易“零”的突破。

在南京陆军指挥学院外训系这个培养外籍军官的重要基地，潘宏是最受欢迎的人之一。她用三年时间，独立完成了该院第六代外训教材英语、法语、俄语 3 语种共计 57 册图书的出版任务。每次南京之行，她必受南高外训系盛情邀请，换了多少届系主任和政委，但见面时“拥抱式”的外交礼已约定俗成，彼此用这种默契表达着合作的愉快，同时也表达着对一位优秀编辑的赞赏与认可。

学而始知不足。潘宏在平凡的岗位上，不断地进行着创新性思考。在困难面前，她总能运用自己的学识想出最佳解决方案。在她沉静的外表下，积累着内心强大的知识装备，自信的言谈中，洋溢着女性特有的知性魅力。

“上善若水，水善利万物而不争。”“水若”是潘宏的笔名，我们曾追问这笔名的来历，她微笑作答：“‘居善地，心善渊，与善仁，言善信，政善治，事善能，动善时。夫唯不争，故无尤。’这是老子说的。”她的表情也依旧淡然如水。

潘宏推崇《孟子》里的一句话：“知者不惑，仁者不忧，勇者不惧。”我们从这里也寻到了她从容的出处。

七

优秀一次次在潘宏的身上展现，于是追求优秀成为了她生命中的一种习惯。

1990 年面临硕士毕业分配，有人介绍她到解放军兽医大学去当教官。这是一次只有一人获胜的“竞选”，当时求职毕业生有十七人参加角逐，最终站上讲台试讲的有五人，潘宏最终过关斩将优秀胜出，被政治理论教研室录用，成为该校政教室第一位女教官。1991 年 3 月，在第一次登讲台时，台下的“生产排长学员队”一百多名学员，在例行的“起立、报告、坐下”的值班员口令后，竟不约而同地响起长时间掌声。这些学员都是带兵的“兵油子”排长，有些比她这个刚毕业的“新兵”教官还大。这些“兵油子”给潘宏的见面礼很震撼，一切都像是提前彩排过一样。刚刚入伍的潘宏从来没有见过这样的开课“仪式”，但她马上就进入了角色，开场白很淡定：课堂可以睡觉但我有自信不会让你们有睡意；期末开卷考试肯定过关别担心，但平时作业规定的几篇“论文”决不能少。结果：一学期的课，学员基本不缺课，课堂思考很活跃。多少年后，潘宏在北京与当年的学员见面，学员们说当年她是他们学校里最年轻美貌的“新兵”教官，但不知课讲得怎么样，心里真没底，没想到遇到了一个很好的教员。潘宏说，当时自己的淡定也是使劲做出来的。真是笑忆当年，两厢忘年啊！

1991年是纪念建党七十周年，全军普及党史，当时潘宏在校授课效果好，成为第一课主讲教员。在学校各系巡讲，受到好评。

1992年，总后院校局组织统编教材编写，她被抽调参加其中，是最年轻的撰写人之一，独立承担编写任务，成稿受到好评。

解放军兽医大学是潘宏展翅高飞的起点，也是她走向幸福的开始，在这里她遇见了自己生命中的另一半，两人喜结连理，携手至今。

在家里，潘宏是一个好媳妇，还是一个好儿媳。那一年，潘宏刚刚调到北京，就遇上了公公生病，她立刻把老人接到北京治病直到送终。婆婆留在了北京，至今已经和她在一起生活了十八年。婆婆体弱多病，多半由她陪着去医院。丈夫的老家时常来人探望，不分贫富她都热情接待。潘宏对自己的母亲也极尽孝心，接到北京颐养天年。

潘宏特别善待弟妹。丈夫是家里的长子，多年来，帮助兄弟姐妹来京创业并成家立业，小有成就，期间历经艰辛。大嫂是家里的“政委”，不论谁有什么思想问题或经济上的问题，大家不找哥哥，都想与嫂子谈谈，是他们最可信赖的人。

潘宏非常支持丈夫的工作，被她称作“公家男人”的丈夫主持国家重点实验室工作，2012 年荣获国家科技进步二等奖，工作非常繁忙顾不上家。潘宏对丈夫所带的博士生、硕士生尽可能地给予生活上的关心和支持。她在家里组织的中秋 Party，悠悠筝弦伴着欢声笑语，成为那些学生多次谈及的美好回忆。

潘宏的优秀感染着身边的人，也影响着下一代，在他们家族里，先后有三个孩子在北京取得博士、硕士学位。

潘宏最愧疚的是自己的女儿。2009 年 5 月 21—24 日，《大中华文库》工委会在无锡召开多语种项目编纂出版工作会议，参加会议的主要有七家出版单位。会议主要内容是多语种项目进度协调会，军事科学出版社因工作进度最快，排在大会第一个汇报发言。是否参加这次会议，对潘宏来讲，是一次艰难的抉择。因为这个时候是女儿中考最关键的机上报考时间，老师建议家长不要再出差了，这么关键的时候，稍有不慎便会落下大遗憾。思前想后，潘宏毅然决定参会。因为她知道这关系到七家出版社的进度协调，社里只有她一个人独立完成这个项目，不去就不知道会议精神，以及后续的工作进度要求。敬业的老师终于等不及了，在得知潘宏晚航班返京后，竟然到机场接她。见面就对她一番批评，接着两人在一家咖啡店里分析女儿的情况，确定了报考学校。

潘宏喜欢股神巴菲特的儿子美国音乐家彼得·巴菲特说的一句话：真正爱一个人就是要让他知道“我对你有信心，你不需要我的帮助”。这也是她最想对女儿说的一句话。

“五好家庭”，这是军事科学院对潘宏家庭给予的褒奖。

八

“韬奋出版奖”是为了纪念中国现代史上伟大的出

版先驱、杰出的政治活动家邹韬奋先生而设立。在全民御侮的抗战时期，邹韬奋先生为国为民，耗尽心智，用四十九岁的短暂人生，将出版理想涅槃为“韬奋精神”。潘宏这样理解“韬奋精神”：就是通过报刊书籍，竭诚为人民大众的服务精神；就是以等身著作秉笔言论的自由精神；就是为国家危难奔走呼号的爱国精神；就是心向社会主义为真理永不止歇的斗争精神。

潘宏感佩韬奋先生的职业名言：理论彻底，策略准确。然后以排除万难坚定不移的勇气和精神向前干去，必有成功的一日。

潘宏推崇韬奋先生的生活名言：只有尽一个人的心力，使社会上的人多得他工作的裨益，是人生最愉快的事情。

回顾是一种缅怀，纪念却在精神的永久承传。

“剪裁用尽春工意，浅蘸朝霞千万蕊。”

潘宏，一个优秀的出版人，以笔为刀剪裁文字，独具匠心谋篇布局，一双巧手似春风无痕，于无声处织就锦绣篇章，或雄浑壮丽，或婉转清雅，或醇厚古朴。她将一部又一部优秀的作品奉献给读者，精心打造军事经典，传播先进军事文化，也传承着出版人的优秀品质。

（作者　王曼玲）

改革时代呼唤优秀出版企业家

——杨雨前小传阅后感言

人民出版社社长　黄书元

转企后的出版业正在快速变成一个更有挑战性、更有竞争力和要求更高的舞台。企业的社会责任是满足广大消费者的需求，企业的本质却是盈利。如果企业经营者对市场的残酷性认识不足、对在市场的海洋里搏击风浪准备不充分，就有可能被淘汰。

我们正处在一个英雄辈出的年代！出版业正涌现出一大批在风浪中搏击的英雄！

杨雨前先生给我们提供了一个典型案例，他不仅证明出版社的经营管理既是一门科学也是一门艺术，而且他的一些管理方法确实值得我们借鉴，如在社内建立能运行的市场链，不给编辑和发行下达任务指标，“二次发货理论”、比别人快半步抢占出版资源、抢挖人才，吸纳实力较为强大的民营公司加盟，等等。他在很短的时间内使出版社的阵容和实力，得到了前所未有的加强。

剖析杨雨前先生在管理方面的案例，可以发现他对许多数据的计算非常精细，值得出版社的管理者们仔细研究、体味！比如他对图书成本的计算、库存的控制、对编辑与发行之间利害的分析、对出版社前景的测算，都达到精准的地步，使他成为名副其实的“铁算盘”。一个纯粹靠走市场的小型出版社，在体制的夹缝中跳舞，能发展到今天这种境地，不能不说这是一个奇迹。也不能不佩服杨雨前先生的远见、胆识、魄力和执行力！

新世界出版社社长　杨雨前

一把“铁算盘” 心中有乾坤

——记杨雨前

2010年10月31日，中央电视台《新闻联播》播出了新世界出版社等十八家中央社提前完成转企的消息。

近几年来，新世界出版社社长杨雨前颇受媒体关注，业界对他的评价很多，其中说得最多的是老杨胆大，言外之意就是他和民营书业的广泛合作，这些合作无论是在时间上还是数量上甚至是合作紧密的程度上，都远远超过了其他社。这些评价在2008年之前很多甚至是有争议的，但是到了2008年，这些评价很多变成了羡慕。

还有人认为杨雨前是出版界的一个“异类”，他的“异”在于敢突破禁区，他的“异”还在于他对出版社社长这个角色的认同和其他人不一样，他一直认为“社长”是受国家委托的“投资者”。他的“异”还在于他是一个出色的管理者，他不但关注外部世界如何变化，他更关注自身存在的问题，并在实践的过程中找到解决自身问题的方法。

他会花两年时间来解决和理顺出版社编辑和发行之间的矛盾；他对数字很敏感，通过变动的数字找到问题的症结；他很“抠”，他“抠”出来的资金都变成了出版社的现有资金。2011 年，在全国图书市场不景气的情况下，新世界出版社各项经济指标比去年同期又有所增长，发行码洋超过 4 个亿，年回款已超过 1.3 亿元。2012 年各项经营指标比去年同期又增长了 15%。

杨雨前很能说，但他说的都是自己的东西，不像别的人也能说，但说的只是一些自己都未能完全理解的概念和书本上的知识，听起来很好听，却不能解决实际问题。杨雨前具有一个优秀企业家应具有的特质，而这种特质，正是我们国内出版人缺少的。在出版圈内，尽管我们在高喊文化本位，但缺少真正优秀的企业管理者，这也许是不少媒体记者一直关注杨雨前的理由。

中央高层为一本书做出不同寻常的重要批示

2011 年岁末的一天早上，再次前往采访杨雨前，正好赶上京城一场纷飞的大雪。

他的第一句话就是：“你知道今年我们有本书走红了吗？”

2011 年 3 月，《历史的轨迹：中国共产党为什么能？》一书由新世界出版社出版，9 个月内，销售了 37

万册。中央电视台的《新闻联播》节目曾经5次报道此书。一本外宣书和党建读物，居然迅速走红并不景气的图书市场。这无疑是新世界出版社今年所创的一个奇迹，而这一年恰好是新世界出版社成立六十周年。

这本书引发的后续反响是始料未及的。

2011年9～10月间，李长春、刘云山和刘延东等中央领导先后做出重要批示，称此书是党史通俗化的佳作，对继续扩大该书的社会影响，不断提高宣传效果，提出了明确的要求。前后不到两个月时间，中央高层为一本书做出如此不同寻常的重要批示，这大概也是在新中国出版史上少见的举动。

近三十年来，中国的高速发展令世界各国对中国备感兴趣。一些西方国家对中国的感情很复杂，出于偏见或不甚了解，有些人一再预言中国会崩溃却再三落空。他们很沮丧，中国为什么能成功？他们也很想知道个中原因。2011年恰逢建党九十周年，国内外的学者和媒体无疑会对共产党的领导能力、执政经验掀起新的研究和总结高潮。

2010年初，新世界出版社总编辑张海鸥带领策划团队及时捕捉到了这个先机。他们想借此机会用国内外受众喜闻乐见的方式，特别是向年轻人，甚至海外读者介绍中国共产党执政经验和理念，向世界诠释一个真实的中国共产党。该书最大的亮点在于，它直面问题，通过有针对性的十五问，试图回答国内外关注的重大问题。

2011年10月12日，第六十三届法兰克福国际书展拉开序幕。中国外文局常务副局长郭晓勇披挂上阵，制定了《历史的轨迹：中国共产党为什么能？》的宣传策划方案，并在该书的中、英文版新书发布会上，亲自介绍此书。德国之声（Deutsche Welle）、德国电视台（ARD）、意大利广播电台等多家国际主流媒体对此活动进行采访报道，成为了当天的新闻焦点。

法兰克福书展副主席克劳迪娅·凯泽女士在现场接受新华社记者采访时说，她对这个题材很感兴趣，认为这个话题也会引起德国读者的极大兴趣和热情。德国汉学家、民族学家南因果也表示："这本书对西方读者来说，非常具有阅读价值，同时对西方民众认识中国也具有启发意义。对有些人来说，读了这本书，他们将不得不面对这样的现实，那就是：中国共产党仍将在很长时期内保持执政地位。"

《明镜周刊》如此评价："'为什么犯过严重错误还能得到人民的支持？''为什么没有像苏东共产党那样丧失执政地位？'"等等，这些提法在以前类似出版物中很少见，其不回避问题的表达方式出乎我们的想象。

老杨介绍说，该书目前已实现英、法、西、德、俄、意、日、韩、阿、葡、土十一个文种和繁体中文版等十三个文版的版权输出及出版，并于 2012 年伦敦书展上集体亮相。

一本书热销，带来巨大反响，媒体热捧，中央高层批示。有人开玩笑说，新世界出版社中了大彩了。老杨不以为然：“一个外宣部门如果一味向国家要钱，出了书多数直接变成库存，此种效果肯定非国家所需。外宣书应该有一定补贴，但我们多年来的一贯做法是，将外宣补贴的部分纳入成本，有了补贴，只是把原本高的成本降低到了合理的范围（由 60% 降到了 30%），只有销售出去该书才能实现利润。如果不实现销售，最终补贴的部分也进入不到分配的环节。因此，长期坚持这样一种机制，造就了一个能在市场中打拼的外宣编辑队伍。这本书原本策划的是外宣选题，但它在国内同样有市场，这次外宣选题书在国内走红，是偶然中的必然，绝不是瞎猫碰上死耗子。”

为了证实老杨所言非虚，故事还需从头讲起。

走马上任，第一把火烧向敏感地带

新世界出版社于 1951 年成立，隶属于中国外文局。数十年来，一直以“沟通东西方世界的联系”为使命，以中、英、法、德、日等多种文版的形式，出版了爱泼斯坦写的《宋庆龄传》、《西藏的转变》，路易·艾黎写的

《大陆上的光和影》，杰克·贝尔登写的《震撼世界的中国》等一大批有影响力的外宣图书。1997 年开始试出一些中文书，曾出版安顿的《绝对隐私》，引发了当时“隐私”出版跟风潮。

2001 年，外文局所属出版社整合，原中国文学社中文出版业务并入新世界出版社，成立一个新的主要面向国内市场的新世界出版社。三十人的新世界出版社，整合后变成了五十四个人，相应的部门也大部分重叠。当时出版社每年出版百余种图书，发行码洋 1300 万元，社内员工平均年龄将近五十岁，另外还有三十多名离退休人员。

当年，杨雨前初上任，接手这样一个棘手的摊子，似乎无从下手。

另一方面，时任外文局局长的蔡名照，第一次来出版社调研，要求新世界出版社抓住机遇，找准定位，创新机制，快速发展，并提出三年内取消补贴，走向市场。这给老杨的压力不小，遇事爱琢磨的老杨，经过一段时间思考，决定在全社实行全员竞聘上岗。消息传出，全社震惊。伴随全员竞聘政策一起出台的还有内退政策：不参加竞聘，主动要求内退的，按国家工资的 100% 标准发放；不报名内退，竞聘被选下来，按下岗对待。

在第一轮竞聘之前，有七八个人主动报名内退。内退 100% 工资的优惠政策，还是吸引了不少人，不少年纪比较大的人觉得还划算。再说，内退报名的职工还按原来的工资级别保留三个月。老杨还找报名内退的每一个员工谈心，帮助解决他们的困难。改革开始的第一轮风险，就这样有惊无险被化解了。

随后，出版社公布了所有的岗位。第一轮公布中层竞聘岗位：发行部 10 人，办公室 3 人，出版部 2 人，5 个编辑室，每个编辑室需要 4 ～ 5 人，一共 55 个岗位。表面上看，54 个人设了 55 个岗，皆大欢喜。等到后来操作时，大家才明白，非常残酷。办公室、总编室、发行部、财务部、出版部的中层管理岗，被严格设定在 20 人之内，敞开岗位的只有编辑部门，虽然业务部门岗位职数较多，但要求很高，有学历、职称、业务能力方面的要求，所以真正竞争的焦点在管理岗。

第一轮竞聘出版部主任。老杨在竞聘会上问主任："人家说出版社的出版部是个肥差，你有一部汽车。我问你：你的汽车是从哪里来的？"全场顿时震惊。这时会场内安静得连掉根针都能听到。主任回答："我的妹妹在美国，她支持我一部分钱。"老杨接着问："你能否把成本降低 20%？"主任说："我试试。"老杨说："试，不行，必须三天内答复我。"三天后，他告诉老杨，印刷厂、纸厂都同意降价 20%。

通过竞聘上岗，出版社图书成本直接降低 20%。这样的竞聘，后来一年一次。通过几年的竞聘，杨雨前不慌不忙，理顺了社内人员结构。

没有阵痛，很难将大家逼到市场轨道

人事改革向来是敏感地带，但更让人挠头的，却是分配制度改革。人事制度改革设计不好，分配制度改革也就无从谈起。两者配套，不可或缺，互为前提。很多出版单位改革雷声大雨点小，最后都不了了之，就是因为没有处理好人事制度和分配制度配套改革。

杨雨前知道，理顺了人事，接下来该对分配制度开刀了。

新世界出版社人员工资结构分三大块。一是基本工资部分：国家工资的 60% 加住房公积金。二是任务工资：国家工资的 40%，加社内拿出来一部分钱。国家工资大约一千来块钱，中级职称任务工资 1300 元或 1500 元，高级职称 2000 元，每个岗设定不同，每月除发基本工资外，完成任务，在岗，拿第二块。第三块效益工资，年终分配，编辑的年终分配严格按照图书利润体现。

从 2001 年到现在，每个编辑每年做的书，入库数，发行数，成本率，回款数，每本书都在老杨的账本上，哪本书挣钱，哪本书赔钱，高级会计师出身的老杨一目了然。

老杨为发行设计的分配办法稍微有些复杂：和编辑

一样，除了国家工资的60%作为基本工资，其他按回款的2.7%系数返给发行部。如发行部11人，回款100万，其中27000元返给发行部自行分配。业务员按片区好坏程度不同，规定的系数也不同，片区好的如上海、北京，系数只给0.9%、1.1%，片区不好的系数可能为1.2%，社内根据设定的不同系数，来调整因片区不同造成的差异。这样的设定，发行部员工觉得比较合理，因此争议不大。

但出书编辑的奖金核算，却让老杨头疼了。

一般来说，一个出版社编辑第一年做10本走市场的书，到第二年年底结算，能把其中4本书的成本收回来，这编辑算是表现相当不错了，而当时行情大抵如此。因此，大多数出版社都是按照当年的入库数来计算编辑奖金。

假如编辑做10000册书，当年能回款的是其中的2000册，大多数出版社为编辑设计提取奖金的办法，都是按能回款2000册图书之收入，减去2000册图书成本之差，再乘以规定的百分比，得出来的数字即是编辑的奖金。

但多数出版社都没有考虑到一种后果：如果编辑做10000册书，两年后有5000册可能会做死，而最终损失大多却要由出版社承担。如此一来，最后的结果是，编辑部提钱，发行部拿钱，出版社赔钱。很多出版社多年无积累，也许根本症结就在于此。看到了出版社编辑分配存在的问题，杨雨前觉得这种状况需要根本扭转，于是立即组织社领导班子开会讨论。

最终，班子讨论出了一个简单可行的计算办法：编辑一本书的回款减去成本之差，得出正数，才能有奖金提成。但真落实起来，很可能大多数编辑头两年拿不到奖金。但老杨想，没有阵痛，很难将大家逼到市场的轨道。何况老杨也想出了补偿的办法。

2002年伊始，出版社编辑做书，一切按新的制度运行：第一年，先由社里预支借给编辑室。根据编辑图书的入库数，按到货码洋，先预支付给编辑一部分费用。第二年，能把成本收回来的编辑不多，很多编辑心中没底，七上八下，有人叫苦反映情况。老杨则坚持编辑要收回成本才能提取奖金。另一方面，对第二年没有收回成本的编辑，继续实施补贴。

2004年，社里三年坚持的补贴政策，终于等到了预想的效果，很多编辑开始收回成本了。第三年，老杨拿着“算盘”给每位编辑算总账：编辑真正实现回款总数（包括盈利的书和不盈利的书，成本相减），减掉编辑所有的成本，所得之差，乘以10%，这才是编辑奖金的数目。

高级会计师和高级经济师出身的老杨，处心积虑地设计一个复杂的核算办法，迫使大家真正体验到了市场竞争的残酷。编辑编发出来的书，如果销售不挣钱，就根本无奖金可提。编辑们这才感觉到了空前的压力，而这种压力，使得社内的编辑刻骨铭心记住一个道理：选题，必须得经受住市场的检验。老杨付出的则是三年补贴的代价。而这种补贴的代价，是别的出版社很不情愿付出的。

新政策：在国内首次打通出版社编辑和发行之间的死结

众所周知，出版社编辑和发行历来都存在不可调和的矛盾。

举一例。一本书首版，社内编辑要求首印6000册，3个月一发而空，接下来编辑催促加印5000册。结果，这边印厂在加印补发，那边书店又退了6000册。算下来，一本书共印11000册，而做死的却高达6000册。诸如此类的例子在当时出版社都是常态。发行只管发，编辑只管编，完全不搭界。对于编辑和发行的由来已久的矛盾，老杨一直在悄悄地观察和研究，他的结论是：编辑和发行是两个不相容的独立核算体。

2004年底新世界出版社出台了一个政策：编发市场化。

字面解释并不复杂：把编辑室视同为出版社，把发行部视同为发行公司。编辑室出的书，自己对书负责。发行部变成模拟发行公司后，可以拒绝编辑室的书，同时，只要给出版社缴纳发行利润，甚至还可以发行其他出版社的书。有时，看起来问题复杂无解，但只要路径对头，问题解决的最好办法，往往却是最简单的。

社内签署委印单，最后一关是由老杨亲自审核。此时，老杨要看五张表：一、核对三审单是否通过；二、是否是重大选题，有无报批；非重大选题，编辑签字画押，保证导向不出问题；三、编辑成本核算单：稿费，印制费，编校费，成本率，一目了然；四、编辑室与发行部共同签订的销售协议：发行总册数，折扣；五、效益分析：此书能否挣钱，挣多少？仔细审核完五张单据，手续一应俱全，老杨才放心签字出版。

通常，印制成本占一本书总定价的 16% ～ 18%；稿费占 8%；编校排版费占 3% ～ 4%，加上工资和其他费用，最多不能超过 30%。大多数情况下，一本书的直接成本一般控制在 25% ～ 30% 之间，但遇有翻译费，成本会达到 40%。

新政策下达之后，编辑开始恶补计算一本书的成本以及成本率；接下来，试着和发行部做买卖，讨价还价谈折扣，最后握手言欢签署协议。例如，一本书 8000 册，编辑 42 折卖给本社发行部，减掉直接成本 30%，剩 10% ～ 12% 的扣差，先交社里 1 万～ 1.5 万元的利润，再减去编辑室费用（工资、图书排版费、印制费、出差费等），剩下的毛利再和社里三七分成。

如此复杂、苛刻的计算方法，也难怪编辑们当面说老杨就是一只不折不扣的“铁公鸡”。此外，还有人背后叫老杨“黑猫”的，说老杨“老奸巨猾”的。对编辑们“咬牙切齿”地给老杨的各种外号，他只是笑，老杨要的是利润。

新政策规定：发行和编辑并非总包发关系，并非编辑将书交给了发行部，发行就得全额给编辑付款，发行部也不能全部退货给编辑。对于死书，社里规定，编辑室承担10%的损失，而发行部也要承担10%的损失。

针对发行的核算，因为涉及税，更为复杂。如发行部卖出为5.8折，减掉买进为4.2折的进货成本，减去发行6%～7%费用（含工资），此外，再减1.13%税收（进项税、消项税等），得出发行毛利。此外，三年到了核算期的书，需审核库存，应收款，死书册数。比如，一本书进货10000册，三年到期，库存1500册，那么，损失部分由编辑和发行共同承担。

社内员工，除了日常要应对老杨的“铁算盘”，更揪心的是年底总决算，谁都想知道自己到底能拿多少奖金。每到年关，社内“算声”阵阵，编辑和发行算，发行和编辑算，编辑和发行和老杨“总决算”。几年算下来，社内编辑、发行个个成了算账高手。只要你去过新世界出版社，留心观察员工的计算器，上面的阿拉伯数字，基本模糊不清。员工成本核算的真功夫，是活生生被老杨逼出来的。

演绎出版界的传奇：从不给编辑和发行下达指标

2004年底，新世界出版社出台的新政策的有效推行，使得出版社内部顺理成章地建立起来一条真正能运行的市场链，这正是老杨需要的市场机制。这条路，很多出版社也尝试过，却很少有这样成功的，有些出版社只有观念，却没有相应的制约手段。

新政策规定，社内编辑的书，主渠道发行必须给发行部，至于二渠道，编辑可以找社外发行，用老杨的话来说，这才是做市场。如果只有一个销售商，编辑难免会心有不服。对编辑找社外渠道发行，社里有制约手段：编辑室必须承担发行风险。真正放开后，有些编辑反而不敢随便找其他渠道。当然也有编辑斗胆找二渠道发行，居然也有闯出一番新天地的。

老杨说："社内采取体制多元化的目的只有一个，出版社要盈利，编辑、发行人员也要挣钱，这才叫双赢。"

编辑和发行对图书判断标准不一而引起争议，在出版社早已司空见惯。新政策推行后，这样的事情仍时有发生。比方说社内编辑觉得书好能盈利，发行部不认可，虽然社长有最终否定权，但老杨几乎从不简单使用行政手段。他知道直接否定编辑或者发行，谁都不会服气。

遇到这种情况，老杨会和编辑算账："如果你都认为这本书好，至少可以挣5万元，那你回家取钱，买纸付印制费，咱们三七分成，你挣3万元、5万元不是挺好吗？"一说到自己掏钱，编辑心虚了。此刻，老杨语调高了八度：“你不敢拿自己的钱做，拿社里钱就敢做？我也不敢做。”

新政策试行的结果是，编辑学会和发行商量了，这是从来没有过的气象。一本书，编辑定价32元，发行部表态定价高了，编辑就会下去琢磨如何降低成本；发行部觉得封面设计有问题，编辑也会接受意见。编辑和发行的矛盾，在新世界出版社破天荒地得到了解决。

2006年，新世界出版社发行码洋达到1.6亿元，库存却只有2000万元，新政策几年推行着实有了惊人的成果。同时也引起了业内媒体纷纷关注，《中国图书商报》、《中国新闻出版报》、《出版人》杂志、《出版商务周报》等，多家媒体前来采访新世界出版社成功的奥秘。

出版界一直流传的一条潜规则，即二八定律：出10本书，4本挣，4本赔，2本打平手。但现在，老杨却要求每本书都要挣钱，至少9本挣，1本平。这样的要求，使得2006年新世界出版社资金流净增了1000万元。一旦编辑和发行真正市场化了，效益也就自然出来了。

2008～2009年新世界出版社库存账本显示，库存2000册以上的图书不到100种，其中还包括2009年的新书。库存1000～2000册以下的300多种，100～1000册的库存占1200来种，100册以下的只有100来种。其中明晓溪所著的《会有天使替我爱你》，2008年7月入库总数18万册，库存仅830册，回款172万元。该书和记忆坊文化公司共同合作投资，其中记忆坊文化公司自己在二渠道更是狂发了 300 万册。

2010 年新世界出版社出版码洋更是突破了 4 个亿，规模达到了空前的水平。

老杨上任以来，从不给编辑和发行下达任务指标，这在出版界一直是一个传奇。老杨认为任务指标没有意义，他有与众不同的算盘："给编辑下达出版码洋指标，他增加印数，那不死得更快？给发行下发行指标，他就多发点，全发下去了，回不来钱，损失是社里啊。"老杨这么多年，一直都在给编辑讲实实在在的道理："我给你布置任务，你会骗我；但面对市场，你不努力，你是骗你自己。"

2006 年年终奖金分配，新世界出版社编辑最高能拿到十几万元，最低也能拿到两三万元。这比简单的行政命令更管用。

独创"二次发货理论"

在新世界出版社，平日员工可以和老杨嘻嘻哈哈，但到了支付印刷费的日子，大家却紧张兮兮的，尤其是发行部主任。此时，社内单本书相关责任人要过三道大关。每本书的结账单据都集中汇总到火眼金睛的老杨手中，用"铁算盘"一一验明正身，那些通过"铁算盘"

的，基本都会被“算掉”一层皮。

第一道关是单本书发行入库总数，这是结账单上第一个必须如实填写的数字。在新世界出版社，发行责任人和老杨是一种买卖关系。发行入库数，意味着发行责任人从老杨这里总共买走的册数，也就是说，责任人要返回老杨与此对应的书款。

第二道关是回款单数字，回款不足，老杨就会提醒，责任人也就心领神会，知道还欠着老杨的钱。

第三道关是该书库存数，库存多了，老杨会提出警告：该好好想办法了。比方说一本书首印 10000 册，3 个月后，老杨查看到该书还有 4000 册库存，马上会问责于发行部主管。

老杨的秘诀是，新书半年之内，在不加印的情况下，库存要控制在 500 册以下。单本书库存如果高过 500 册，挨批的是发行部主任，库存太少，不足以零售添货，挨批的同样也是发行部主任。因此，老杨手下发行部主任的角色，相当不好当。

老杨规定，除去再版，单本新书 10000 册入库后 3 个月，必须发货 10000 册的 90%，到第 6 个月必须 100% 发货，理论库存为零。到第 12 个月的时候，必须发货 11000 ～ 12000 册。其中，多出来的 1000 ～ 2000 册书并非添货的结果。理由是，一般一本新书发行到第 6 个月后，会遭遇到下游退书，退书量在 10% ～ 20% 之间，所以，老杨采取的对策是梅开二度，再次发货。再次发货退回来，最后彻底做“死”的书，老杨才“认栽”。老杨在库存管理机制上的创新，保证社内每一本书最后的库存都不超过10%。

在别的出版社，一本书入库10000册，发货率80%，就会感觉发行给力。但他们没有考虑到10%的退货率，如果再高10个点，达到20%，以单本书而言，其库存数就不再是10%，而是将近40%。如果有效的发行只有60%，那么单本书最终的结果，不单只是白干这么简单，肯定要赔钱。老杨发现，单本书发货率如果只是80%，注定赔本；单本书10000册发货率100%，再算上死掉的10%～20%，即使不赔，单本书的效益也不会高。所以，老杨认为，只有第二次发货将下游退回的书发走了，接着再版，单本书才会产生真正的高效益。

刚开始，一些员工并不认同也不理解老杨的“再次发货理论”：10000册的书，凭什么发12000册呢？有何根据？现在，再也没有人怀疑了。发行部人员领工资的时候，员工必须拿出当月库存分析报告，有多少册是不合理的库存？哪本书是有问题的？为什么这本书这么多库存？发不动的原因是什么？是判断力不行还是别的什么原因？分析清楚了，才能领到自己的工资。

只有64人的出版社是如何完成4个亿的发行码洋的？

至今，新世界出版社人员只有64人，仅比2001年老杨上任时多了10个。发行码洋由原来的一千多万元，增长到2011年的四个多亿。64个人在一年之内完成四个多亿的发行码洋，这种看起来几近于天方夜谭的事情，他们是如何做到的？老杨吐露了另一个惊人的秘密，用老杨的话说："在社外，还有近三百人为我干活。"

新世界出版社，不在"本版书"、"外版书"概念上纠结。老杨认为，只要在新世界出版社出版的书，都是本版书；不管何种合作形式，老杨认为给出版社供稿的都属于内容提供商。

基于这种思考，所以早些年，一些出版社对书商还在另眼相看的时候，老杨就开始和民营书业广泛合作。虽然和民营书商合作的出版社也不少，但老杨的盘算却深谋远虑，他瞄上了民营书商背后的出版资源。

当时的环境下，这种合作，要在政策上找到合理的依据还是很难，但老杨就像改革开放初期那些先行者一样，既有勇又有谋。老杨找到的依据是：既然国家容许书商策划内容，说明书商做内容合法。如此一来，出版社采用书商提供的内容当然也在合法范围内。在发行领域，国家容许民营资本甚至外资进入，那么，老杨认为，书商发一部分书到二渠道也理所当然。

老杨并不一味强调坚持主、二渠道统发，他的理由很简单：一本书如果全由出版社统发，结果未必好；因为没有给编辑留出口。编辑认为自己的书主渠道发行不适合，二渠道却未必不适合。所以，在新世界出版社，编辑认可的书，允许发二渠道，编辑敢给二渠道发行，说明编辑对书有底气。当然，这种模式由编辑自己投资，社里不出一分钱。

老杨一直坚持投资多元化，主渠道却一本不放，二渠道可以放开；但书商给管理费、社里不发的书一本不做。经过多年的培育，新世界出版社越做越大，越做越强。开卷监测数据显示，该社在全国图书市场销售排名已达到前十名左右。

表面上，老杨的做法和别的出版社并无太大的差别。老杨聘用社外策划高手，纳入出版社的旗下。他们只管策划，而由出版社统一投资，主渠道、二渠道统一发货。看起来，似乎又回到了出版社改革前的那种状态，但老杨解释说，这有本质区别："策划人策划的书，必须由发行来判断，是否值得出版社投资，决定权在发行手中。"

比方说新世界出版社出版的《〈本草纲目〉中的女人养颜经》、《美的传奇》，就是由策划公司策划的，出版社热卖近十万册。出版社付给策划人 8% 版税，一些特别优秀的畅销书，其版税还能高达 10% ～ 11%。除了版税，策划人还能和出版社的编辑室一样享受同等待遇，书卖好了，可以按三七开分得该书的利润。要是书卖不好，亏了，策划人则按同样比例赔付出版社，不但版税没有了，还得用其他书所挣的利润补贴上。

出版社和策划人签订的版权合同规定：双方共同承担风险，共同分享利润。有书商说，无论如何，老杨是不能吃亏的，“铁算盘”这个称号名副其实。但有一点，很多和老杨合作的策划人都承认，一旦签了合同，老杨坚决按合同办事，就冲这一点，他们心甘情愿忍受老杨的“盘剥”。其他出版社，事前甜甜蜜蜜，事后坚决不认账的很多。

老杨通过这种模式，网罗了很多优秀的策划人和策划公司，不但获取到了更多的出版资源，同时也扩大了出版社的发行渠道。新世界出版社通过规模和品种优势，在主渠道和二渠道都很快显示其强势。

风云改制时代，老杨选择比别人快半步

2008 年 11 月 14 日，新闻出版总署署长柳斌杰在接受记者采访时说，出版社要像国有银行那样，变成真正的市场主体。他强调新闻出版业改革先要脱钩、转企、改制、公司化，然后才是兼并、重组、并购、现代企业制度的建立。“经过了这样的几步，新的市场主体就是真正的独立主体，发展就有了战略力量。”之后，绝大部分出版社被限令在规定的时间内完成转企，国内的出版体制改革时代似乎真正来临。

而此前，老杨所采取的一系列做法，就像早已嗅到

了出版体制变革的“风声”，整个行动比别的出版社提前了一年，很多人不得不佩服老杨敏锐的嗅觉。

2008 年，很多出版社还在苦思对策如何转企的时候，新世界出版社却在这一年选择了加速占领出版资源。

曾几何时，民营书商因为身份不明，日子过得都小心谨慎，多年不变的出版政策，始终成为民营书商头上一道去不掉的紧箍咒。没想到 2008 年这一年，出版政策居然有了意想不到的松动，一直屡遭白眼的民营文化公司，逐渐成了出版界的“香饽饽”。不少出版社以及出版集团，开始纷纷向民营文化公司伸出橄榄枝，出版领域的公私合营风潮开始涌起。

对很多国营的出版社而言，谁争取到了有实力的优秀民营文化公司的加盟合作，就等于抢到了优质出版资源。而在这一点上，新世界出版社始终走在别人的前面。

早在 2007 年，新世界出版社先下手为强，抢在某出版集团动手“挖人”之前，成功地“收编”了记忆坊文化发展公司，老杨至今都认为这是他的一个得意之作。

老杨的精明之处在于，赶在出版集团公司之前动手抢资源挖人才，老杨提前通过签约和成立合资公司等方式，把资源和人才揽入囊中。原有的资源不但没有流失，还新吸纳了一些新的实力较为强大的民营公司加盟，如新华先锋、精典博维等，新世界出版社的阵容，因此得到了前所未有的加强，总盘子便在原有基础上扩大了好多倍。

2008 年，新世界出版社与郑州日报社成立了跨地区合作的小樱桃卡通公司，该公司运作的动漫杂志《小樱桃》，仅 1 年时间，其发行量就达到了 10 万册。

同年 4 月，新世界出版社成立了新世界青春文化发展公司，该公司成立 1 年就做到了 5000 万码洋规模；紧接着又成立了新世界郑州文化传媒公司。这两个公司基本结构相同，新世界出版社相对控股。

新世界青春文化发展公司的前身，正是记忆坊文化公司，据该公司负责人颜庆胜透露，他们记忆坊的整体业务，和新世界青春通过规范的股份制合作，已紧密绑在一起，对外业务以新公司的名义运营。

2008 年上半年，新世界出版社又与近来发展很快的宏泰恒信公司，组建了新世界文慧图书发行公司，发展势头良好。

杨雨前的思路是，通过公司化运作，把合作伙伴纳入公司制规范化管理。今后主渠道、二渠道的整个运营，一律都在公司的名义下运营。杨雨前很自信地说："我们这样的运作，和新闻出版总署要求的逐步规范民营渠道管理的最新宗旨是吻合的。"

就这样，通过抢占资源，新世界出版社年新书品种迅速上升到了七百余种，同时，回款率达到 70% ～ 80%。在全国各省的发行界眼里，已然摇身一变，成了颇具回款优势的超级大客户。随着新世界出版社这些年的不断发展，社内的现有资金积累了近四千万元，这下，老杨的底气更足了。

一个纯粹靠走市场的小型出版社，在体制的夹缝中跳舞，居然能发展到今天这种境地，不能不说这是一个奇迹。纵观近几年新世界出版社的风生水起，从2005年开始，老杨利用三年时间着手内部改革，理顺各种关系。2008年开始抢滩占地，整合各种资源，到2009年，新世界出版社开始实施真正意义上的企业改革。2010年出版社转企工作完成，2011—2012年继续深化内部体制机制改革。老杨说，新世界出版社如果能做到5个亿的话，市场书的占有率就能在全国跻身前几名。

奇迹还在向纵深演绎

2010年，老杨悄悄拉起了一彪人马，破天荒地投入了一百多万元，经过几个月的封闭设计，居然造出了新世界出版社第一个数字出版平台（nwp.cn），并于2011年5月投入试运行。

老杨此举，和很多出版社所谓的数字出版不同，别的出版社只是将纸质书变成电子书，作为本版书数字展示窗口而已。而老杨从一开始就直奔要点而去，他们要的是有品牌的互联网出版社开放平台，不单要实现数字转换，而且要实现数字出版发行。为此，他们为平台设计了三审制的程序，以吸引作者尤其是草根写手在出版平台上创作，并帮助作者出版电子书、纸质书。

新世界出版社的数字出版平台，很幸运地列入了新闻出版署新闻出版产业发展基金项目，并得到了财政部的资金支持。用新世界出版社副社长赵远志的话来说：我们的实干精神引来了金凤凰。而最近，老杨的这个数字出版平台又得到了上级领导的进一步支持。

2012 年 7 月，新世界出版社与新华文轩出版传媒股份有限公司签订了全方位战略合作协议。“走出去”是本次签约合作的核心内容，新世界出版社将利用其对外长期合作的独特优势资源，与文轩共同开展版权引进、版权输出、图书海外出版发行、联合策划选题、国内联合出版发行等出版合作工作。

双方商定，新世界出版社依托外文局和自身专业编译优势，为新华文轩旗下出版社提供内容编译等服务；共同策划汉语教学、中国文化等方面的外向型图书，将中国文化推向世界。而文轩将利用覆盖全国的中盘、馆配、商超和电子商务渠道，为双方合作引进的优质图书提供全国分销服务，提高图书品种在全国市场的覆盖面和上架率。

（作者　岛　石）

沈元勤小传阅读感言

河北出版传媒集团董事长　杜金卿

贾平凹说我是农民，王蒙说我是学生，沈元勤呢，应该说他身上既有着农民的坚韧，又有着学生的好学。作为中国建筑工业出版行业的一员，他一干就是二十多年，忙并快乐着。

在专业出版领域的耕耘中，他弘扬建筑文化，传播建筑科技，培养建设人才，引领行业发展，自觉承担起出版人的责任与使命。他视野宏阔，时刻关注着住房与城乡建设行业的发展，密切配合住建部各司局、学会的工作规划，源源不断地开发出契合行业需要的图书选题，《建筑设计资料集》、《建筑工程施工图识读》、《人居环境丛书》、《绿色建筑丛书》、《新农村建设丛书》，无不对应着蓬勃发展的行业热点，其中蕴涵着多少信息情报的收集、筛选与思索，饱含着怎样的激情与魄力！

他努力弘扬传统建筑文化，重视建筑类学术出版。《中国古代园林史》、《中国古代建筑史》、《中国古建筑丛书》、《中国民居建筑丛书》，好书如雨后春笋，无不代表着中华民族最优秀的建筑文化。同时，又能跳出“不识庐山真面目，只缘身在此山中”的窠臼，引进国外先进的规划与设计理念，《住房政策法规文库》的引进难道不是借“第三只眼”对我国有关政策的审视与反观?

天道酬勤，实至名归。沈元勤率领的团队及其所培育与维护的出版资源，都将在现有平台上通过整合做大做强做优；他所取得的业绩，证实了他的种种业务创新的成功，他致力推行的编辑流程标准化和程序化、代终审制度、自主知识产权打造、编辑导师制等举措，值得改制转型中的出版企业学习、借鉴和再造。

中国建筑工业出版社社长　沈元勤

天道酬勤　敬业有成

——记沈元勤

进入新世纪第二个十年的中国建筑工业出版社，置身于快速发展的建设行业，一直以稳定的速度持续增长。建工社拥有一个地理位置优越、设备优良的新办公楼，跟院校教师学者和研究人员密切合作的编辑们，经常在这座气派的出版大楼里迎来送往，各种建设行业和出版行业的会议经常在这里举行。这座位于北京市西城区四道口的现代化出版大楼，强烈地散发着一个出版企业作为资源聚集平台的活力和魅力。

四十九岁的社长沈元勤，常常是最早进入这座大楼又最晚离开的人。睿智的眼神，平和的语调，亲切的笑容，周到的礼数，敏捷的思路，沈元勤这位江苏扬州人，从年轻时至今，都是大家公认的勤奋、敬业的人。

有着二十年的建筑专业出版工作经历的沈元勤，在业界和学界拥有众多合作伙伴，为建工社经营了丰富的内外部资源。身居中国建筑工业出版社社长兼总编双重要职，同时担任中国建筑学会工程管理分会副理事长、中国版协科技出版工作委员会副主任、中国版协常务理事、中国编辑学会常务理事和中国建设教育协会常务理事等多个社会职务。建工社出版大楼呈现的朝气与魅力，有历届出版社领导班子和整个员工团队的功劳，也与沈元勤二十年呕心沥血、无私奉献的工作不无关联。

忙碌着幸福着的出版人

1985年从南京建筑工程学院工业与民用建筑专业毕业后，沈元勤在中国建筑第一工程局培训中心当了七年教师，之后进入中国建筑工业出版社当编辑。

“编辑是天底下最幸福的职业”，建工社老社长周谊的这句话，成了沈元勤职业生涯的最好写照。无论是做编辑、总编还是社长，沈元勤总是很享受这份工作带来的快乐。

编辑就是杂家，也有机会当上专家，跟行业有关的各种专业知识都要了解，可以不停地参加各种会议，结识各方面的专家学者。日积月累，责编的图书和重印再版书越来越多，为出版社创造效益越来越多，获奖的图书也会越来越多。这份工作带来的喜悦和成就，不仅滋养着出版人的幸福感，也会使他们更加投入、专注和忘我。

进入建工社二十年，沈元勤几乎未休过公休假，周末不是出差，就是参加活动和会议，或者跟外地来京作者相聚。他父亲先后来北京做过三次大手术，他只休过两三天假，每次都从老家请人来陪护父亲，以至于医生以为陪护人是父亲的儿子。

沈元勤每年要外出参加二三十次会议。当了社长兼总编辑后，为了不影响出版进度，他经常在外出回来后，加班加点审批选题、清样和稿件。见沈元勤总是忙忙碌碌，爱人心疼，抱怨说他是吃苦受累的命，他总是笑着说这样才算没辜负为自己取名为“元勤”的父亲的期望。

天道酬勤。二十年里，他几乎收获了一个建筑专业出版人所能收获的所有荣誉。沈元勤多次被社里评为“先进生产工作者”，1995—2005 年，建设部直属机关党委三次评选“优秀共产党员”，三次都有沈元勤。2002 年，沈元勤被评为第四届全国百佳出版工作者，2004 年享受国务院政府特殊津贴，2008 年入选全国新闻出版行业领军人才。2011 年，沈元勤更是收获了作为出版工作者的至高荣誉——韬奋出版奖，迈入知名出版家行列。

刚入行时，有着工业与民用建筑专业本科和建筑与经济管理研究生学习经历的沈元勤，虽然经验不多，但通过琢磨专业知识和信息的整合运用，选题创意总是特别多。他策划的大开本施工图解读图书——《建筑工程施工图识读》开此类图书先河，并累计重印近二十次，他模仿《建筑工长手册》策划的《装饰工长手册》也常销不衰。

1994 年，沈元勤被任命为标准规范教材编辑室副主任，1996 年任室主任，1999 年担任副总编，2003 年进入社领导班子担任副总编辑并主持编辑工作，2006 年任总编辑，作为三任社长的助手，他尽心尽力，全身心投入，努力做好编辑工作。2010 年任社长兼总编辑。

沈元勤主持编辑工作十年，建工社新书品种年均增长约 6%，经济效益年均增长超过 6%，重印率达 70% 左右，新书和在售图书比例约 1 : 7，这种良性发展态势是他带领编辑团队追求质量效益、努力提高单品种图书印数和重印率的结果。

沈元勤十分重视选题的规划制订、重大项目的组织编写和出版。他主持了建工社“十一五”、“十二五”选题规划的制订，有 35 种（套）出版物列入国家重点规划，其中《中国古建筑丛书》（32 册）列入国家重大出版工程。144 种教材列入“十一五”国家规划教材，80 种列入“十二五”国家规划教材，753 种教材列入住建部“十一五”、“十二五”规划教材。

建工社从 2003 年的出版码洋 3.61 亿元、销售实洋 1.69 亿元增长到 2011 年的出版码洋 7.47 亿元、销售实洋 3.5 亿元，实现了连续多年的稳定增长。

在 2009 年新闻出版总署首次出版社等级评估中，建工社总分名列前茅，被评为一级出版单位和全国百佳出版社，连续两届获得“中国出版政府奖”先进出版单位奖和图书奖。近十年，建工社有二十多种图书获中国出版政府奖、中华优秀出版物奖、“三个一百”原创图书奖、亚太图书奖、输出引进奖等各类奖项，为建工社树立了良好的品牌形象。可以说，建工社取得的种种成绩，都同沈元勤的辛勤付出是分不开的。

获得韬奋出版奖后，沈元勤常常被媒体和后辈追问，怎样才能成为一个优秀的出版人，沈元勤的回答很简洁：不断地学习、思考和实践。

沈元勤当编辑第一个月，就买了很多《科技与出版》杂志合订本。此后，他不仅坚持阅读出版和建设类报纸杂志，还做了十几年剪报，近几年，剪报升级为数字化的个人知识数据库了。沈元勤有个《随思录》笔记本，天天带在身边，一有什么想法、创意和点子，就记下来。这个笔记本，成了很多选题和创意的重要来源。

沈元勤还非常乐于将个人学习所得转化为团队的能力。2006年，他带领五位编辑到瑞士伯克豪斯出版社学习培训，取得该社管理理念、编辑流程和营销模式"真经"后，他在出版社分享了学习心得，推动大家将打造图书品牌的经验运用到实际工作中。参加清华出版总裁班和全国出版业领军人才培训班回来，也是如此。

沈元勤每年参加二三十次会议，每次会议也都被他当做学习调研和增长见识的好机会。建工社每年举办十几次新书首发式，每一次首发式都被沈元勤拓展为学术研讨活动或选题策划活动。有些著名作者去世后，建工社组织出版纪念文集或举办纪念追思活动。

每逢新书首发式、出版社活动和受邀在大会发言，沈元勤总是认真准备发言稿。有位编辑给沈元勤发过一条短信，表示每次听他发言都觉得非常感人，希望今后能将他的发言结集出版，这使沈元勤备感言行带队伍的重要性。不管工作多忙，沈元勤每年都要抽时间写两三篇学术文章。他把写发言稿和学术文章当做学习、交流和提高的好机会。沈元勤的这些做法，带动了出版社很多编辑学习和思考。

自觉肩负建筑专业出版人的责任与使命

“政治素质好、专业造诣高，具有良好职业道德操守、高远文化追求、无私奉献精神，为出版改革和发展作出了突出贡献”，面对柳斌杰署长对获奖者的这些评价，沈元勤更加意识到自己作为出版人的历史责任和使命。他还反复强调，出版社取得的业绩是在历任社长及领导班子锐意改革的基础上和团队共同努力下达成的，这个奖项将激励建工社进一步为我国的住房和城乡建设的发展作出更多贡献。

“即使再小的专业，到建工社也能找到需要的书。”作为出版社业务负责人，沈元勤始终坚持社会效益第一，将全面为建设行业服务，弘扬中国优秀的建筑文化，传播建筑科技，培养建设人才作为自己的使命和责任。

主持编辑工作十年来，沈元勤时刻关注着住房和城乡建设行业的发展，安排专人每天收集行业发展情报信息，每周形成报告。每年初，他都将住建部各司局、学会和协会的工作要点、住建部制定的科技项目供编辑学习。他带领编辑根据这些信息及时策划相关选题或参加相关活动。由此，建工社的原创选题和自主策划选题总是源源不断。

在一次出国考察时，沈元勤发现国内外乡村建设存在很大差距。国内城市化进程太快，不少标志建筑由国外设计，缺乏民族特色；与此同时，千村一面、千城一面及大城市病的现象越来越严重。他深感出版社在弘扬传统建筑文化、引进国外先进的规划和建筑设计理念、引领行业科学发展等方面，有很多事情可以做。

他大力推动中国传统建筑历史文化图书和相关学术著作的出版，近几年频出硕果。沈元勤组织出版的《中国古代园林史》（上、下卷）2008年获首届“中国出版政府奖”图书奖。三年后，他主持修订的《中国古代建筑史（第2版）》（5卷）又问鼎第二届“中国出版政府奖”图书奖。

《中国古代园林史》是第一代中国工程院院士汪菊渊的遗稿，当沈元勤得知遗稿存在线索后，大力支持中国风景园林学会进行整理，并支持编辑聘请高水平专家整理审校，此书内容厚重，学术水准高，出版后在园林界产生了重要影响。《中国古代建筑史》是国家重点规划图书，也是业界权威的史书，沈元勤安排专业水平强的责编负责修订工作，补充有关资料，协调设计、出版等部门反复修改，精益求精，再次打造了高水准的宏篇巨作。

近年来，建工社出版的弘扬我国传统建筑文化的优秀图书还有很多。如“十一五”期间，沈元勤组织编写的《中国民居建筑丛书》，汇集了我国二十多年中国民居研究成果。“十二五”国家重点出版工程——《中国古建筑丛书》，以32册的规模，系统反映我国优秀传统建筑文化，对推进我国建筑文化遗产的保护和传承具有重要意义。沈元勤在《中国古建筑丛书》的编写上倾注了大量的心血，举全社之力努力打造传世之作。从组织调研、策划到立项，再到召开第一次编写会议，沈元勤就召集了十多次会议。为保证此套书内容的权威性和高质量，他带领编辑先后登门拜访了古建专家罗哲文先生，吴良镛、周干峙、傅熹年、张锦秋院士，国家文物局局长单霁翔等，邀请吴良镛、周干峙两位院士担任顾问和编委会主任，广泛向专家学者征求编写意见和建议，并联合中国建筑学会和中国文物学会，调动了全国的古建研究力量，发动上百名古建专家参与编写。沈元勤还多次带编辑赴全国各地调研，按地区召开编写工作会议。

随着我国城镇化的快速发展，乡村规划与建设成为建设行业关注的重大课题之一，沈元勤主持策划的《新农村建设丛书》，获得了国家出版基金资助，并列入农家书屋工程。建工社还引进了一大批关于城乡规划、绿色建筑、可持续发展的图书，如《可持续发展丛书》、《绿色建筑丛书》等，引领行业科学发展。建设部改为“住房和城乡建设部”以后，沈元勤更加关注住房方面图书的编辑出版，引进了一套国外的《住房政策法规文库》，及时介绍国外的做法和成功经验。

安全始终是建设行业追求的目标和努力坚守的底线。多年来，沈元勤在这类图书的出版上花了很多心力。针对建设行业不断出现重大质量安全事故，特别需要加强对三千多万建筑业农民工的培训。2007 年，建工社出资 110 万元同中建总公司一起合作，沈元勤代表出版社组织编写了一套简明实用的《建筑业农民工业余学校培训教材》，并组织拍摄了配套的教学片，这套培训教材收到了很好的社会效益和经济效益，并在 2009 年获中华优秀出版物提名奖。

建设科学前沿研究领域和行业热点，一直是建工社重点关注和跟踪的领域。刚做编辑不久，沈元勤就策划了一本《建筑业十项新技术》，至今还在重印，后来他又规划了《重大工程项目技术丛书》等重点图书，以及大量实用的应用技术图书和工具书。沈元勤经常带领编辑参加行业内的各种学术会议，通过紧密跟踪每年的“建筑节能与绿色建筑大会”，建工社策划出版了《建筑节能减排技术丛书》等相关图书，受到了市场的欢迎。

2008年5月12日，汶川地震，举国之殇。地震发生后的第二天，沈元勤迅速组织《建筑抗震减灾知识读本》一书的编写，5000册图书很快被送往灾区；他随即组织专家迅速编写《房屋建筑抗震知识读本》和《地震灾后重建指导手册丛书》，并无偿送往灾区。《房屋建筑抗震知识读本》后来获中华优秀出版物抗震优秀图书奖，也因此建工社被建设部评为抗震救灾先进集体，沈元勤被评为抗震救灾先进个人。

由于时刻关注最前沿的科研领域，时刻与专家学者保持密切联系，建工社出版了大批具有前瞻性的高水平学术著作，《人居环境科学丛书》就是其中的典型代表。

2012年春，中国科学院院士、中国工程院院士吴良镛被授予2011年度国家最高科学技术奖。在沈元勤看来，吴良镛院士获得国家最高科学技术奖，不仅是对吴良镛院士多年从事人居环境科学研究的肯定和认可，也是对建工社坚持做好学术研究理论图书出版的一种激励和鞭策。因为早在十年前，建工社就出版了吴良镛研究撰写的《人居环境科学导论》一书，并从此拉开了吴良镛主编的《人居环境科学丛书》出版序幕。如今，该丛书已有17本著作，内容涵盖了国内外人居环境建设理论与实践，对推动我国人居环境科学发展具有重要的社会现实意义。

沈元勤主持编辑业务的十年，也是建工社的高校教材和各种培训教材迅速形成规模的十年。建工社累计出版了一百四十多个系列、一千八百多种教材，构建了全面服务建设类院校的教材体系，担当了培养建设行业人才之出版使命。

支柱产品迅速崛起

十年来，沈元勤在建工社打造经济支柱产品的过程中发挥了重要的作用。建工社高校教材的迅速崛起并占领 40% 以上的份额，注册建造师考试用书独步市场，《建筑设计资料集》等继续揽得建筑业最畅销权威工具书宝座，都与沈元勤长期在编辑业务方面倾注的心血和对各种资源的精心培育分不开。

培训教师出身的沈元勤，进入建工社后首先就是负责教材的策划编辑。自担任编辑室副主任到进入社领导班子，也一直分管教材工作。他一直推动并见证了建工社教材出版业务的快速发展。

建工社的专业教材包括高校、高职、中职和行业培训教材，精品教材主要依靠建设行业各类各级专业教学指导委员会组织编写。沈元勤同住建部人教司、中国建设教育协会及其各专业教学指导委员会建立了密切的合作关系。建设行业各专业教学指导委员会多达二十多个，沈元勤经常参加这些专业教学指导委员会的会议，并同各大高校校长、院长和系主任建立了良好的关系。这些关系的建立和长期维护，为建工社近年来在快速发展的高校教材市场占据绝对优势奠定了重要的外部资源基础。

2003年，沈元勤任副总编辑并主持编辑业务工作。建工社新成立教材中心，大力引进编辑人才，抽调研究生毕业的专业编辑到发行部，加强教材营销推广力度。这一年，建工社还制作了高校教材的目录和光盘，在全国各地开展了一轮攻势强大的教材营销推广活动，大大提升了建工版高校教材的市场渗透力。

为了密切与教材编写单位的合作关系，自2008年起，建工社以项目的形式，每年设立100万元基金资助教学改革科研项目，支持各专业教育指导委员会的教学研究工作，推动专业教材建设。建工社还同中国建设教育协会签订了战略合作协议，共同成立了教材研发中心，联合举办全国建筑多媒体课件大奖赛，共同研发培训教材和教学课件，共同运营电子期刊《中国建设教育》，凝聚了一大批行业内的优秀作者，搭建了教材推广与服务的平台。

沈元勤不仅重视教材数量的增长，更重视教材质量的提升。他经常跟编辑们讲，建设类院校的学生是未来建工社的主要专业读者和作者，高质量的教材有助于在学生时代的他们中树立建工社的品牌，对他们在今后的职业生涯中更多选用建工社的专业图书起到明显的带动作用。

凡是重要专业的教学指导委员会及院长系主任会议，沈元勤都要参会，有时还受邀在大会上作报告。在“十二五”教材规划编制之初，他在有上百人参加的工程管理专业院长系主任会上介绍建工社出版情况及发展思路，同行业主管部门和教学指导委员会的委员们加强沟通联系，为建工社的“十二五”教材规划鼓与呼，为建工社在新一轮教材市场竞争中继续胜出创造了条件。

如今，住建部各专业教学指导委员会组织编写的指导教材全部都在建工社出版，这些教材都是专业院校的权威教材，有的教材已连续修订5版，有的单册印数超过了百万册。十年间，建工社的专业教材从二千多万元出版码洋发展到近二亿元出版码洋，现有教材一百七十余个系列、一千八百多种，形成了一批精品教材和优秀教材。

如今，在拿到40%的市场份额后，沈元勤依然有信心通过提供更专业的服务和强化终端营销，进一步提升高校教材的市场表现。他有不少新举措在谋划、实施和推广中。其一是在全国各地建设类院校推广设立教材展示专架，其二是组建区域市场驻地代表为高校提供更加全面和更加专业的营销服务，其三是建工社网上教学数字化服务平台建设在紧锣密鼓进行中。

十年前的全国注册建造师考试用书市场，成长迅速并拥有可观的规模，是建筑类出版社乃至非建筑类出版社的兵家常争之地，而拥有专业优势的建工社势在必得。2003 年，建工社该书立项为重点项目，沈元勤将其作为他的头等大事，主动联系行业主管部门，配备强大的专业编辑团队，跟编辑们一起反复研究大纲和编写方案。当年考试大纲颁布后，他和几十名编辑放弃周末和“五一”长假，在一个月内加班加点，短时间高质量完成了考试用书的编写出版工作。2004 年，质量上乘、内容权威的建工版全国一级注册建造师考试用书面市，受到了主管部门和作者的好评和信任。从此，建工社一直跟注册建造师教材编写单位保持着很好的合作关系。

建造师是建设行业工程建设的负责人，关系到房屋建筑、铁路、公路等十四个行业工程建设的质量、安全、造价等问题。沈元勤一直将注册建造师考试用书视为行业培训、提高执业人员素质和能力的重要手段。因此，教材写什么内容，修订时更新什么内容，沈元勤和编辑们都特别用心。他带领专业编辑，一年有时要参加几十次会议，同编委会专家深入研讨，精心修订，不断提高这套考试用书的实用性和出版质量。

八年来，使用建工版注册建造师考试用书通过培训考试的一、二级建造师人数已超过一百多万，图书销售码洋超过 10 亿元，为建工社创造了良好的经济效益和社会效益。

《建筑设计资料集》是建工社的镇社之宝，出版二十年来，累计实现销售百万册。沈元勤主持了该书第三版的修订工作。他安排得力的图书中心主任迅速推动项目实施，请中国建筑设计研究院等六大建筑设计机构和清华大学建筑学院等国内最著名的八大院校作为主编单位领衔，调动了全国所有著名建筑院校和建筑设计院作为参编单位，吸收了两千多名教授和建筑师参与修订，不仅保证了此套工具书的权威性、先进性和实用性，还为市场销售奠定了广泛的人脉和口碑基础，该书第三版已列入国家“十二五”重点图书，为继续保持建设行业最畅销的权威工具书宝座创造了条件。

在重大出版项目的策划和实施过程中，以及支柱产品的打造和长期的市场培育中，出版社都需要与各方合作伙伴大范围长时间的合作。为了提升合作品质，沈元勤一直在推动出版资源合作机制的建设。沈元勤强调诚信是做好出版合作的前提。“因为出版社作为资源整合平台，要把事业做大把平台做好，就要整合更多资源，而资源是别人的，干事也靠别人，不诚信，就难以把事情做好。”他总是要求编辑规范操作，凡事从双赢的角度和长远利益的角度考虑问题，先吃亏后受益的事情也要做。

如今，建工社与上级主管单位住建部各司局及其各学术协会、土建学科各专业教学指导委员会、全国各地的科研院所和建筑企业，都建立了很好的合作关系。同一些重点单位签订了战略合作协议，建工社在逐年扩大合作单位，逐步推进合作项目的实施。

业务创新亮点纷呈

无论是在总编辑还是社长任上，沈元勤的创新做法都有不少可圈可点之处。

沈元勤致力于推动编辑流程的标准化和程序化，有效提升了建工社编辑业务管理质量及单品种质量效益。主持编辑工作以来，他先后主持建立健全了《出版物选题管理办法》、《编辑管理办法》、《出版物项目管理办法》、《编辑部效益工资考核分配办法》、《编辑职称考核及评优办法》等多项编辑工作制度，并大力推行选题三级策划和论证制度，要求编辑利用开卷公司信息数据库对选题进行查证，优化了选题论证流程。

质量是企业的生命。沈元勤一直坚持“三审三校一审读”等质量管理制度，每年新编辑入职培训，他都亲自讲授“如何保证和提升出版物质量”这一课。建工社还定期举办质量展，对问题书稿和图书进行展示，以警示和教育员工，同时通过评优奖励先进。建工社长期实行“代终审制度”，通过聘请退休老总编、资深编审对书稿审查把关，大大提高了终审质量。每过一段时间，沈元勤都会让人将老编审、代终审们提出的各种问题，编制为“编辑加工常见问题注意事项”，放到内网供编辑等有关人员学习参考，以减少同类错误的产生。

沈元勤对一些规模大、牵涉面广且经济效益突出的应用技术图书和实用工具书，采取整体策划、跨部门协作的编辑模式，效果立竿见影。例如，以往建工社的单本手册、百问类图书销售效果不好，在新编辑模式下，建工社推出了融标准规范、实施指南、答疑等多种知识于一体的《建筑工程实用系列手册》和《建筑工程百问丛书》，大受市场欢迎。如今，《建筑工程实用系列手册》已出版了20册，《建筑工程百问丛书》已出版了三十多册。值得一提的是，建工社作为策划者和编写组织者，对很多重大项目拥有自主知识产权，为出版社发展数字出版和持续经营奠定了内容基础。

近些年，沈元勤不断强化作者队伍和编辑队伍建设，为建工社持续发展积累最重要的资源基础。优秀作译者是出版社宝贵的资源，沈元勤一直要求编辑重视作者队伍建设，各图书中心和编辑都要建立自己的优秀作者队伍。令他欣慰的是，目前各图书中心和骨干编辑都有了一批本专业领域的优秀作译者，建设行业的院士、大师，大多成为了建工社的作者。

建工社“十一五”期间成立了专家顾问组，主要成员是行业的院士、著名学者。2009年，建工社成立五十五周年之际，表彰和奖励了132名优秀作译者，在作者中产生了积极影响。如今，建工社每年都要出版二十多种博士论文，以此作为发现和培养优秀作者的途径，并不断建立自己的优秀出版资源库。

近十年，建工社新进编辑人员超过了五十多人，沈元勤非常注重对新人的培养。2003年，他制定并实施了《编辑导师制管理办法》，加强新人培养，安排他们参与重大出版工程或负责某一专业领域，通过压担子培养年轻编辑独立开展工作的能力。他组织编辑人员到中国建筑书店值班，了解出版物上架及销售情况，鼓励编辑深入市场进行调研。

沈元勤总是带领年轻编辑参加各种行业会议。每逢几百人的重要行业会议，他还要争取机会展销建工版图书或举办其他营销活动。他反复向编辑们讲，参加这些活动，一是当做继续教育，更新补充专业知识；二是多了解行业发展动态和信息，开拓选题思路；三是认识新作者，扩大作者队伍；四是对图书进行营销宣传。

“建工社有的是平台，每一个人都有机会做大项目。”沈元勤总是鼓励编辑们向知名编辑、著名出版人方向发展，鼓励他们培养跟教授、院士对话的能力，鼓励他们成为某个领域的专家，鼓励他们紧盯行业最前沿的动态和科研创新线索，努力去整合行业中最好的资源。

沈元勤推动在社网上建立学习园地，订阅数字报纸，建立资料阅览室，为大家提供更好的学习条件。如今，建工社一批年轻骨干编辑成长起来，不少成为优秀编辑和先进工作者，有的通过竞聘走上了中层干部岗位。

近几年，盗版严重冲击了建工社的市场，建工社因盗版而遭受的经济损失每年上亿元。2010年担任社长后，沈元勤立即着手加强打击盗版力度。组建了三个专人联手多个律师团队，大力查处盗版。

为了迅速震慑盗版不法分子，规范经销商行为，推动舆论环境建设，2011年6月16日，建工社联手中国计划出版社、中国建筑标准设计研究院召开“规范建筑图书市场工作会议”，向经销商发出“打击盗版、依法经营、诚信合作、互利共赢”、“建立健康可持续发展的建筑图书销售网络”的呼吁，并在会上同88家建筑图书销售单位负责人签订了《诚信合作协议书》。会上，建工社和计划社还点名宣布对三家销售盗版图书的经销商停止发货。半个月后，建工社又出台了打盗维权奖励办法，极大地调动了社内外人员打击盗版的积极性，不断接到举报线索。截至目前，建工社已查处了十多起性质恶劣的盗版案件，挽回了几千万元的经济损失。

沈元勤很清楚，一手打盗版，一手还要把正版图书和丰富的正版图书信息送到终端读者那里，才能更彻底地抵制盗版。因此他大力推动终端营销，实施贴近服务，责成驻地代表勤于与当地学校、建设系统内单位沟通。

结构优化，为新业务培育奠定可持续发展基础

建工社的出书质量、资金周转率、库存控制率等都比较好，单品种利润和人均效益都比较高。历届领导锐意改革，建设了较好的经营管理机制，形成了专业出版品牌，为建工社打下了很好的发展基础。

正处于事业巅峰的沈元勤，时常感念自己的幸运，赶上了建工社这么好的平台，赶上了中国的城市化进程，赶上了国家文化大发展大繁荣的时代，赶上了数字出版转型带来的机遇。

一个充满活力的行业，一个难得的发展机遇期，一个好平台，一支好队伍，使沈元勤运筹帷幄的角度和力度有更多新意，与此同时，来自企业内外部的对沈元勤的期待和想象也更加丰富。

2011 年底，在版协科技出版工作委员会成立三十周年纪念大会上，沈元勤做了题为《继承优良传统 创新专业发展——谋求建工社可持续发展之路》的讲话，全面介绍了建工社新时期的发展思路，亮出了他今后一段时期内的"施政方针"。

会上，沈元勤提出，要从五个方面继承建工社的优良传统，更好地发挥建工社自身的优势：第一，坚持专业化内涵式发展；第二，坚持质量第一，注重品牌和出书系列化；第三，重视营销渠道建设；第四，重视经营

管理；第五，重视对外合作。在发展方式上要推进“四个转变”：由追求规模数量转变为追求质量效益；由传统的单一图书出版转变为复合出版；由内容提供商转变为内容研发、提供及服务商；由单一的出版转变为以出版为主业，发展关联业务。

沈元勤一直非常强调“坚持走专业化道路”。早在2003年，他就提出“在每一个细分专业领域，建工社都应打造一批权威的、高质量的学术专著、应用技术图书和工具书”。之后的数年间，建工社逐渐丰富了各个细分领域的产品线，并在多数细分市场取得了市场领先的位置。

2010年担任社长后，面临转企改制做大做强的需求，面临文化大发展大繁荣的发展机遇，他同班子一起明确了“立足专业，拓展相关”的发展思路。

经过多年的发展，建工社已形成了一般专业图书、专业教材、标准规范和考试用书四大业务板块。建工社90%的销售收入来源于图书，但出版物销售增长已经接近极限。因此沈元勤强调，建工社未来的增长点是拓展相关领域和发展数字出版、专业培训、咨询、广告等新业务。

沈元勤将大众出版拓展领域锁定在了艺术、设计、建筑文化、旅游、家装和管理等板块，这些板块都是建工社已有专业和优势的合理延伸。在专业图书出版方面，他进一步强调，要提升满足不同细分专业和不同层次读者需求的能力，那些专业面不宽、印数少但又是行业发展需要的图书，也要出版。

2012年上半年，建工社进行了组织结构调整和新一轮人员配备，新增期刊年鉴中心、房地产与建筑管理中心、装饰装修与建筑文化中心和执业考试图书中心四个编辑部门。从组织上和人力资源上，为建工社实现新时期的发展目标提供了强有力的保证。

实现由传统出版商向现代科技专业信息服务商的转型，是沈元勤提出的建工社新的战略发展目标之一。建设行业拥有五千多万从业人员，数字信息用户分布广，基数大，在数字信息的传播形式和应用层面，有很多创新空间。建工社拥有不少像《建筑施工手册》和《建筑设计资料》这样的自有知识产权大型图书，为建工社拓展数字出版业务提供了强大的内容资源基础和数量可观的用户基础。这些都为建工社发展数字出版业务提供了得天独厚的条件。

数字出版是沈元勤早就非常关注的业务发展方向。2006年，沈元勤提出通过网络实现“增值服务、持续出版”的理念，当年就在注册建造师考试用书上实行了一书一码的网络增值服务，后来这一服务平台陆续增加了在线咨询等服务。建筑标准规范品种繁多，修订更新快，建工社也启动了标准规范大全及单行本网上服务，为用户提供搜索、答疑等服务。目前，建工社还开展了部分图书电子书下载、图书10%在线翻阅及网络期刊等数字出版服务。

沈元勤提出了以下数字出版发展思路：发展数字出版要充分依托传统出版积累的内容、作者、读者及渠道资源；发挥传统资源优势，建立优质内容基础；以图书为载体，培育数字化读者；与此同时，要针对不同的读者开发不同的产品。

沈元勤确信，随着专业信息平台的内容丰富，通过对专业读者的引导和培育，就能形成巨大的、稳定的专业市场，还可以充分在专业信息平台上发展广告、培训、咨询等关联业务。

可以说，沈元勤对数字出版业务的规划和推进，既着眼长久布局，也注重现实业务的培育，既注重出版社自身流程的改造，也注重对市场和读者的引导。

2012 年初，建工社的“中国建筑多媒体资源库及专业信息服务平台”和“建筑设计资料库”双双列入新闻出版总署改革发展项目库，这意味着建工社的数字出版将步入快速发展阶段。可以预见，建工社在几年后为建设行业人员提供立体化、多终端、多渠道的专业信息服务已经没有悬念。

（作者　陈　旷）

向安全小传阅读感言

河北出版传媒集团董事长　杜金卿

向安全是出版领域的多面手。从选题策划、编辑加工到营销推广、经营管理，再到数字出版乃至出版“走出去”，几乎每一个领域都留有他的足迹，都取得了令人称道的业绩。

在“科学的春天”里，他步入科学出版的行列；在“文化大发展大繁荣”的时代，他带领出版社奏响发展的号角。三十六年坚守出版靠的是什么？是“得天下好书而出之”的乐趣，是不断开掘优秀选题所带来的成就感。

在编辑业务领域，他注重培养与维护专家队伍，倡导与推行重点工程带动板块发展的选题拓展思路，在文物考古、图鉴类图书出版上的成就鲜明地印证着这一点。他提倡编辑视野的“类别边界融合”，指出只有在边界融合中才能触发新的出版思维和更大的出版能量，也才能有新的爆发式突破。

在经营管理领域，他强调精细化管理，提出图书分类管理方案，区分图书的制高点、生长点和增长点，设计出以考核利润为主的多变量复合指标考核办法，对不同图书采取不同的激励政策。

在数字出版领域，他深入调研国内外出版企业，将主要着力点放在著作权长期保有和有效利用上，建立内容资源数据库和信息服务平台。

在“走出去”工程中，他实施“一策三多”模式——一次内容策划，多种语言出版，多种介质发布，多区域市场销售，将出版“走出去”进程总结为三个阶段，即版权输出、合作出版和境外直接出版。他同时指出，要做好“走出去”工作，首先要“走进去”，还要“走下去”。这些饱含着经验与智慧的思想，是正在走向出版强国的中国出版企业可资借鉴的航标。

“旧学商量加邃密，新知培养转深沉”。出版商是文化增值商，旧学新知借助出版方的文化增值，提升了作者的成果，满足了读者的需求。向安全所成功进行的出版实践，正是在文化增值的意义上获得了永恒。

科学出版社原总编辑　向安全

出版乾坤大　书中日月长

——记向安全

在出版界，提起科学出版社原总编辑向安全，人们首先想到的是他挺拔高大的身材和豪放爽朗的笑声。在人群中，你总是能一眼看到这个大个子。或许是因为这个缘故，无论是在科技出版圈，还是在科学出版社内，人们谈起他时，更习惯称呼他为“大向”，语气之间，更显出一份平易和亲切。

从1976年来到科学出版社，弹指一挥间，已有三十六个年头了。“无情岁月增中减，有境诗书苦复甜。”在这与书相伴的三十六年里，他与科学出版社荣辱与共，致力于出版工作而乐此不疲，为科学出版社的发展倾注了巨大心血，甚至于“发愤忘食，乐以忘忧”，同时也从出版中收获了成功和喜悦。

出版已经融入了他的血脉，成为生命中不可分割的一部分，而科学出版社每一个细小的变化，都会触动他内心深处的记忆。成长的历程，其间的努力，曾经的沧桑，如今的巨变，历历在目……

爱上出版 在科学的春天

千里之行，始于足下。再遥远的路程，也有一个开始。从迈出校门，到踏入出版，他的出版之路并非一帆风顺。从读书时的“向往”，到初入行时的“抵触”，到了解后的“投入”，在经历了一番心理的波折后，他终与出版结下一段“不解之缘”。

他读大学时虽已到“文革”后期，政治环境有所松动，但文化氛围依然很差。他攻读的计算数学又是个新专业，除了老师们自印的有限几本专业资料外，几乎没有其他学习参考书。他所在毕业实习小组的毕业设计，是在老师指导下，计算广西百色地区一个水库大坝的应力分析，为设计好计算程序，到处找参考书，却很难找到一本有参考价值的。那是一个书荒年代，图书极度贫乏。然而，人们对读书求知的渴望却越来越强烈。

1976年，他从武汉大学毕业，被分配到中科院科学出版社。进入一个出版书刊的文化单位，作为一个爱书人，他对未来充满了憧憬和向往。刚开始被安排在校对科实习。为期半年的校对学习，上班的每一分钟都在不停地左右移动两手折握的原稿，精神要求高度集中，感觉既枯燥，又费神。由于当时对出版还不太了解，他非常疑惑，难道做编辑出版工作就是这样一直做下去吗？与许多同时分到中科院各研究所的同学相比，他感觉自己进了距离科研一线最远的单位，出版是一个为别人做嫁衣裳的行业，于是对出版工作产生了抵触情绪。实习期满后，他到第一编辑室数学组，开始做编辑工作。

向安全说，他爱上出版这一行并愿意为之奋斗终身，得益于两点，一是老编辑的言传身教，一是科学家精神风采的感召。

1978年，“科学的春天”来了，“让我们张开双臂，热烈地拥抱这个春天”成为一代人的呼声。那是一个激情燃烧的岁月，人们对科学的热情空前释放，整个社会形成了学科学、爱科学、讲科学的良好风气。科学出版社是科技专著出版的重镇，与科研工作者有着非常密切的联系。在老编辑的带领下，他开始参加各种学术研讨会，有机会与他崇拜的大科学家直接交流，面对面听取他们对学科发展的见解，接受他们关于学术动态的传教。那时做编辑不怎么考虑经济效益，只管在这个学科领域出最好的专著，或者翻译出版世界顶级学术大师的著作。在搜集学术动态的基础上，做好选题规划和翻译计划后，向各位科学家登门请教，征求他们的意见，获得他们的认可和支持。每当自己的想法得到老科学家的认可时，心中都会感到很有成就感。

为了更好地向专家学习，他每周都会拿出一两天时间，从朝内九爷府骑着自行车赶往中关村，兴奋地穿梭于中科院各研究所、清华、北大之间，每天往返三四十公里，丝毫不觉得累。作为一个刚入行的小编辑，科学家们给了他太多的指导和帮助，让他永怀感佩。“比如冯康先生，是数学大家，中国现代计算数学研究的开拓者，”向安全深情地回忆说，“先生平易近人，诲人不倦，每次去找他请教，先生总是准时在那里接待我，认真听我说选题设想，不厌其烦地指出其中的问题，提出调整的建议和办法，以及作者的最合适人选。”科学家对出版工作热情支持，他得以以一个编辑的身份，去聆听科学大师们的指点，感受科学蓬勃发展的生机，对出版的感情不断加深。

科学家们忘我的探索精神，老编辑们热情投入的工作状态，都深深感染了他，使他认识到了科技出版工作的重要意义。他开始喜欢上了出版这一行，积极主动投入工作，并立下他做出版以来的第一个抱负：服务计算科学发展，把计算领域的好书出好。

在进入编辑室工作不久，有一天下班后，社里的资深老编辑吴伯泽来到他的宿舍，看到桌子上整齐地摆着汉语词典、语法修辞等工具书时，赞许地说：“大向，这就对了。一个图书编辑，首先中文水平要过关，如果编辑的中文水平不够，又怎么去看作者的书稿呢？”他逐步认识到，要做好编辑出版工作，必须有扎实的基本功，主要的基本功就是中文、外文和学科发展动态。中文和英文是科技编辑必备的语言学基础。许多理科生在校时不太重视学中文。在老编辑的启发下，他在干中学，学中干，一边学习编辑工作，一边补习专业知识，同时参加各种语言学习班，学中文、学英语。从此，他一头扎进出版工作，矢志不渝，一干就是三十多年。

孜孜以求　为出好书

孟子说“君子有三乐”，并以“得天下英才而教育之”为人生一大乐事。在向安全看来，得天下好书而出版，真乃人生至乐也。正是因为有了出版，人类才能超越时空进行交流，智慧才能薪火相传。作为一个出版人，策划、出版好书，是他热爱出版事业的一个重要动力。

在做编辑期间，他分管计算数学学科，责编图书四十多种，组织选题八十多种，建立了计算数学学科专家资源队伍，系统规划了本专业图书出版。当时组织策划的“计算方法丛书”，现更名为“信息与计算科学丛书”，至今仍在延续出版，为培养我国科学计算人才队伍起到了重要的作用。丛书当时的一批中青年作者，现在大多都已成为我国“院士级”重要科学家。当年责编出版的部分图书曾获全国优秀教材奖和畅销书奖，还有部分图书出版了英文版，并纳入施普林格出版社的数学黄皮丛书。

在担任副社长期间，他也没有放弃选题策划工作。由他策划的“生活与科学文库”涉及科学知识、健康生活等方面，是组织全社各学科的编辑参与完成的。本套文库历经十年，共出版一百四十多种，受到广大读者和销售商的好评。在这套文库中，早期出版的优秀品种已二次开发为新的系列书出版。

在总编辑岗位上，他加强科学出版社重大出版工程建设，以重点工程带动板块发展。经过严格选择论证，在2004年建立了“科学出版社十大出版工程”，包括《中国彩色植物志》、《中国高等彩色植物图鉴》等，十大工程的实施带动了板块的发展，如《中国出土玉器全集》的出版带动了包括《中国出土瓷器全集》、《中国出土壁画全集》等在内的一系列文物考古图书的出版；《中国可持续发展总纲》的出版带动了一批资源类图书的出版。同时也要求各分社建立部门级重大出版工程，对列入重大出版工程选题的责任编辑制定相应的奖励措施。总署分派给科学出版社的《二十世纪知名科学家学术成就概览》丛书是一项国家级重大出版工程，由多位院士专家组成各卷的编委会，为了突出这套丛书的权威性，提升本项目的学术水平，他提出各卷要增加一篇学科发展简史作为每本书的开篇，以避免这套书与已出版的科学家传记的内容雷同。这一建议得到了钱伟长主编和其他专家的肯定和赞许，从书的出版也贯彻了这一思路，当然，这也大大增加了从书的出版难度。

从2009年起，他不再担任科学出版社总编辑，专任集团党组书记。但是他出好书的热情不减。因为他对日本出版界的情况比较熟悉，他利用分管科学出版社东京分社的机会，把图书选题策划的触角也深入到日本。

东京公司2009年成立，2010年招收编辑，他指导几个新人开始日文版图书出版发行工作。经过两年的努力，根据他对日本市场的了解和对中文图书资源的熟悉，确立了东京公司要充分利用科学出版社人文科学、文物考古图书资源的“以史为主，时政为辅”的出版方向和以图鉴为主要出版形式的进入方针，建立了日文版《中国史学系列》、《中国文物图鉴系列》、《中国科学图鉴系列》以及《世界经济地图系列》等丛书的出版顶层策划，并与国内多家出版社签署了战略合作或项目合作协议，《中国陶瓷史》、《七千年丝绸科技史》、《中国音乐史图鉴》、《中国针灸史图鉴》、《中国古代建筑史》等一系列精品近几年将在日本陆续出版。在他看来，这些中国权威学者编著的高品质图书，记载着中国方方面面的发展史，要高质量出版日文版，以日本读者喜欢的阅读方式，原汁原味地介绍到日本，让日本读者能更多地了解中国的历史、科技和文化。

几年前，他通过一个偶然的机会得知，日本20世纪50年代印行过一套《云冈石窟》，是难得一见的稀有文物资料。利用到东京出差的机会，他一头扎进神保町旧书一条街，逐店搜寻。功夫不负有心人，经过两天的寻找，终于在一家专门店找到了仅存的一套。顺藤摸瓜，他辗转找到京都大学人文科学研究所负责该项工作的冈村先生。这套资料是该研究所的交流用印刷资料，没有正式出版发行过；印行的两千多幅图片仅是该所所存照片的一部分，这些资料图片都是日本学者八十多年前在云冈实地拍摄的，有极高的研究和文物资料价值。每次见到好的选题内容，他都兴奋不已，这次也不例外。他几乎抑制不住激动的心情：这些散落海外的文物资料是中国佛教寺院研究和保存的重要参考史料，应该抢救性出版。

他决定协调中日两国相关领域研究力量，在已刊行16卷33册的基础上，再从未入册的照片中选择3000幅，同时推出共20卷40册的中、日双语版《云冈石窟》大型全集。这一想法得到中、日两国文物考古界学者的支持。中国社会科学院考古研究所王巍所长欣然同意担任中文版编委会主任，京都大学人文所冈村担任日文版编委会主任。

科学出版社即将推出《云冈石窟》的消息，在中日考古界和出版界引起了较大反响。虽然随后的出版工作会很艰辛，面临着资金和翻译的诸多考验，但他始终坚信：只要做对事，一定有好结果。

勇挑重担　破解“售书难”问题

发行工作是出版工作的重要环节。由于科学出版社出版的书刊专业性强，读者面窄，印数少，成本高，在正常情况下历年均有亏损，到了20世纪80年代中期，科学出版社经营面临着严重困难。当时，生产成本出现大幅增高，而新华书店和邮局对科技书刊的征订数连年下降。虽然调整了书价，远抵消不了各项成本费用的增长，出版社面临着资金不足的严重困难，甚至“债台高筑，捉襟见肘，无米之炊，难以为继”（科学出版社1986年工作报告）。由此，社里提出了通过加强管理和搞好发行工作，使图书出版基本达到收支平衡的奋斗目标。把发行工作搞上去成为当时一项重点任务。为了加强发行工作，社里把发行科升格为处级单位。

在科技书刊发行工作面临严峻考验的形势下，向安全同志临危受命，承担此项工作，组建发行处，负责开拓发行渠道，以加强科技书刊的销售，解决售书难和资金不足的危机。

科学出版社在20世纪50年代以新华书店为发行主渠道的同时，在各地自办了19个门市部，很有成绩，可惜在“十年动乱”中遭到彻底的破坏。他借鉴历史经验，加强了自办发行工作。为解决学术期刊连续几年征订数下降的问题，他搜集了10万个发行户头，组织人力自办发行四十多种学术期刊，收到了较好的效果，开创了出版社自办发行学术期刊的先河。在科技图书发行方面，也采取了一系列措施，从建立特约经销点到新建发行站，开拓多条流通渠道，从而使自办发行销售额连年成倍增长，有效地缓解了当时出版社资金困难的问题。

在此期间，他以身作则，克服发行人员少、经验不足、条件差等诸多困难，拼搏创新，在不断提升出版社发行业绩的同时，也为科学社争取了较好的商务对话和交流平台。曾联合几十家出版社，成立了科技图书发行联合体，组织开展订货会、研讨会，在科技出版社中的作用和影响一直延续至今。

负笈东瀛　学习出版先进经验

1991年，向安全很荣幸地被选派到日本讲谈社进行为期一年的研修。在回忆这段经历时，他说，这一年的经历对他至关重要，使他对出版理念的认识产生了一个质的“飞跃”。

当时，与出版发达国家相比，我国出版的经营管理方式还比较落后。讲谈社是有一千多名员工的国际著名出版机构，经营和管理科学、规范，值得学习的内容很多，从选题论证的流程设计、印书定价的确定办法到宣传策略的制定实施，甚至编辑出版的每一个细节等方方面面，都有值得学习借鉴的地方。

他带着国内工作中遇到的编辑、出版、发行实际问题，如饥似渴地投入学习，处处留心，虚心向国外专家请教，及时总结记录，取得了很好的效果。他先后在讲谈社的图书编辑部、销售部、促销部、期刊部、生产部、财务部等多个部门进行研修，获得了先进的出版认知和经营管理知识，这为他后来编辑出版事业的发展和对出版企业经营管理运作打下了较为坚实的基础。

1992年回国后不久，他就担任社长助理，兼经营财务处处长。他把在日本学习一年的收获进行总结整理后，以“东瀛归来话出版”为专题，连续发表了多篇文章，获得良好反响。当时连续几年，在业界讲课时，他主讲的《现代图书编辑的选题策划方法》、《关于图书单品核算本量利分析》和《图书营销案策划与实施》等课程深受学员们的好评。

当然，他更看重的是，将在日本学习到的先进出版管理经验付诸实践。为了加强出版的计划性，他编制了包括出版品种、码洋、回款等各项经营要素的详细年度经营计划，增强了年度生产经营目标的指导性和可行性；为了加强经营管理的精细化，在借鉴国外先进经验的基础上，他设计出了单品书成本预测表和复核表，引入到列选前、付印前两个环节，启动了编辑环节进入单品种成本核算的工作……

在当时事业单位的体制环境下，许多人不理解这些重视经济效益的做法，在贯彻执行时曾遇到过很大阻力。但坚持下来之后，收到了很好的效果。现在回头来看，这些措施的实施，提升了出版社的经营管理水平，也推动了出版社现代企业运营机制的建设，为科学出版社后来的转企改制和持续发展奠定了良好基础。

提升管理水平，推动经营持续健康发展

1992年是科学出版社经济比较困难的一年。当时出版社现金流，尽管通过自办发行的扩大有了缓解，但仍未彻底改变经营困难的局面。在事业体制下，出版社书刊投入产出控制机制尚未建立，盈利和非盈利图书界线不清，编辑学术图书和大众图书奖励标准区分不明显，经营管理问题较为突出。

针对这些问题，他做了大量的调查研究，在深入分析全社图书产品结构现状的基础上，向社里提出了分类管理的建议：将全社图书产品分为A、B、C三类，即A类为学术图书，是制高点，要继续出好学术精品；B类是技术图书，为生长点，要扩大规模；C类为大众图书，是增长点，要选准方向进入。对三类图书的编辑部门，分别设计出以考核利润为主的多变量复合指标考核办法，对不同书类采取不同的激励政策。这一设想经社领导班子研究决定实施后沿用多年，并发展成为科学出版社重要的管理方法。

为了改变学术出版经营困难的局面，1992年社里决定重新启动恢复使用“龙门书局”的申请（1989年曾申请过一次，未果），以一个机构两块牌子的形势，在保持科学出版社出版特色的前提下，以龙门书局的牌子出版一些量大面广的科教生活类图书。他负责起草了向新闻出版署申请的报告，并协助跟进，终获批复。现在来看，这项举措对科学出版社扭转经营困难局面，创立“龙门”教辅品牌，反哺学术出版，保持科学出版社的品牌和特色，发挥了非常重要的作用。

龙门书局主要出版教辅图书。从1994年恢复出版图书开始，经历了起步、成长、竞争、壮大的发展过程，经过十年努力，到2003年龙门教辅已经成为教辅市场的第一品牌。这一时期也是科学出版社爬坡、上台阶和高速成长的时期。向安全在这一时期主管社经营工作，他说："那是一个理想不断被超越的时期，大家的干劲冲天，一心只想出版质量最好的教辅，一心只想把发行量做到第一位，大家齐心协力，没有私心杂念。几乎每个设想都能落实，每年都能按照制订的经营计划、预设的经营策略顺利地推进，每年都能交上一份满意的答卷。那些辛苦换来的成功的喜悦，现在回忆起来还激动不已。"

向安全分管经营工作期间，也是科学出版社发生巨大变化的时期。全社出书品种从1995年的670种，增加到2002年的4500多种；销售码洋由1993年的0.56亿元，增加到2002年的6亿元；净利润也由1995年的200万元，增加到2002年的5000多万元。

向安全是科学出版社建立规范经营管理模式的最早倡导者和推动者之一。通过边实践边运营，他积极探索和解决了许多发展经营中的重要问题。这些经过实践检验行之有效的管理措施，有力地提升了科学出版社经营管理的规划化水平。

自2003年担任科学出版社总编辑以来，他积极投身出版社的改革，着力提升出版社的经营质量，为科学出版社的持续健康发展作出了贡献。

他积极推动出版社增长方式从数量规模型向质量效益型的转化，大力调整出书结构，控制新书出版规模。

2005年及以后新书出版比2004年有大幅度下降。同时调整图书结构，逐步缩小龙门书局新书出书量，增加科学、技术、医学、教材、社科（STMEH）的图书出版量，为科学研究人员出版更多高质量的最先进的学术图书，以满足日益扩大的图书馆及科技研发、医学等单位的需求。同时，积极参与国际STMEH出版活动，每年引进高科技图书200多种。

他深入调研，积极谋划，努力推动向数字化出版转型工作。在全球数字出版大讨论中，调研了全球化STM出版集团爱思唯尔和施普林格的发展轨迹和经营现状，总结出了STM出版发展的五个阶段。结合中国STM出版市场发展和环境状况，提出了中国STM数字出版发展预测，发表在《中国STM出版离数字在线出版还有多远》的文章中。同时，在科学出版社力主建立STM内容数字资源库，主张着力点是解决好著作权长期保有和有效利用的问题，以利于科学出版社可持续发展。他提出建立最大中文科技信息服务平台的目标建议，也获得了集团同意。在分管数字出版工作期间，他通过论证提出要建立十大专业内容资源数据库，其中有些已申报作为国家支持的数字出版项目。

他注重科学出版社“三高”、“三严”传统，建立质量控制体系。质量是出版社的生命，是出版社品牌构成的主要部分。在编辑人均出书量增加的情况下，他在工作中始终坚持实行三审制，并在各分社层面建立质量责任人制度，在社总部加大质量抽检力度。同时加强编辑基础培训，强化编前工作到位，特别是对编辑人员进行质量把控能力摸底，对部分编辑重点跟踪抽检，把质量事故消化在付印前，避免造成经济损失。

2003 年 6 月，中国科学出版集团成为中央文化体制改革试点单位。出版体制改革是一个浩大的系统工程，在改革试点过程中，他在认真抓好出版经营工作的同时，他协助社长积极推动出版社改革试点工作，做了大量卓有成效的工作。从改革方案的起草、制定到实施，到公司注册等等，他都付出了辛勤的劳动。同时，由于改革转制带来的变化和产生的效益，也为科学出版社的品牌和中国科学出版集团公司争取了更大的发展空间，产生了很好的效益。

积极推动“走出去” 服务中外文化交流

科学出版社是国内较早开展出版国际交流的出版单位之一。为推动科学出版社更广泛地参与国际交流，向安全做了大量扎实有效的工作，为出版社更好地“走出去”赢得了许多先机。

早在 1994 年，他就参加了与施普林格合作成立合资公司的谈判工作。他深入细致地准备了大量资料，根据谈判情况起草了合作协议书和可行性报告。虽然由于种种主客观原因，创立合资公司的事情遗憾地被拖黄了，每每念及此事，他还不胜欷歔。不过，这次谈判开拓了出版社的视野，也为今后与施普林格加强合作做了铺垫。东方不亮西方亮，2004 年，在他的推动下，科学出版社与全球第一的 STM 出版商爱思唯尔共谋合作，建立了科爱翻译中心，确立了在科技图书翻译引进中，科学出版社拥有第一选择权的合作条件。

在学术期刊“走出去”的问题上，在他积极努力下，分别与爱思唯尔和施普林格商谈了数字版在全球发行问题。科学社现有二十余种英文版学术期刊借助全球化在线数字平台在线全球发行，从而扩大了中国学术期刊的影响。在他的推动和实施下，从 2005 年开始，科学出版社每年输出版权的数量都在两百种左右，在全国科技社中名列前茅。

他把出版“走出去”总结分为三个阶段，即版权输出、合作出版和境外直接出版。2009 年，他勇挑重担，负责创立科学出版社东京公司，经过近一年的奋战，2009 年 7 月 11 日，在东京成功召开成立招待会。科学出版社东京公司的成立，标志着科学出版社的“走出去”已经步入境外出版的新阶段。

在一个出版完全市场化的国家，一个外来公司要想扎下根、立住脚，进而取得发展，必须面向本地市场，尊重当地读者需求，以当地化的读者、用户为基础，开展选题策划、作译者队伍建设、发行渠道开发等一系列工作。通过多年对国外图书市场和销售渠道运作方法的了解，他总结出实施“走出去”工程的“一策三多”模式，即：一次内容策划，多种语言出版，多种介质发布，多区域市场销售。他认为，在这种模式下，因为涉及多语种、多版本、多介质，首先要与作者约定授权范围，其次是可降低总体制作成本和经营成本，三是可个性化地设计适合当地读者的版式方案，四是便于全球发行营销宣传。

在这种模式下，试行出版了中、日文版的十卷本《中国出土壁画全集》，效果很好，也坚定了他出版中国文物图鉴、历史文化类图书的信心，他主导策划的《中国古代建筑简史》等十余种该类图书，正在按这一模式推进；同时，也设计出版了中国现代热门题材图书，客观介绍中国社会、经济、科技等类别的图书，如他策划出版的《世界经济数字地图》系列，多语种同时出版，以图文并茂、通俗易懂的方式，满足国外读者了解中国经济、中国读者了解世界经济的需求。根据日本市场策划的四十多种选题，也将陆续在东京出版。

目前，东京公司运行已经进入第三个年头了。在日本本土先后出版的《图说民居》、《曹操墓真相》等图书，得到了市场和读者的认可，公司也受到日本出版界的关注，初步树立起科学出版社东京公司的品牌。

他认为，要做好“走出去”工作，首先要“走进去”，充分利用中国的内容资源，在境外用当地的语言描述风格和当地同类出版物的表现形式，进入当地的渠道和市场，让当地读者自然接受并阅读；其次还要“走下去”，即有一个长远发展规划，在全球化经营中实现可持续发展。他积极参与世界出版学术交流，2006年在新加坡举办的国际STM出版论坛上以《中国STM出版与科学出版社》为题发言，让更多的海外出版同行了解中国科技出版现状以及未来发展空间。

2012年，他从集团党组书记的位置上退了下来。然而，他对出版工作依然热情不减，每天仍忙于策划选题，会见作者……或许旁人会觉得很累，然而他却乐在其中。旧学商量加邃密，新知培养转深沉。三十余年的经历，成了他人生的一笔宝贵财富；洗尽了铅华，他出版好书的理想更加坚定。

有人问他，为什么能坚持三十多年做出版？他说：“出版带给我快乐，出版成就了我。直到现在，只要眼前出现‘出版’一词，不论是中文、英文还是日文，马上就感到很兴奋。”是啊，正如作家柳青所说：“人生就是这样，牵挂着、烦恼着、自由着、限制着；走出一段路程，回头一望，却也生动着、美丽着。”

（作者　王贻社）

紧扣时代脉搏　勇于改革创新的出版人
——胡守文小传阅后感言

新华文轩出版传媒股份有限公司董事长　龚次敏

作为一位亲历中国文化产业改革发展三十多年历程的资深出版人，胡守文同志获得“韬奋出版奖”可谓实至名归。在从知青记者到基层编辑，从杂志总编辑到出版社社长的角色转变中，他的每一步都紧扣出版业时代脉搏，透露出独到的智慧与眼光，体现出出版人的责任与担当。“**我是编辑，这是至高无上的称号和桂冠。**”胡守文同志首先是一名编辑，七年的基层新闻工作经历，让胡守文具备了一名优秀编辑的基本功：扎实的文字功底和对当下社会的深切体验。这让他初为编辑就找到了时代精神与出版选题的切合点，挖掘出版了张海迪系列图书，用张海迪精神感动和激励了一代人。“**把出版看做是自己毕生的事业，咬定青山不放松，干出点名堂来。**”

胡守文又是一名出版人，两次临危受命，两次站在时代高度、紧贴社会需求的准确把脉和定位，让《青年文摘》、《中国青年》两本杂志起死回生，产生了良好的社会效益和经济效益。**“做最懂业务的社长，做最有文化的出版社。**”胡守文更是一名出版社的经营管理者。他以敢试敢闯的精神，实施“套书战略”、“书装革命”等大刀阔斧的改革，充分解放了文化创造的生产力，培养了吕敬人、邓中和等一流出版人才，为出版社带来了广阔的发展空间，将中青社带上了我国一流出版强社的发展道路。

中国青年出版总社原社长　胡守文

我是编辑

胡守文

写下这个题目，我要感谢老署长刘杲。因为这是他为《中国编辑》杂志写的发刊词，曾引发我长时间的思想共鸣，故拿来总结我的编辑生涯，十分贴切。

进入图书出版之前，我曾有七年地方新闻工作的经历。那是一个在疯狂岁月中曾给我留有深刻烙印的职业。我不能不承认自己有着当记者的特质。20世纪70年代初期，我的写作几近颠狂。当时，我尚为务农知青。劳作之余，每夜伏案写作，写困了，一打盹，桌上的油灯就会把脑顶的头发燎去一片。我保持着一周一篇文章见报的频率。一个远离省城、远离媒体、身居乡下的毛头小子，我居然能仔细地总结出省报体、电台体、人民体、新华体等诸多媒体的文风区别和用稿要求，根据素材，分门别类写出新华社文稿、人民日报稿、省报稿、省电台用稿。我成为在野的名记，从1973年开始，被省城几大媒体借来借去，好不得意。1974年，共青团山西省委要恢复《山西青年》杂志的出版，我又被借调到杂志筹备组，赴昔阳大寨筹办复刊第一期。一行六人中，我是负责为昔阳团县委总结如何推广大寨团支部经验的重头文章。老实说，我平时很少能接触到昔阳的东西，生来乍到，两眼一摸黑。当年，大寨的陈永贵通着天，红得不可一世，把当时的团省委书记划到了反大寨的阵营。当时大寨的党支部书记贾存锁兼任团省委副书记。我们这一干被贴着反大寨标签的秀才，自然不被昔阳当地待见，生生被晾在县委招待所一个礼拜而无人问津。我既找不到活人，又找不到死材料，眼见得此行是要泡汤了。忽一日说晚上贾存锁要来看望，当时的团省委书记急火火地从省城赶来。晚七点，我们齐刷刷地端坐招待所会议室等待接见。贾存锁准时到了，见面没有客套话，上来第一句就是："有人说我们大寨人不热情。不是不热情，是不留情——对资产阶级不留情！"一不留神竟然成了资产阶级？我草草写完稿件交了差，就此不辞而别。这一段刻骨铭心的经历，成为我人生道路上极其宝贵的精神财富。上完四年大学，我有幸分配到中国青年出版社工作。1983 年，我入编辑部不久，就接受了赴山东聊城向张海迪约自传写作的任务。海迪当时以身残志坚自学成才而在山东有了一些名气，但和日后如日中天的宣传还有天壤之别。只是听说有这么个没上过学的女孩子，要翻译海伦·凯勒的《海边诊所》，这足以吊起了我们要了解她的胃口。我在当年的正月初三就踏上赴聊城约稿的路。我在聊城待了三天，整天在海迪家出出进进。她那间略显凌乱的小屋，墙上、床头，到处贴满了英语单词小纸条，桌上堆满了厚厚的稿纸，一派做学问的样子。她那个手工钉制的木头“轮椅”，十分醒目。我和她的父母、亲人海阔天空聊着海迪的种种。这个阳光灿烂的姑娘渐渐在我头脑里鲜活起来。在海迪父亲张坦夫送我回济南的路上，我动情地说：“老张，我对海迪有三句话的认识。一、海迪不仅是自学成才的典型，同时是有着远大理想和正确人生观的新时代青年。二、海迪不光是残疾青年的典型，同时是全体中国青年人应该学习的典型。三、海迪不光是学雷锋的典型，而且是具有强烈时代特征的先进青年代表。”老张连连说：“小胡同志，你对海迪的评价，是不是有点太高了？我没想到啊！”我回答：“这是我的认识。”回京后，我即向出版社和团中央相关部门领导做了汇报，并建议由团中央宣传部和中青社共同编辑出版一本反映张海迪事迹的小册子。时任团中央宣传部宣传处长的柳斌杰同志全力支持，特别指定处内干事许楠同志和我加班苦干一周，完成了书稿的编辑和整理。我想了个书名叫《闪光的生活道路》，大家说好。于是老柳负责团中央发文，出版社负责发电报，全国新华书店系统征订，三个月内发行 506 万册，创造了中青社历史上短时间内发行量最大的纪录。团中央接着又把海迪请到人民大会堂电视直播宣讲，直接推动了全国青年学习张海迪的热潮，一个时代的楷模就这样诞生了。这以后，我直接参与了海迪事迹的调查学习和各种宣传命名活动，亲手整理出版了《张海迪书信日记选》和续集，并继续着她首部作品《轮椅上的梦》的创作组织工作。1984年初，光明日报二版头条以“勤勤恳恳的好编辑”为标题，报道了我和另一位老编辑的事迹。这对刚入道一年多的编辑新人，该是多么大的褒奖和鞭策啊！从1984年到1986年，我从出版社的总编室副主任而主任、出版社的副总编辑，短短的两年间，我完成了从出版社一般干部、中层干部到社领导的三级跳。成为当时全国出版界最年轻的大社领导。我的重头工作之一，是接手《青年文摘》杂志，从兼职主编到分管，前后逾十八年。十八年，可以概括为两件事情。一是改变办刊方针。1986年前的《青年文摘》，突出的是刊物的知识属性，当时的刊物封面上，用四句话昭示自己的方针，叫“按照青年特点，荟粹文章精华，开扩知识视野，促进身心健康”。这个办刊方针，曾经将刊物带入辉煌，成为引人注目的百万大刊。但从1985年开始的滑坡，总让人感到了某种担心和困惑。我在认真分析后认为，是时代变了。“文革”后，全社会风行的知识补课热潮，被系统而正规的学校教育取代，更高一级的精神需求出现。于是，我主持改变刊物知识性强的特质，变为哲理性美文的刊物新的定位和风格。这样一个改变，当然有着巨大的风险。一位老同志当着我和编辑部同事的面，公开表示了自己的担心。但一年以后，在同样的地点和范围，这位老者说：“文摘终于有了自己的新风格。”刊物终于走出困境，前后用了五年时间，由月发五十多万份重返百万大刊行列。二是改变刊期。20世纪末，《青年文摘》的发展又遇到瓶颈。许多杂志在90年代中期通过改刊期已获得新生。《青年文摘》要不要跟上改？在编辑部内一时争议较大，连邮局的专业人士都认为，改刊期已错过了最好的时机，别人都要闭幕了，你们才忙着筹办开幕式。这种担心提示我，《青年文摘》的成本很大，某种意义上说，是在拿百万大刊赌博。一旦受挫，损失将是巨大的，责任也将是巨大的。我认真分析，权衡利弊：百万大刊，这是市场对文摘的认识。我们不是因为内容的问题改刊，而是感觉一本杂志在读者手中停留和占用的时间太短，大约也就是两三个小时吧。一月中，绝大部分的时间是其他刊物在活跃着。改刊期，就是要增加文摘杂志在单位时间段的阅读密度。因此，文摘不是要办一个新杂志，而是要改为半月刊。内容和栏目一概不动，并用期刊界从未用过的红绿两色封面设计区分上下半月刊，简称为红绿版。我决意要在期刊界改刊已成闭幕式的情况下，上演一出精彩的折子戏。《青年文摘》杂志改刊四期以后，出乎所有人的意料，发行量大幅翻番，月发行量达到二百多万份，使杂志稳稳站上大刊前五名的位置，成为当年期刊界的一大奇迹。我从2004年初撒手《青年文摘》，不期然在2006年又接手了《中国青年》杂志社总编辑的活儿。这份杂志，名为“青年”，实则中国最“老”，伴随着中国共产党的成长一路走来。从最早的主编恽代英，到其后的胡乔木、陆定一等，均是党的高级领导主持。战争年代它的影响力不去说了，20 世纪 80 年代初的“潘晓讨论”，以“人生的路为什么越走越窄”为设问，席卷了全中国的青年人参与，惊动了当时的总书记耀邦同志。然而，二十多年的星转斗移，《中国青年》杂志滑落了。2006 年，首现经营亏损，我就是在这样的背景下接手这个杂志的。其实，1995 年，克强书记就有过让我领军《中国青年》的动议，由于种种原因，搁置下来。十年后再次提起并真正进入，肩上的压力陡增。这个压力不光是政治的，还有经济的。这是一块比《青年文摘》更为难啃的骨头。

我首先要了解这本杂志。此前若干年，杂志社曾数次提出改刊，以适应市场经济的压力。比较倾向的意见是改为“人生”杂志；现下杂志的定位是标注在封面上的两行字：奋斗改变命运，梦想使我们与众不同。杂志的读者对象是中国数亿团员青年。我通过大量的座谈调研，集思广益，逐渐形成新的认知：两行字很有激情和文采，但作为定位还不够明晰；数亿青年是个集合概念，而市场的现实是读者的分众化趋向。因此，数亿青年团员一定都是你的真读者。这里有个区分和剥离的问题；从团的机关刊要求，面对分众的市场，走地摊不行，面对草根不行。《中国青年》的市场就在团内。要瞄准、给够。所谓瞄准，就是指青年中的精英阶层；所谓给够，就是要调动一切手段，为精英阶层提供丰富的精神食粮；并通过他们影响和带动青年中的其他阶层。循此，我结合大家共识，明确提出“先锋品格，栋梁气魄”的刊物定位，并依此定位重新设计刊物栏目板块。为了让新的刊物有个全新的面貌，我还为刊物破天荒地设置了一个视觉主编的角色，提升美编在编刊过程的作用和地位，开了期刊界的风气之先。这次大幅度的改刊，得到时任团中央第一书记胡春华同志的赞许。事实上，改刊后，全团上下普遍认可，特别是在对汶川地震的专刊报道和为“潘晓讨论三十周年纪念”所组织的“人生的路为什么越走越难”的讨论，都引发了较大的社会反响。杂志社当年扭亏为赢，终于创出一条机关刊走市场的新路来。1993年到2003年底，我担任中青社的社长兼党组书记，长达十一年之久。我这个社长，对权力和人事没多少兴趣，主要精力仍然放在业务上。我的座右铭是两句话：做最懂业务的社长，做最有文化的出版社。这也凝聚成我的一篇文章《社长是出版社的名片》。以后，又成为我的出版专著的书名。我上任第一年，提出全社实施“套书战略”的思路，这主要基于中青社自身的情况考虑。当时全社约170人的队伍，约80名编辑，一年出新书再版书各约120种左右，人均出书太少，生产力没有充分释放，谈何发展？要想在一个较短的时间内获得快速发展，必需采取非常手段，在把握质量的同时，迅速把规模做大。我顺势提出“套书战略”的口号，一年抓出三种套书，每种书征订两万套。循此做下去，订货码洋三年翻两番。这以后，随需应变，适时提出阶段性战略口号，并成为我的工作习惯和强有力工作手段。配合“套书战略”的成功，我又转而发力图书呈现型态的变革。我深感出版社美编室运作机制不能适应美术设计内在规律和要求。一个美编，进门就分配固定为某一个编辑室或某一类读物服务，几年、几十年不变，使美编思维固化，创意和激情失却；受传统思想的影响，美编工作成为出版的从属和配角，其设计往往受制于文编的非专业认知和印制的工艺水平，甚至陈旧的消费习惯。美编也是出版生产力；某种意义上说，形式也是内容。基于此认知，我和班子大刀阔斧，策划了一场中青社历史上极具影响力的书籍装帧革命。我提出“解放美术编辑”的口号。首先在社内的美编室，打破分工负责特定部门和特定出版物门类的传统，让美编可以自主选择所设计的书稿，让文编可以自主选择美术设计师。这也是事实上的文编和美编的“自由恋爱”。这个制度一实行，美编室整个儿活了。美编个人的设计积极性和专业特长得到充分调动。与此配合，我施行了第二条措施，即明确规定不准书籍印制环节反制美编的设计；不得以“过去没做过”为借口，对设计师的设计作品表现进行限定和更改。文编若和美编的设计意见相左，最终文编要服从美编的意见。此法一推行，中青社的书装设计在短时间内就有了很大的变化。我们的书，变得好看了。有一本我们出的《黑与白》文学译作，分别做了精装和平装两种版本，图书市场竟然发生过错把平装当作精装卖的轶事。书装“革命”的成功，鼓起了我和班子的勇气，于是决定把这场“革命”进行到底。我们作出了一个大胆的决定：在国内出版界，首家实施美编个人社会化工作室的尝试，同时，提出“书籍六面体”设计主张；在出版界首次试用正文米色纸印刷。这一系列的变革措施，力度大，且让行业耳目一新。中青社的书装水准，高质量、成规模、大幅度提升。香港联合出版集团总裁赵斌和我说：“每年的北京国际书展，我都要叮嘱我们的团员，到了书展，一定要看中青社的书，因为你们的书装设计，不光是很好，而且是第一。”是不是第一，自有业内同人的评说。但中青社在那样一个时期，培养和涌现出了吕敬人、邓中和、吴勇、小马哥等一批中国第一流的书装设计家队伍，成为全国出版界排行第一的出版社设计团队，确是不争的事实。岂止是书装设计队伍，《青年文学》杂志编辑部，还成长出一位红透中国的青年收藏家和文物鉴定专家马未都。出书又出人，而出人的时间段又那么集中，形成中青社 20 世纪 90 年代中期的突出文化现象。当时一位《北京晚报》的记者说：“这是北京城内最有文化的出版社。”“最有文化”的赞誉，首先是这位记者对中青社装修文化和风格的评价。中青社的环境文化，我真的是用了心思。建社五十年了，没有自己的形象识别系统，这对自身品牌的宣传不利，也对市场竞争不利。我们分为两步走。第一步，先创设出版社的社标，即LOGO。我们邀约世界著名设计师王序先生主持设计。他拿出了一个又一个设计草案，又一次次自己推翻。最后，他受英文“youth”语义和发音的启发，确定用跃动的狮子头形象，将cyp三个中青社英文词的首写字母变形其中。又选择“五四运动”时期青年人所穿蓝布长衫的颜色作为中青社的色标。令谁都没想到的是：社标设计，向来议论纷纷、不易统一认识，历史上中青社曾数次尝试解决这个问题，都因此而夭折。而在这个LOGO设计面前，全社竟然一次全票通过！设计获得巨大成功，并成为世界平面设计教材中的案例之一。第二步，改造和重构环境。我们突出了环境的出版氛围营造和渲染，将线装书页、木刻活字字盘、雕版等传统工艺品装修上墙，将散落民间的木雕、铜雕、砖雕、石雕、器物、剪纸等作为室内外的装置或陈设，化腐朽为神奇，使出版社成为一处艺术家园，成为文化人喜欢的精神殿堂。我由此将中青社的文化追求提炼为“精经进”三个字，意思是：工作要精彩，作品要经典，精神要进取。并要求全社大念这个三字经。这个企业文化的建立，影响是长远的。三十年如此丰富的出版实践，也不断刺激着我的出版理论思考。我是学哲学和艺术史的，凡事要问个为什么，事前事后的思考已成习惯。工作之余，把工作中的所思所想记下来，多少年下来，不期然竟成为一位所谓的

"出版理论家"。这顶高帽子，着实让我汗颜，但出版理论的探索，确让我很受益。出版界，理论高手如云，前辈如刘杲、邵益文等先生，同辈如郝震省、陈昕、聂震宁、贺圣遂、俞晓群、汪家明兄等，都是一帮出版理论和实践的弄潮儿。与他们的交接，大大深化着自己的出版境界，也逐渐形成自己一整套出版主张和思路。正如我在自己的出版专著《社长是出版社的名片》中的章节安排一样，我把"追问"作为开篇，意即把出版看做是自己毕生的事业，咬定青山不放松，干出点名堂来。而用"路遥"篇压尾，强调"三百六十五里路"的遥远和艰辛，正是我这种意志力的表达和倾诉。我坚定地认为：出版的体制无论变成什么，出版的事业无论是在哪个国度，出版产业无论处于哪个阶段，出版都姓文化，出版都是在生产文化，出版人就是文化人。我是编辑，这是至高无上的称号和桂冠，我很享受。

（胡守文　2012 年 8 月 27 日于京城养拙斋）

读《书海精卫鸟——马静》感言

辽宁出版集团董事长　李　刚

她选择了编辑辞书，也就选择了一条艰难困苦玉汝于成之路。她忠于选择，奋勇向前，甘之如饴，为之求学求师求知，表现了可贵的职业素养和人格魅力；她为图书之林开发了富有特色的图书，填补了空白领域，弘扬了中华民族茶文化、食文化。

编纂第一部辞典，她用了整整十年。十年间，她几乎没有上下班之分和节假日之闲，只有“三不”警示铭刻心间，这是令人感动的职业境界。十年磨一剑，锋从磨砺出，十余年坚持，她承受了困惑与挑战、职责与专业、忠孝与病痛等多种考验，但她无怨无悔地坚守岗位，一丝不苟地完成了六十多道工序、上千个环节的调度，5 轮编辑加工、5 轮作者修改、7 轮专家通读、8 轮校对、37 项正文、图片专项检查等等，最终造就成功了荣获国家级大奖的辞书，同时成就了自我价值的提升。她以勤补拙，甘于清贫枯燥，不急功近利，是出版工作最可依赖的坚实力量。

她立志为文化传承做奉献，做更多传之久远的图书，让生命在字里行间绽放光华，这就是穆斯林女儿马静的执著与追求。

编辑图书，当如马静。赏读文稿，恰似品茗。由衷尊敬并感谢那些默默为积累和传播祖国优秀文化而忘我工作的出版精英！正因为他们的努力才使人们时常陶醉于沁人心脾、清新绵长的缕缕书香之中。

中国轻工业出版社编审　马　静

书海精卫鸟

——记马静

“想到马静，我就想到‘钢铁是怎样炼成的’这句话。辞书造就了马静，马静也造就了辞书。马静应为造就辞书而骄傲，辞书界则为有马静这样的工作者而骄傲。”说这话的，是当今中国辞书界权威巢峰先生。

马静，当得起这话。

“辞书就得这样编”

她已经不年轻。修长的身材，俊俏的脸上更让人难忘的是那坚毅的神态。

商务印书馆辞书编辑室的门虚掩着，轻轻而又急促的几下敲门声后，她走了进来。

李达仁不认识面前的这位女士。作为中国辞书重镇商务印书馆辞书编辑室的副主任，他和他的办公室，在中国辞书界无疑是极具知名度的。仅此一点就足够了。她就是这样慕名而来，不请自到，也许，有些唐突。

“我叫马静，是中国轻工业出版社的编辑，手头正在做一部《中国茶叶大辞典》。”来者这样介绍着自己。

接下来，李达仁先生一直在倾听。在倾听中他明白了，面前的马静遇到了难处，她是在极度困惑中来寻找答案的。

做《中国茶叶大辞典》的责任编辑已经整整五个年头，事无巨细，马静在艰难中独自支撑。无奈，激烈的市场竞争和巨大的经济压力，使急功近利的心态，热衷于短、平、快选题的短视在出版界弥漫。而且，大多数人并不熟悉辞典的编法，对于辞典编纂周期长、投入大、难度高、收益慢的特点不甚明了。虽然，她自己坚信《中国茶叶大辞典》的品质与价值，但《中国茶叶大辞典》作为长线产品，此刻还处在投入的阶段，未来的经济效益尚不确定。按照当时社里的考核办法，没有效益就没有奖金。马静感到了不小的压力，不仅是经济上的，还有种种对茶典价值的质疑，马静的心再也无法平静。

“我真的干错了吗？错在哪儿？辞典到底应该怎样编？……”马静无数次问自己，愁肠百结。而自己的回答，无论如何无法与眼前的现实一致起来，她开始怀疑自己的判断，下决心要找个“说法”。

面对李达仁先生这位辞书编纂方家，马静将《中国茶叶大辞典》上马以来的编辑方法、步骤一一道来：

艰苦的辞典知识储备；艰难的资金筹集；独立的框架设计；成功的辞典辅导课；每天长达十五六个小时的工作……还有那心中久久不解的困惑。

“您不用照顾我的情绪，您给出什么结论我都能接受，无非是上、中、下三种情况：一是我彻底错了；二是有对的方面，但走了弯路，需要改进；三是我做得很好！我就是要听您的实话！”

马静双眸中期待的目光，使李达仁感到了自己的责任。

李达仁先生听得很仔细，很投入。渐渐的，他对面前这位素不相识的辞书编辑刮目相看：“辞书就得这样编，你做得很好，要坚持下去！”

温暖，是此刻马静内心唯一的感受。她的眼睛湿润了，她和她的《中国茶叶大辞典》不再前途未卜，她看到了曙光。郑板桥《竹石》诗中的那句“咬定青山不放松”奔来心底。

“坚持下去！”“坚持下去！”走出商务印书馆的大门，重新置身在1995年春光中的马静，耳边只有这个声音。

炼狱里的精卫鸟

编辞典的炼狱，马静是自己走进去的。

1990年，刚刚随着中国食品出版社并入中国轻工业出版社的马静和老总编陈传奇共同商定了一个出版选题，编《中国茶叶大辞典》。

“那时，中国茶文化热初澜乍起。放眼望去，茶文化研究依然薄弱，有分量的著述不多，大型茶学辞书还是空白。”填补空白的工作，对于马静极具挑战，马静喜欢迎接挑战的感觉。

辞书学、茶学，两个历史悠久、学问高深的领域，马静怯生生地闯了进去。

面前的这本1991年版《辞书编纂学概论》，是上海复旦大学研究生教材。翻开书页，只见天头地脚上密密麻麻地写满了小字，仔细辨认，那是马静的笔迹。书稿和那无数小字写下的心得，向人们讲述着马静作为辞书编纂初学者那段难忘的日子。

这部书，是她遍访京城大大小小的书店，最后从琉璃厂的中国书店淘来的。书页在反复研读中摩挲得毛了边，和它一起伴随马静度过初学时光的还有《专科辞典学》等专业书。马静，走进了一个全新的领域，且理论性极强，但马静有自己的办法，她想方设法找来多种名牌辞典的编写大纲，理论与实例结合起来研读，由此，马静对辞典的理解渐入佳境。

在茶学领域，马静另择其路进入角色。《中国茶叶大辞典》立项之时，恰逢中国茶界的大型活动初萌。

马静赶上了中国首届茶文化节。茶文化，博大精深，各路名家，群英荟萃，令初涉茶学的马静相知恨晚。会上会下、茶余饭后，马静遍访名家，为她的《中国茶叶大辞典》物色主编人选；回到家中，通宵达旦，捧读茶学著述……在忘我的境界中，她一步步进入中国茶文化腹地。

马静的电话连接起了全国的茶文化专家，浙江的，福建的，四川的，云南的，乌龙茶，普洱茶，龙井茶……地域广阔，专业齐全。最终，受中国轻工业出版社委托，中国农业科学院茶叶研究所在全国范围内聘请了二百多位专家，《中国茶叶大辞典》有了一支举世无双的作者队伍。

1993年的杭州，草长莺飞。西子湖畔，品茗谈道。发言席上，马静神情若定，讲着精心准备的《怎样编写专科辞典》。听众席间，坐着陈宗懋、程启坤、俞永明等多位中国茶学研究的名家。讲、听之间，有一个人的心悬到了嗓子眼，他就是中国轻工业出版社的老社长张春生。《中国茶叶大辞典》开场能否成功在此一举。这宝此刻就押在马静身上，若讲演成功，《中国茶叶大辞典》将是一个开门红，如若马静开了黄腔，“茶典”怕只能是“壮志未酬身先死”了。

掌声，经久而热烈，将张社长的思绪唤回到会场，马静成功了！“马静，你能行！”张社长走上前去，把心中所想，大声地说给马静，说给会场上的每一个人。

“万事开头难”这句古谚，在《中国茶叶大辞典》编纂这件事上，被颠覆了。开头以后的事情更难。

《中国茶叶大辞典》的编纂工作全面铺开，马静的生活随之进入非常时期。这非常时期，竟长达十年。十年中，马静的时间表上，再没有上班下班，节日假日。每天凌晨两点睡觉、早上七点起床是她多年的作息。她为自己定下规矩：不探亲、不访友、不会客。“会客不要超过五分钟”，这心中的“警示语”十年未换。

十年，三千多个日夜。她像一颗疯狂旋转的陀螺，停不下脚来。

她曾因胆结石住院。在两个多月的治疗期间，陪伴着她的，是一捆健康人都拎不动的稿子。

其间，公公不幸瘫痪，父亲患脑血栓。为了手头的辞典，她请了人给公公喂水喂饭，也无奈地求助他人照顾父亲。

十年间，儿子从怀中的宠爱，长成高她一头的大小伙子。模糊记得，仅有的一次陪儿子去公园玩，是她对儿子争气地考上重点初中的奖励。那次，儿子得了心肌炎，她硬着心肠把儿子交给丈夫照料，自己却伴着《中国茶叶大辞典》度过日日夜夜。直到有一天，读中学的儿子突然失踪，心急如焚的马静在奔走寻找的路上，悔青了肠子，双泪长流：亏欠孩子真是太多太多。找了整整一天，傍晚，儿子有了下落，孤独的孩子，在麦当劳餐厅里呆坐了一天。“你和孩子根本没有交流，你该在孩子身上花点时间了……”班主任责备的话，如重锤，砸在马静心上。

马静给我讲了一件事。1998年，中国辞书学会专科辞典会议在大连召开。会议举办方拿出特色节目，请与会专家到难得一去的蛇岛参观。乘船渡海，踏上蛇岛，地上、树枝上，盘满剧毒的蝮蛇。导游叮嘱，不要引逗蝮蛇，一旦沾染蝮蛇之毒，那可是会要命的。“我没走出十步，就掉头往回走了。听了导游的话，我的第一反应是：我的《中国茶叶大辞典》还没做完，一旦被蛇咬伤就做不成了。”何谓刻骨铭心的牵挂？此情此景足矣。

身不由己，忠孝不能两全。莫非，这就是意大利语言学家斯卡利格说的，“十恶不赦的人，不应判死刑，也不要判无期徒刑，而应判他去编辞典，因为这种工作包含了一切折磨和痛苦”？

难怪，著名出版家陈原先生要说：“编辞典的事不是人干的，但它是圣人干的！”

在马静的办公室，我看到了一张《中国茶叶大辞典》编辑工作流程图，铺陈开来，有两米多长，密密麻麻，六十多道工序，上千个环节……长卷上密排的小字，依次记下：责任编辑3～5轮加工，作者5轮退改，各科专家7轮通读，校对人员8次校对，各科专家对正文25项专项检查，12项图片专项检查，3轮词条查证、查交叉，3套索引的制作及正查、反查……“全书20个部，每个部都要经过这60多道工序，加起来就是1200道工序，各道工序相互制约，作为责任编辑，我每天早晨的第一件事就是调度……”马静在一旁补充着。

我被面前的这张辞书编纂流程图惊呆了，仿佛看到一位出色的钢琴家，十个手指在琴键上快速流畅地舞动，竟将琐碎、繁杂、枯燥的辞书编纂演奏成一曲如此富有节奏、张弛有度的乐章。

《中国茶叶大辞典》就要送去深圳开印了。那天早上，马静早早赶到社里，和助手一起把软片打好包。起程的时刻到了，捧着一摞摞沉甸甸的软片，马静却怎么也高兴不起来：“像是送亲生女儿出嫁，心里甜酸苦辣，说不清是什么滋味。”车门关了，马达启动的那一刹那，马静，泪流满面。

马静与一次求师的机会几乎失之交臂

1997年末的一天晚上，马静接到同事的电话。

“今天的讲座你怎么没来听啊？社里请了周明鉴先生，讲得非常好。”马静有些懵懂，她压根儿就不知道今天有什么讲座。第二天马静去总编室打问，总编室主任说，昨天周先生讲的是图书质量管理的事，但周先生还是辞书专家，有问题你可以去请教。一听说对方是个辞书专家，希望得到指点的马静有些急不可待。

一个电话打过去，对面的先生愿闻其详，答应见一下马静。于是马静拎着两大包材料，跑了不近的路，走进北京大山子一所普通的住宅。面对这位满头白发的前辈，马静的汇报竟持续了五个小时，辞典的内容、编写方法、进度，以及困难一一道来。

听罢汇报，周明鉴先生对这部书稿已经有了清晰的了解。“这是一部头开得好、路走得正的辞典，日后完全可能成为一部精品。”周先生的话不多，但句句掷地有声，“你在辞书理论方面已经钻研得有一定深度了！”听着先生由衷的肯定，既兴奋又紧张的马静，两个手心全是汗。

时间在忘情的交流中流淌，客主都忘记了吃午饭。

马静和周明鉴成了忘年交，他们之间再没有客套。一次次求教，一通通悉心指导，电话、手机在师生之间建起频繁的联络。

此时，辞典编辑进入第八个年头。多轮的退改在作者中滋生着厌战情绪。最后冲刺的时刻到了，若冲不过去，整部辞典的质量就会功亏一篑。怎么办？马静又一次面临来自作者方面的压力。

马静又想到了老师周明鉴。

当时，周先生正在上海审《辞海》的稿子，马静把电话打到上海。周先生告诉马静，把书稿中的重要问题尽快梳理出来，立即召开编委会，与作者面对面恳切交流。

杭州的七月分外炎热，《中国茶叶大辞典》编委会在这里如期举行。中国轻工业出版社的领导、中国辞书学会的三位老前辈，与《中国茶叶大辞典》所有的编委聚集在西子湖畔，倾心交谈。周明鉴先生和在他引荐下参加《中国茶叶大辞典》审稿的几位辞书老专家，做了审稿主题发言，以无懈可击的严谨陈述，指出稿件修改的必要。辞书专家的见解，精辟深邃，作者们接受退改，心悦诚服。

有先生们的支持，马静再次鼓起勇气，去做最后的拼搏。

“编辞典的严谨作风，来自老师的言传身教。”马静讲了一件往事。

《中国茶叶大辞典》最后汇总到周先生那里审查。那次，马静望着从周先生那里拿回的审定稿，总觉得哪里变了样，可又一时说不出。等再仔细一看，马静怔住了：周先生用最细的修改液笔，把先前另一位审稿人修改时画的纵横在稿面的“小风筝”（即把修改的引线拉得横竖一片，稿面四周都是），从字里行间逐行逐字逐页一一涂掉，取而代之的是从行间拉出来的直直的引线，以及圆圆的圈，稿面变得十分清晰、整洁。马静为之前自己送去的稿子汗颜！“让这样的大专家帮我们来做这类小学生的事情，浪费了先生多少宝贵的时间，而先生却没有一句批评的话。”马静深深地自责着。她向自己和所有参编、参审人员提出稿面要求，从自身做起，严谨学风。从那以后，“小风筝”再也没有出现在马静编辑过的书稿中。

《中国茶叶大辞典》的八个校次都是在轻工业出版社进行的。很长一段时间里，二楼会议室通明的灯火，经常亮过夜间十一二点。进得门来，只听得一片刷刷的折校声。“为了解决问题不过夜，我们请求周先生能在现场答疑。这可苦了周先生。他经常被我们扣到夜里，回家时家属宿舍大门都关了，害得年逾花甲的先生只得翻墙回家。”马静充满歉意。

“周先生是我的恩师。”马静说。“马静是最刻苦的学生。”周明鉴讲。是同事打来的那一个电话，成就了这一段险些失之交臂的师生情谊。

“啊，满街的树叶都绿了！”

“啊，满街的树叶都绿了！”考完最后一门课，骑车走在回家的路上，马静有些吃惊。

一头扎进书本备考时，心无旁骛的她竟忽略了春天的存在。不知不觉中，夏天已将碧绿涂满枝头。

经济专业的课程已经上了一年，马静却执拗地决定，随心所愿，还是回到自己喜欢的中文专业学习。为此，她必须在中文课最后的一学年末，全部补齐中文专业的学分。一个月的时间，马静要应对一系列的考试。

“那是昼夜失序的一个月。按分钟、按小时地安排时间复习，每两三天就要考一门，十几门课考试一关一关地闯，直考得一个昏天黑地！”对马静，那是段不堪回首的日子。她创造了最长时间不洗衣、不洗澡、不睡觉、不吃饭的纪录。

喜欢上写作，还是小姑娘的时候。马静认字早，爱看书，肚子里的故事多，在同龄孩子中总是出挑，每次作文在班里都数得着，十岁时就在报纸上发表了第一篇作品。“记得初一时我写了一篇《六一感怀》，表达了自己即将告别童年的心情。语文老师把我的文章圈圈点点，满篇勾画了好句子的红圈，并在文末的评语上说‘达到了一定水平’，那时真是受宠若惊。有时老师的一句鼓励让你一辈子也忘不了，兴许你就沿着这条路走下去了。”对于老师的鼓励，马静今天想起来还觉得温暖。

写作带来的快乐，在马静的中学时代便戛然而止。

那一年，她下乡了，在北京远郊通县边上，一脚踏安次、一脚踏武清的永乐店地区当了知青。在当地老农的印象中，“那个伶牙俐齿的俊俏姑娘，干活从不惜力”。冬日里出河工、平整土地、修水渠是最苦最重的活，抡锤破冻土更是女孩子家不敢问津的。马静不信邪，不仅抡起了几十斤重的锤，居然还锤锤铿锵，瓷瓷实实、中中正正。冬灌时，经常有大渠决口跑水的事。那次，马静跳进齐胸深的冰水，做人桩堵口子，任同伴们铲来的一锹锹黄土，将身上脸上砸得生疼生疼，弄得满头满嘴。

下乡一年后，马静当了排长，带起了几个班。

八年的磨砺，使马静身体落下了不少伤痛。“但那么长时间的艰苦锻炼，成为我一生的财富。从农村出来，我身上娇骄二气的臭毛病都没了，全洗掉了。如今坐在办公室里，风不吹，雨不打的，什么都不叫困难。”说起自己为什么能在编《中国茶叶大辞典》中那样坚忍，马静常提起这段难忘的经历。

在知青里，马静是年龄最小的。知青中可谓藏龙卧虎，那些有学问的高中生是她眼中的精英。他们有的能直接用外文写家信；有的弹得一手好钢琴；有的会修理各种收音机；有的学识渊博通古博今……更重要的是：“他们身上有金子一般的品格，诚实正直、铁骨铮铮、知书达理、吃苦耐劳。学着他们，我每日三省吾身。修水利时，即使少挖了一锹土，我都会自责。活儿累，饭量也大得出奇，最多时我一天吃过二斤多，一顿吃过一斤二两。”

吃苦，干活，流汗，马静心里有一桩永远放不下的东西，那就是求知。她多么想重新回到课堂啊！下乡那会儿，马静从未放下过书本。每次回知青点，她都会从城里带回好多书。她还自制了一盏小灯，晚上读书用。读哲学、看文史、学乐理、练书法，马静的人生在学习中不断地充实、升华……

一路坎坎坷坷走过来，“终于又能念书了！”重新坐在课堂里的马静，已是三十岁，她无比珍惜这来之不易的机会，发奋学好每一门课。

暑假前，成绩单发下来了，功夫不负有心人，马静用一个月补齐了一年的学分。

一缕文化的清香

6月的吉隆坡，风情万种。马静为《山西面食》获得“世界美食国际图书奖”而来，沉浸在浓郁的穆斯林风情之中，一任思绪飞扬。

著名学者季羡林对中华文明、古印度文明、阿拉伯—波斯文明与古希腊文明的赞美，升华着马静对阿拉伯—波斯文明的感悟，她浸淫在浓浓的幸福之中。

记起1991年，在前辈的鼓励之下，她走上“首届中国饮食文化国际研讨会”论坛，在来自世界的学者面前，呈上了自己饮食文化的第一篇论文《北京牛街清真饮食文化析》。

牛街——东方的小麦加，生于斯长于斯的那一方水土的丰腴，那一缕文化的清香，在穆斯林女儿马静的描述阐释中彰显着魅力。自从那次回眸，她的目光就再也没有离开过这片丰饶的土地。

马来西亚总理阿卜杜拉为迎接四方宾朋的盛大家宴开始了，流光溢彩之下的一道道丰盛的穆斯林美食，撞击着马静的心扉，对阿拉伯文明的感悟在升腾。随着一个个美丽的大马穆斯林从身边走过，马静的思绪飞回了祖国，一个灵感迸出了火花：“编纂一部《中国清真饮食文化》，为世界民族文化之园贡献一朵奇葩。”马静为自己的构想激动起来，立即将构想与同来的伙伴、与中国驻马大使馆文化官员、与马来西亚旅游局官员分享，她得到了鼓励。

马静的生命因这一灵感的闪现，在2007年有了新的色彩。在社领导的鼎力支持下，马静披挂上阵了。

但始料未及，国内有关清真饮食文化的研究资料贫乏得几近于零，组稿的难度也是资深编辑马静前所未遇。挑战在马静心中激起的是昂扬的斗志，又一次填补空白的进军，始于足下。

为了展示生活中穆斯林民族饮食文化的本真，在出版社的支持下，马静和她的同事们、作者们不仅把足迹留在千里冰封的雪域高原，水草肥美的沙漠绿洲，也留在粗犷苍茫的黄土高坡，风光旖旎的塞上江南。他们走进毡房，走进院落，寻访回族、维吾尔族、哈萨克族、东乡族同胞的足迹，拍摄了近万张图片，记录下中国清真饮食文化那绚丽的民族风情。

在新疆，为争分夺秒抢拍下一个个美好的历史瞬间，马静和她的同事们每天只睡三四个小时的觉。二下新疆，她拍了一千多张照片。当时，马静得了带状疱疹，疼得不能碰，但她坚持白天抢拍照片，晚上才去输液。

在《中国清真饮食文化》成书过程中，马静的担当是独特的。因缘际会，撰写全面梳理和总结中国清真饮食文化总论的任务落在她的肩上。“清真饮食文化是中国文化与阿拉伯—波斯文化相互融合结出的一枝奇葩。多年来，人们只知道这株花芬芳艳丽，却很少有人了解其生成的机理。因而清真饮食长期以来被视为‘有饮食、无文化’。”临时受命的马静负重前行，她要去挖掘清真饮食的文化价值。

作为穆斯林的女儿，马静对清真饮食文化有着特殊的感情，但要写出它的“光辉灿烂”，还需要集腋成裘、聚沙成塔的修炼。

论文终于从马静的笔端铺展开来：

“中国穆斯林，是一个令人自豪的名字！她从西域走来，植根于中国广袤的大地上。在历史的风风雨雨中，她繁衍着，壮大着，陆续形成了十个民族、两千多万人口的优秀民族群体。

“中国穆斯林有着辉煌的历史，她曾经是丝绸之路上的商业巨子，是中国科技文化史上的一颗明星。在漫长的岁月中也创造了光辉灿烂的中国清真饮食文化。中国穆斯林的杰出贡献在中国历史上留下浓墨重彩的一笔！”

马静从中国穆斯林的历史讲起，继而以饱蘸深情之笔，讴歌光辉灿烂的中国清真饮食文化，她“是中华民族文化宝库中的一份珍贵遗产，内涵丰富，博大精深。随着伊斯兰教的传入而形成的中国清真饮食文化，在千百年的发展过程中，既得到了东方文化的浸淫滋润，又受到西方文化的启化融合，最终形成带有浓郁伊斯兰文化特色的中国本土文化，它是中西方文明长期交融演化的结晶，并体现出鲜明的统一性、融合性、地域性及时代性”。

文章的点睛之笔，是首次提出了中国清真饮食文化的三大特性：

——以养为本：蕴涵着以营养保健为核心的养生思想；

——以洁为要：所有食品以注重清洁为要义；

——以德为先：处处体现出诚实守信的传统美德。

翻过穆斯林风情浓郁的封面，扉页上那一钩弯月与闪烁的繁星，体现着编纂者独具的匠心，随之的是一幅大漠驼行图及那些独到的清丽文字："中国穆斯林的先民骑着高高的骆驼，穿戈壁，越草原，一路风尘，行走在千年古道丝绸之路上。在向外输出中国丝绸、瓷器、茶叶的同时，也带来了阿拉伯、波斯的香料和药材……"

一个亘古绵长的故事就这样娓娓道来，一片陌生而亲切的天地就这样使人身临其境。

《中国清真饮食文化》甫一面世，即引起广泛关注，好评如潮。

中国伊斯兰教协会会长陈广元认为：马静的文章系统地总结了中国清真饮食文化的理论核心，具有鲜明的原创性、开拓性及较高的学术价值。

中国伊斯兰教协会常务副会长余振贵指出，《中国清真饮食文化》有史有论，论从史出，不铺排史料，而是从大量的史实中提炼出核心的学术观点，且视野开阔，文中涉及了西域文化、突厥文化、草原文化、绿洲文化等内容，既有历史的厚重，又律动着时代的脉搏，特别是对当代大量清真美食的介绍，更具有鲜明的时代气息。

购买了该书英文版权的法国出版家君度说："近二十年，每年我都会去法兰克福、伦敦及阿布扎比书展。在任何一个国家及地区我从来没有发现有关穆斯林饮食文化的图书。这是第一次。这本书展示了浓厚的文化底蕴和丰富的经验，是全球穆斯林之幸事，显示了饮食文化不仅是联结一个国家民众的纽带，而且是联结全世界人民的纽带。书中体现了和平与宽容的理念。”

2010年，《中国清真饮食文化》被列为“经典中国国际出版工程”。

2011年，《中国清真饮食文化》获得中国出版政府奖·图书奖。

生命中有一种底色叫坚强

就是铁打的，也扛不住了，马静病倒了。病来如山倒，这山原本很大。

喉咙里长了些日子的那个东西，马静感到了它的存在，不疼不痒，只是有异物感。懂些医学常识的丈夫着急了，催着马静上医院。

医生的诊断是残酷的：马静必须尽快手术，如果最终病理切片发现问题，还要做第二次手术，马静有可能因此而永远丧失正常的语言功能与进食功能。

这真是晴天霹雳！

马静只知道自己不能就此倒下。手上正在编辑的《中国饮食文化史》正在全面展开，这可是一个列入了国家“十一五”计划的巨大工程，从1991年策划，编纂已经进入第十五个年头。

出征时的兴奋还在胸中激荡。五千年中国璀璨文化、饮食文化是其中斑斓绚丽的主体。她为中华民族的繁衍兴旺起到了厥功至伟的作用，但却没有留下一部自己的传史。中国饮食在神州，中国饮食文化却在域外，学术制高点始终被国外学者所掌控，一直以来实为中国学界之痛。鉴于此，马静会同国内的饮食文化专家，发愤要编写一部中华民族自己的饮食文化史。

起步的艰难给当初的兴奋以最严峻的考验。项目恢宏，可运行资金却捉襟见肘。马静向热心的老前辈寻求支持，拜访有实力的企业家，联络有关基金……能想到的法子都试过了，她碰了不少壁，项目几度停顿，面临夭折。

是激流勇退，偃旗息鼓，还是逆水行舟，奋力再博？马静就是马静，面对挫折，她的回答从不会改变，那就是：搏击。

经费奇缺，无法出版，马静想到求救于前辈——北京食品办主任李士靖，饮食文化的带头人。马静请主编给李士靖先生写了一封情词恳切的信，说明撰写《中国饮食文化史》的重大意义及经费无着的现状，以及全国参编专家的万分焦虑。这封信由马静从北京发出，一站站传给了全国参编的专家联合签名，东北、西北、东南、西南……一路下来，整整一个月。终于，满载着全国专家殷殷期盼的信，又回到了马静的手里。当这封信呈给李士靖先生时，老人家震撼了："我若是不能帮你们解决出版经费，我就对不起全国的专家！"之后老人家孜孜矻矻多方奔波，与有文化眼光的企业家数次恳谈。企业家们为老人的情意所动，为《中国饮食文化史》提供了弥足珍贵的资助。

终于，第一笔企业的资助到账了，真是雪中送炭！

"书不赚钱，人得去找钱，这是我们自我加压的一种成功。"说这话时，马静兴奋之情溢于言表，而作为听者的我，心中涌出的却是苦涩。

编写工作终于启动了，十几年的一盘死棋，活了！

在组织编写工作的同时，马静又开始为中国食文化学的建立鼓与呼。

在1998年"世界华人饮食科技与文化交流国际研讨会"的论文中，她提出，建立中国食文化学是当代人的历史使命："中国食文化学内涵庞大，所涉及的学科门类众多，既有与之密不可分的社会科学，如史学、民俗学、民族学、文化学、考古学、美学、文献学、文学、哲学等，又有必不可少的自然科学，如化学、生物学、物理学、生态学、营养学、医药学等。应该说，'食文化学'是一门横跨社会科学与自然科学的综合学科。"她认为，"食文化学"虽然不能等同于数、理、化、文、史、哲等一级学科，但可在一级学科之下建立自己的分支学科。这若干个以食文化为研究对象的分支学科的结缘、整合、组编，将构成“食文化学”这一新的学科。她还列出了“食文化史学”、“食养食疗学”、“食俗学”、“食文献学”、“烹饪学”等一系列分支学科。

系万千责任于一身的马静，就在这时病倒了。

马静还是做了第二次手术，她患了口腔癌。

马静的病牵动着大家的心，病房里、家里，是社领导、同志们一次又一次的探望。

第一次术后，马静的丈夫拿着病理切片的诊断结果，万分焦急地跑遍了整个北京所有有肿瘤科的大医院，找的都是最棒的专家。他希冀那癌症的结论不是最后的定论，哪怕有一个大夫能提出反对意见也好。专家们出奇一致的结论，彻底扼杀了那越来越孱弱的希望。马静丈夫的头发一下全白了！

就要进手术室了，和丈夫、儿子分手的那一刻，马静心里仍有放不下的心结：“祈盼能为我保住正常说话的功能，我还有没干完的大事呢！”手术室的门关上了。这话撂给了门外两个最亲最近的人。门里边，马静还在想着心事。

“医生非常理解我，手术做得非常成功，他竭尽全力为我保住了说话的功能、进食的功能，给了我重新工作的能力。”马静和医生成了朋友，每年的复查日成了他们互相问候的专日。

生命的光华

如凤凰涅槃，重生的马静对生命有了新的感悟：“每天加班加点，延长了我的业务生命，我要做更多可以传之久远的书，让生命绽放光华。”

为了那一份文化的坚守，马静的生命有了不同的光华，有了不同的长度。

一部《中国茶叶大辞典》之后，又有了《中国清真饮食文化》，双双入选中国出版物最高奖——国家图书奖、中国政府出版奖。之后，还有填补了中国饮食文化领域空白的扛鼎之作——十卷本《中国饮食文化史》，即将问世。一部书十年，一部书二十年，人生有几个十年、二十年？马静在文字间度过了人生中最好的年华。

她的现实世界不仅清贫，还十分枯燥。

编“茶典”时，长年累月，她面对的是来自历史、种植、加工、检评、类别、机械、贸易、艺文、茶俗、茶具、茶人、茶著、相关机构等二十个领域知识汇聚的360万字、9972个词条。她把它们通读了何止7遍。在履行她自己制定的辞书编撰的“铁律”——全书精确校对8次，正文专项检查25项，图片专项检查12项的过程中，她的阅读量又哪里是数字可以表达得清的？虽有全国辞书、语言文学、文字、地名、医药、史学、农学、化学、生物学、物理学、机械等几十个学科的一流专家对《中国茶叶大辞典》审稿把关，但审校收条、词条程式、定义、标注系统、参见系统、索引系统及科技名词、外文、地名、人名、疆域、古籍引文、造字、数字、图表、内容明交叉、暗交叉等这高达万数之巨的修改，又有哪一处没有从她眼前流过？

从一个构想到一部精品图书的诞生，其间路漫漫其修远兮。《中国茶叶大辞典》如此，《中国清真饮食文化》如此，《中国饮食文化史》会例外吗？

“马静为什么老能得奖？看看她的作息时间就知道了。我用了一个月的时间悄悄做了一个统计，最晚离开办公室的，总是有马静。”轻工社副社长说。

“我不是一个有天分的人，只是笨鸟先飞，以勤补拙。我一切成绩的取得，都是社领导和同志们支持帮助的结果。选择了编辑，我就确定了自己的人生定位。为文化的传承做奉献，我无怨无悔。”从做编辑那天开始，马静心中文化追求的小溪一路跌宕奔来，终成今天这般波澜壮阔。2011年，马静获得了中国出版人的最高荣誉——韬奋出版奖。

2012年3月一个月朗星稀的晚上，我又一次拨通长安街边轻工业出版社那间亮着灯光的房间的电话，话筒里传出马静好听的声音：“《中国饮食文化史》获得了国家出版基金补贴，你说，这多让人高兴……”

（作者　庄　建）

读《从业五记——张晨光出版生涯述略》感言

辽宁出版集团董事长　李　刚

张晨光被誉为河北出版界的一条好汉。他敏而好学，与书倾心，始终保持书生本色和君子之风，有傲骨无傲气。

自与出版界结缘，他就将其作为自己的终身事业，立志做最好的编辑和优秀出版家，几十年如一日辛勤忘我工作，没有丝毫懈怠，内外兼修，好汉然也！

他虚心接受前辈教导，甘愿为他人作嫁衣，淡泊个人名利，勤于思考探索，集中精力做编辑，一心一意搞出版，轻虚名、重实效、讲正气，有担当、能创业、敢求新。

在选题策划和项目设计上，他能够始终把握好大方向，敏锐捕捉新的创意，切实担当出版人的历史责任与文化责任，关注学术前沿动态、社会民生、时事热点等，编辑出版了一批批社科人文专著、艺术典籍、文学精品及大众读物，产生了广泛的社会影响，得到了学术界和新闻媒体好评。在坚持社会效益第一的基础上，同时取得了好的经济效益。

面对工作，他是拼命三郎。能够身体力行艰苦创业，也能顾全大局临危受命，以忘我的牺牲精神，激情迸发地拼搏奋斗，引领大家出精品、出效益、出人才，守正而求新，走上可持续发展之路。

作为出版集团领导者，他始终关注行业发展和经营管理创新，善于把握文化大势，长于整合出版资源，注重企业文化和出版精神培养，是有口皆碑的出版家、实干家。

河北出版传媒集团公司副总经理　张晨光

从业五记

——张晨光出版生涯述略

2012年3月25日上午，在北京国家新闻出版总署大厦会议厅，中国出版协会举行第十一届韬奋出版奖颁奖大会，全国各地二十名资深优秀出版工作者受到了隆重的表彰和奖励。在热烈的掌声中，河北出版传媒集团公司副总经理张晨光从柳斌杰署长手里接过获奖证书，内心如同清风掠过松林，春雨挥洒修竹，既感到欣慰与舒畅，更引起心绪的无尽波澜。

韬奋出版奖是中国出版界个人最高奖项，在业界和全社会有着很高的声誉和知名度。圈内圈外的同仁、朋友得知张晨光获此殊荣，都纷纷祝贺，表示出由衷的敬佩。出版创业过去有一句自嘲的戏语，叫“好汉不愿干，赖汉干不了”（现在这句话已经改成了“好汉不好干，赖汉撒腿跑”）。了解和熟悉张晨光的人都知道，他是出版界的一条好汉，是愿意干、正在干，并且会一直干下去的好汉。然而，他的半生职业生涯，这生涯当中的成长历程和心路，其中充满的坎坷与艰辛，又有多少人能够熟知、了解并与之产生强烈的共鸣呢？

一切要从他刚刚入行的时候说起……

出版情缘：献身记

1987年春天的一个下午，在河北人民出版社文史编辑室，编辑室主任雷光照正在和刚来半年的新编辑张晨光谈心。

张晨光是热爱图书的年轻学子。他由河北省社会科学院语言文学研究所调来出版社，是想多看书，更梦想能出版自己的书。

1956年，也是一个春天，他出生在河北省当时的省会——千年文化古城保定。20世纪50年代，“保定作家群”的红色文学、黄胄大师为代表的书画、“京评梆”交相共鸣的梨园盛况，使河北的文化品牌响亮，名列前茅。张晨光成长在一个艺术之家，有着得天独厚的文化环境和梦幻般的金色童年，也养成了敏而好学的良好性情。

然而“文革”十年使他的少年时代充满了残酷与恐怖：野蛮的揪斗游行、“文攻武卫”、陈尸街头；那喊口号、批“白专”的极左叫嚣，使他的心灵受到伤害与冲击，使他过早地成熟、理性，更使他好学深思，狂热求知。在那毁灭文化、践踏文明的灰色年代，同学家中被抄出的连环画堆成小山，被付之一炬；学校图书馆的图书资料堆满操场，点燃后的熊熊火焰，烧伤了挂牌被斗的校长和老师；尤其是造反派到他家中查抄，父母的书籍画稿狼藉满地，任人践踏……这一切，并不能妨碍他读书。不管是在学校停课“闹革命”的无尽长假中，还是在插队下乡的劳动间隙，或者是在返城工作的业余时间，他都在千方百计找书，悠然自得地读书。《古文观止》、《鲁迅全集》、《唐诗三百首》，四大名著，以及苏俄、英、法文学名著，内部刊行的名人传记，都使他大饱眼福，如醉如痴。

1978年夏天，张晨光作为“文革”后恢复高考的第二届考生，走进了河北大学中文系。在校四年，他攻读中外文学经典和美学、史学著作，对比较文学尤为关注。毕业后，他辗转调到省社会科学院语言文学研究所，从事古汉语、古代美学和比较文学的学习与研究。他那时的理想是多读书，做学问，榜样是钱锺书、季羡林那一级的著名学者。

雷老师是出版社的元老之一，那年已五十六岁，是备受尊重的前辈。他和蔼地看着张晨光有些消瘦，却充满血气而又韵味悠长的年轻面孔，耐心地倾听着他的诉说。良久，雷老师用他那浓重的湖南口音普通话，开始了对张晨光的职业启蒙。他先是列举了大量古今中外的史实，说明出版业对整个人类文明进化和发展的决定性作用。特别提到了从孔子修经“韦编三绝”，到鲁迅、茅盾、巴金、叶圣陶的编辑出版生涯，尤其讲述了张元济、邹韬奋、王云武等出版大家，奉行“出版救国”的宗旨，以出版为民族复兴大业的有机部分等等的鲜活事例。这一切，都使年轻的张晨光感到震撼，也令他开始对出版这一崇高事业充满了向往。

接着，雷老师非常诚恳地说：“你编辑加工过的稿子，写的文章我都仔细看过。你的学术功底很好，有思想有见解，文笔也很老到。只要肯努力，将来一定能成为优秀的编辑家、出版家。现在你必须甩掉思想包袱，尽快进入编辑角色。”

“好的。我一定加倍努力。”张晨光已听出了委婉批评的潜台词。他自己知道，自 1986 年 10 月调到河北人民出版社文史编辑室，他还没有调整好心态，还没有理清思路，没有真正开始探索编辑工作的门径和切入点。私下里，他原来的美学研究项目和写作计划，还在进行着，精力自然不够集中。

“晨光啊，”雷老师最后语重心长地说，“我是你的长辈，也是出版这行的过来人。我真的很看好你，我的眼光不会错。你如果相信我，按我说的三条原则坚持去做，一定会成为真正的出版家。”

“我当然相信您。请您明示。”张晨光诚恳地说。

“第一，要心甘情愿‘为人作嫁’。你要问自己，情愿不情愿？不情愿的话，干脆不要在出版社当编辑。既然当编辑搞出版，编好书出好书是主要的，第一位的。学术研究和写作还可以搞，但是不能当主要任务。要把后者当辅助和进修手段，而不是主要目的。做不到这一条，脚踩两只船，顾此失彼，终无大成。要轻虚名，重实效，淡泊名利，有所不为才能有大作为。

“第二，要有出版主场。当编辑现在讲‘主体性’。这有两层意思。一是要坚持内容导向和文化品位，永远把社会效益放在第一位，对读者和整个社会负责。二是要引导读者和作者，要善于贴近市场，更要善于培养市场；要紧跟时代，但不能被社会风气牵着鼻子走。对读者和作者不能一味迁就，要从出版的角度把握一切。

“第三，要终身坚持学习。必须不断提高学识水平和文化修养，不断提高工作能力，否则无法应付工作，特别是跟著名作者打交道会力不从心。这方面你原来的基础很好，希望能很好地坚持下去。但是，我还是要强调一下，当编辑搞出版，研究与写作是辅助手段，读书写书是为了更多更好地编书出书。把握不好这一点，就本末倒置了。”

雷老师一口气说了这番话，使张晨光感到心悦诚服。他开始意识到出版工作的深厚内涵，也意识到一种沉重而神圣的责任已经落在了自己的身上。

“雷老师，您放心。我一定会按您说的这三条原则去做。我不会辜负您对我的心意和关心。”

张晨光在深深感动和敬佩之余，暗下决心：既来之则安之。既然做了编辑搞出版，就踏踏实实、全心全意地做好。一定要好好努力，争取当最好的编辑，当名副其实的优秀的出版家！

时光荏苒，转瞬二十五年过去，张晨光已由三十岁的热血青年变成年过五旬的中年出版家。他在编辑出版的岗位上，几十年如一日辛勤忘我地工作，没有丝毫懈怠，也时刻没有忘记当年雷老前辈的一番肺腑之言。从那次谈话之后，他把研究课题暂时结项，将约稿来函都婉言辞谢。二十五年中，他信守对前辈的承诺，集中精力做编辑，一心一意搞出版。心无旁骛，一心如结。他在职业生涯中深深体会到“为人作嫁”的含义，真正感受到“奉献”二字的分量。当然，他更体验到了超越个体，升华自我的快慰与成就感。

真正爱书的人做书，会有很大的优势。张晨光将出版作为他的终身事业，他与出版结下了一世情缘。对图书的热爱，对学术的崇尚，一旦与出版人的奉献精神相融合，就会发生“聚变”效应，产生出巨大的能量。从20世纪80年代末开始，张晨光陆续责编和组织出版了一批又一批学术专著、古代典籍、艺术经典和热销、常销的精品图书，既取得了两个效益的骄人业绩，也获得了一系列令人艳羡的奖项和荣誉。他也由一名普通的编辑，一步步由编辑室主任、副总编辑、社长兼总编辑，走上了集团副总经理的工作岗位。

与这一切相对应的是，他基本中止了自己的学术研究，除了书评和与出版活动相关的理论文章之外，基本没有撰写自己的学术专著与学术文章，甚至连他的书画功课也在繁忙的业务挤压下被迫中断。对此，张晨光许多同学同事都为他的文才学力感到惋惜。然而他对此或置之一笑，或婉言相谢，并不过分介意。

张晨光的父亲张子春先生是国内著名画家，曾在国内外成功举办过多次画展。老人家一生耿介，品行高洁。张晨光 2000 年任河北美术出版社的社长兼总编辑，老人家对他说，今后自家的画册，不要在本省出版，要注意影响，不要有瓜田李下之嫌。张晨光是有名的孝子，做儿子的当然遵从父训，何况这也是他本人的一贯作风。然而 2002 年的一天，年迈的父亲突然批评他说："你真的那么忙吗？多少年不见你练字画画儿了。咱家的学风你继承得还不错，编辑当得还行。可是书画之风也是咱家的传统，你要好好考虑，咱家的画风别在你手上失传了。"张晨光沉吟良久，郑重地对父亲说："爸，您说得都对。可我确实太忙。再说写字画画得有心情，我现在实在坚持不下去。这样您看行不行，我一旦退休，马上把字和画都捡起来。您放心，我身体好，练到九十岁没问题，没准儿还能练出一个'出版画派'的大师呢。另外，您孙子初中毕业后，让他上艺术高中学美术，这小子受家庭影响，也有这天分。将来他考了美院，孙承祖业，咱家的传统不也续上了吗？”

老人家略感安慰道：“你主意还挺多。”也就不再多说。十年过去了，老人家已作古仙逝，孙子在美院以优异成绩毕业，又去国外深造，总算使老人家在天之灵得到了慰藉。而张晨光还在忙他的业务。他还得再忙几年，才能兑现他对老父亲的承诺。

文人有责：担当记

2012年1月，张晨光策划的传记文学《焦裕禄》在花山文艺出版社出版。10月21日由该书改编拍摄的三十集电视连续剧《焦裕禄》作为中共“十八大”献礼片在央视一套隆重开播，一时间万民感慨，九州动容。

“天上一颗星，地下一个丁，好男儿要有担当！……”

这是该剧主题曲中的一句歌词。张晨光对这首主题歌赞不绝口，更把这句歌词反复吟唱着。“好男儿要有担当！”这也是他的追求，他的信条，是他为人和做事的风格！作为出版人，这种担当，首先体现在对图书出版的选题策划和项目设计上，体现在历史责任和文化责任的承担上。

1990年8月中旬，张晨光正在审读《宽城县志》的书稿。他所在的文史编辑室有一项工作任务，就是出版河北省内的地方志、文史资料和党史文献。《宽城县志》是地方志系列的一个出版项目，而其中抗战时期的历史情况，引起了张晨光感情的激荡和思绪的波澜。

抗战期间，侵华日军在华北和东北地区交界地带疯狂地大搞“无人区”，野蛮实施“三光政策”。宽城县当时受害最为惨重，家园全部被烧光夷平，抗日军民和无辜百姓被日寇残害，甚至整村整户横遭灭门，惨绝人寰！当地的自然生态也遭到了永久性的无法修复的破坏。这些详细记载、历史的真相，使张晨光怒火中烧，也使他胸中充满了抑郁之感。从1931年“九·一八事变”至1945年8月抗战胜利，将近十五个年头，中国的抗日军民受尽苦难，牺牲了六千余万人，财产损失无法统计。而日寇的侵华暴行，在这十五年当中竟无专门机构进行调查、记录，也没有系统的档案资料，以致在抗战胜利后，在东京战犯审判法庭上，民国政府的原告代表，手里只有几页纸的控诉材料。多数日本战犯以“口说无凭”为由，对他们烧杀淫掠的野蛮暴行矢口抵赖，使审判进行得十分艰难，许多战争罪犯的罪行事实上没有得到应有的严厉惩罚。这类史料的缺失，随着年代轮转也会使人们渐渐淡忘侵略战争的祸患之烈，失去应有的历史警醒。而“查无实据”更是侵略者和他们的后人掩盖战争罪行，逃避惩罚、赔偿和谢罪的一贯借口。而且，近二十年的中日关系证明，这种无耻的抵赖和逃避，背后隐藏的是侵略者的恶性遗传，是复活军国主义的病态狂想。“钓鱼岛事件”已经充分展示了这一历史事实与教训。

在愤慨和沉思之后，张晨光突然萌发了一个大胆的创意：组织一部系统、全面记录侵华日军在华罪行的历史著作，以补救历史缺憾，提供历史借鉴，为中日两国人民和世界人民留下一座呼唤和平的历史警钟。经过反复斟酌，书名定为《侵华日军暴行总录》。

选题上报后，得到了同事、社领导和上级领导部门的一致肯定，列入了国家“八五”期间重点出版规划。经历和克服了种种难以想象的艰辛与困难，在出版社领导的强力支持和编辑室同仁的共同努力下，《侵华日军暴行总录》这部历史著作，终于在1995年抗战胜利五十周年前夕由河北人民出版社郑重出版面世。全书客观真实记述了日寇侵华期间在中国本土野蛮实施的残酷暴行惨案2272宗。全书按省、区分章，共140万字，百余幅历史图片，具有绝对的历史真实、空前的数量规模和学术权威性。抗日名将杨成武亲自为本书作序，以充满激情的文笔，痛斥当年日寇的灭绝人性和当今日本右翼分子的无耻行径，呼吁“前事不忘，后事之师”，并且对河北人民出版社组织出版此书，表示了由衷的欣慰与敬意。

《侵华日军暴行总录》一经问世，引起社会各界高度关注和强烈反响。国内外新闻媒体群起报道，海外华人和日本进步社团纷纷来函，国内学术界讨论热烈，该书获得一致好评和充分肯定，获得了第十届中国图书奖。在“共和国出版成就展”河北展区，江泽民总书记驻足凝神，拿起这部书，一边翻阅，一边说：“这样的书应该出，我们永远不要忘记历史！”新华社的大幅通栏报道将此情此景传遍全国，河北人民出版社和《侵华日军暴行总录》一书蜚声海内外，赢得了空前的社会影响！这部史书填补了历史缺憾和学术空白，是国家重大的成功出版项目，也是其策划人和责任编辑之一张晨光担当历史责任，为伸张民族大义奋力拼搏、辛勤工作的真实写照。

对于文化责任，张晨光更是乐于担当。他本人编辑和组织出版的一批批社科人文专著、艺术典籍、文学精品和读者欢迎的大众读物，是对此点的极好佐证。特别对于一些确有出版价值但是“赔钱”的专业学术书，他尤其多方倾斜，鼎力成全。他自己责编的《中外比较文化丛书》（乐黛云主编，12 种）和《东学西渐丛书》（季羡林主编，7 种），就是属于这一类的高端学术专著。在他走上领导岗位后，对于文化责任的担当尤为着力。多年来组织出版的《苏轼全集校注》、《四库精华》、《道教十三经》、《佛教十三经》、《中国唐山皮影艺术》、《中国蔚县剪纸艺术》、《中国武强年画》、《中国磁州窑》、《中国美术分类全集·金银玻璃珐琅器全集》、《世界著名设计师大系》、《世界著名陶艺术工作室》等学术和艺术高端作品，都充分展示了在这方面的执著与追求。而近期由花山文艺出版社推出的《大化无垠：中国艺术的海外传播及其文化影响》一书，则是其中较为典型的例子。

2010 年，河北出版集团论证三年重点出版项目规划，由张晨光主持这项工作。集团邀请了一些专家学者，征求意见，帮助确定项目。对于其中不太成熟或者双效预期不太理想的选题，自然要淘汰一些。而对于《东风西渐：中国艺术对世界文化的影响》一书，会上产生了很大的争议。多数专家和领导认为字数太多（120 万字），成本太高，甚至认为得不偿失。张晨光在会上力排众议，列举了大量史实例证，从科技、军事、文学、哲学等方面介绍了中国文化对世界文明的重大历史影响，并强调了中国艺术在“东学西渐”历史进程中的独特地位，继而指出这部书稿的学术价值很高，其文化影响会十分深远，不是金钱可以衡量和替代的。经过耐心说服，与会人员最后以多数票通过了这一选题。会后，张晨光与作者沟通，提议将书名改为《大化无垠：中国艺术的海外传播及其文化影响》，这样既可采纳一些专家的合理建议，使内容构架更为合理，又提升了该书的文化品位，强化了作品的主题。作者对这一建议欣然接受。这部学术专著于 2011 年 7 月隆重面世，得到了学术界和社会各界、新闻传媒的一致好评，取得了不同凡响的文化品牌效应。

而对于社会和民生的关注，对于社会责任的主动担当，也是张晨光特别着力的。2001 年，他刚刚调任河北美术出版社社长、总编辑。一天，派出所的所长来访，因为是多年朋友，就攀谈起来。所长痛感当下道德失范，社会上法盲太多，尤其是青少年犯罪激增，“里边儿”人满为患。“监狱、看守所都是大染缸，好人进去也成坏蛋了。好好的孩子们缺乏法律知识，犯了错儿就关进去。这样下去可怎么得了！我们的压力太大了。”所长特别建议，出版社要给孩子们出些普及法律常识的书，让他们从小懂法守法，免得误入歧途，毁掉人生。一番坦诚交流，使张晨光萌生出一个明确的选题创意。

半年后，《少年普法画廊》由河北美术出版社出版。这本书从内容到形式都针对青少年读者。既法理清晰又通俗易懂，配以连环漫画，读来生动鲜活，冲击力很强。书出版一周之后，省出版局领导和社里一起到河北省少管所，去给被管教的少年们赠书。那些少年对这本书手不释卷，反复翻看阅读，自发地热烈讨论。一个十五岁的男孩子一边哭一边对大家说：“我要是两年前看了这本书，怎么会到这儿来呀？！”在场的众人无不痛心疾首，为之动容。

这本普法书得到了社会的普遍欢迎，也取得了好的经济效益，它的成功也使张晨光和他的团队更加关注社会，更加勇于承担社会责任，更加自觉地从出版工作岗位上，为社会的和谐与美好，贡献自己的心血与精力。在这之后，他又组织出版了很多服务社会，配合中心任务的精品书画，如《珍爱生命，抗击“非典”》系列宣传画、“汶川抗震救灾图书系列”（8种）、为“农家书屋”组织开发了一千二百多种精品农村读物、“迎接‘十八大’主题出版系列”（18种）等等。今后，他也会一如既往，以大量的精品力作，来体现出版人对历史、文化和社会的强烈责任心，体现出对这些责任的积极主动的担当与承载。

“天下兴亡，匹夫有责。”这是脍炙人口的一句古训。张晨光则认为，文人，知识分子，出版人，不是一般的“匹夫”，是“匹夫”中的精英分子。他们对于社会，对于历史，对于文化传统，负有重大的责任，应该拿出更大的努力、付出和奉献。

拼命三郎：创业记

张晨光在同事们眼中是一个温文尔雅的谦谦君子。而真正了解他的人都知道，一旦面对工作，特别是面对重大而紧急的工程项目，他是一个真正的拼命三郎。

20世纪80年代后半期，也就是他转行来到出版界以后，中国的出版业已进入“饱和市场”。“文革”造成的“书荒”成了历史回忆，“卖方市场”已风光不再。出版业囿于国情，不能放松内容管制，但是却莫名其妙地放开了图书市场。民营书店得到了批发权，出版社和书店表面上垄断经营，实际上资源流失，原创缺失。二十几年间书商肆无忌惮，弱小出版社“卖号”为业，内容事故频出，市场乱象丛生。在国家推行“普九”教育，教材教辅带来“暴利”之前，地方出版业几乎处于崩溃的边缘。

1993年初，河北人民出版社面对上述压力，不得不采取编辑室“一条龙”的承包经营方式。张晨光竞争上岗，做了文史编辑室主任，成了“八条龙”之一，承担起编、印、发各环节衔接运作的出版经营“全活儿”。几年后，他和他的五人小团队历尽艰辛，成了业绩突出、双效俱佳的“一条龙”。这期间他自己编辑和组织出版的一批双效精品图书取得了很好的社会和经济效益。如前述《侵华日军暴行总录》荣获第十届中国图书奖，《唐宋八大家散文总集》、《中国历代通俗演义》、《近代中国社会史料丛书》、《四部精华》、《漫画鲁迅小说》、《十三经》系列等都凝聚了他们的心血和汗水。其中《唐宋八大家散文总集》的编辑过程，是最为艰辛劳苦的。

唐宋两代是文学盛世，其中韩愈、柳宗元、欧阳修、曾巩、王安石、苏洵、苏轼、苏辙的散文更是中国文学史上的一大高峰，被后人尊为“八大家”，影响深远。然而唐宋以降八位大家的文集版本颇多，各有优长，但无一能够从总体上完整体现其散文的思想脉络和艺术成就。张晨光有感于此，经过反复思考和论证，确定了出版《唐宋八大家散文总集》的选题策划方案。该选题列入了河北省年度重点出版项目，1992 年开始组织书稿，历时四年，于 1995 年 11 月由河北人民出版社出版。《总集》共分 10 卷，计 600 万字，辑录、校评了八大家的全部散文作品（含佚文和存疑之作），在总量上为最“全”版本；规范体例，简体横排，逐篇题解，在编排上最“新”；详尽校勘，独到点评，学术含量丰厚，在内容辑录上最“精”。为了达到这“全、新、精”的出版境界，《总集》特邀请权威学者、中国散文史著名专家郭预衡先生担纲主编。书稿组织工作和书稿校审工程浩繁，出乎想象。那时出版社出差没有车，到北京多次开会商讨编写事宜，取稿子、送校样，都要乘火车转公交。无论严冬酷暑，张晨光都不辞辛苦，往来奔波。每每提着几十公斤重的书稿校样挤公交车，汗如雨下，湿透衣背。此情此景，令郭预衡先生和他的编校团队十分感动和钦佩，合作也非常顺利圆满。

原稿和清样的编校审核，前后用了整整两年时间，单位和家中铺天盖地都是书稿、校样，张晨光置身其中，全神贯注，废寝忘食，虽耗费心血，却也乐在其中。为了校勘一个典故、一个句子，有时要用几个整天查阅资料、寻找佐证。统一全部文章的字号，标题层次和版式设计，就足不出户翻了两个月的校样！而繁体汉字改为简体，其中有大量文字规范问题需要解决，如对原文的繁体汉字，必须逐字审核是否已由国家规定简化，不能因为电脑拼字出现“非驴非马”的新异体字……四年当中，张晨光尝尽了“古籍整理”的苦头，也体验了忘我工作的无尽乐趣，更得到了业绩与精神上的双重提升。《总集》出版后，得到专家和广大读者的高度评价，被认为是唐宋以来八大家最好的版本，唯一的真正的总集，为河北出版界赢得了文化品牌效应，荣获了省政府优秀出版奖，取得好的社会效益。同时，该书市场反响也出乎意料，8000套《总集》一年中大部售罄，出版社盈利五十余万，在当时是少见的热销古籍品种。

2003年，是张晨光调任河北美术出版社的第四个年头。进入4月，“非典”肆虐，全民抗击。出版社在一片惶恐中受命限期出版印发一套抗击“非典”的广告宣传画。当时主管设计业务的副总编辑和其他班子成员，以及部分编辑设计人员，都因为曾到北京出差而被隔离。此类品种出版社多年未做，资料短缺，更没有参照范本。面对这些困难，张晨光临危发力，再次展示出他拼命三郎的内在个性。他首先带领摄影工作室的拍摄人员，戴着口罩冒险到医院、车站、学校等景点拍照收集资料。随后在未被隔离的编校、设计人员中挑选了几名业务骨干，选定一家合作的设计工作室，请他们封闭操作环境，停了其他业务，以防病魔传染。他带着几名“敢死队”成员，进驻这家工作室，昼夜加班进行宣传广告画的设计与制作。经过五昼夜鏖战，拿出来四套设计方案，经与上级领导部门反复商榷调整，最后确定了其中一套方案付印。几天后，经过编、印、发各环节的奋力拼搏激战，八张一套《珍爱生命，抗击“非典”》大幅广告宣传画奇迹般地张贴在河北省八万个自然村和城市社区，生动鲜活地向全省人民展示了“众志成城，团结一致，科学防控，消灭‘非典’”的宣传内容，宣传了国家和省内防控“非典”的政策法令，鼓舞了全社会的士气，起到了不可替代的宣传效果。省内电视台、党报、公共场所都纷纷索要电子文档，播出或转发这套宣传画，美术社都无偿提供，更扩大了宣传效果。这套宣传画的出版，得到了中央、省委领导和国际卫生组织的表扬与赞赏。2003 年底，这套宣传画荣获中国出版政府奖特别奖，出版社也受到新闻出版总署和河北省委省政府的表彰、嘉奖。张晨光和他的“敢死队”战友们，每当回忆起这段经历，都感到骄傲和自豪。他们的确以忘我的牺牲精神，激情迸发的拼搏奋斗，向世人展示了出版人的崇高品格和文化传统。

出版业进入20世纪90年代后半，终于迎来了教育市场的勃兴。教材教辅随着全国中小学“普九”的历史进程，销量猛增，迅速形成了出版业，特别是地方出版业的主营业务和经济命脉。对于出版社而言，教育市场是生存的根基，更是“以书养书”，发展专业市场、大众市场的资本来源和资源基础。

1998年初，河北人民出版社打响了经济翻身仗：决策组织出版河北省小学《思想品德》教材。而这个主攻任务，自然落在副总编张晨光身上。此时他刚进社班子不久，教材编写对于他而言，还是一个新的业务领域。社里当时对这方面编辑力量的配置并不理想，如此规模的教材只有三名编辑，两老一少，都是女同志。但张晨光和他的“娘子军”三人团克服了重重困难，经历了种种曲折，筚路蓝缕，披荆斩棘，终于在一年半之后的1999年秋季，将河北人民版的小学《思想品德》课本全面推向市场，达到了人手一册的理想境界。河北人民社从1998年至2000年，两年间经营利润由200万跃升至一千余万，完成了由“贫困”向“小康”的跨越，为后来的健康发展提供了坚实的经济基础。然而在这一年半当中，张晨光寝食难安，昼夜加班鏖战。大量的组织协调工作和技术问题的处理，使他疲惫不堪，但也使他积累了这方面的丰富经验，提升了协调运营能力。两年的奋战中，他的体重减了十多公斤，但他感觉很值得。项目圆满成功了，社里走出了经济困境，个人累一点不算什么。对于同事们的祝贺和敬佩之语，他一如既往，淡然处之。

正在河北人民出版社如日中天，激情跨越之际，张晨光临危受命，2000 年 6 月来到河北美术出版社，担任社长兼总编辑。在美术社，教材的新一轮厮杀，随着国家新课程标准的颁布，全部教材的重新立项编写而残酷地展开。河北美术社在新课标颁布之前，只有冀版美术教材的初中版，量小不说，与小学段的美术课本，内容上衔接也不紧密，学生和教师们都感到不便。新课标的颁布和新编写规定的出台，给每个出版社提供了历史机遇，河北出版界反应敏捷，行动迅速，全系统有 4 家出版单位共 21 套教材通过了教育部项目审定，批准立项编写。其中河北美术社的《美术》(1—9 年级)，涵盖小学与初中两个学段，率先以优质高效获得通过，进入编写、实验和市场推广工作程序。

基于在河北人民社的教材组织编写经验，张晨光深知教材开发的个中利害，不敢掉以轻心。他把这一项目定为“一把手工程”，从 2001 年下半年起，组织了精干的编辑和发行团队，亲自负责项目运作。在立项阶段，他与编写单位结为亲密合作伙伴，共同与省教育厅、教育部、出版局等领导部门接洽，协调相关事宜。克服了重重障碍，渡过了道道难关，费尽心力，顺利拿下了立项批复。在编写阶段，社里给编写单位租了公寓，配了车辆，他带领编辑人员与作者们一起连日突击会战。同时，还要与国家课标组的专家保持密切联系，以征求修改意见，保证内容和设计的高标准高质量。经过两年多的拼搏苦战，整套教材于2003年顺利通过了教育部初审，开始进入试验使用阶段。初战告捷，随之而来的是更为艰难的市场推广。他又带领他的团队跑遍全省十一个区市，给全省所有的美术骨干教师做教材使用培训，向各市教育局介绍冀版新课标美术教材的内容特色和设计效果，苦口婆心地说服当地教育系统使用他们这套优质教材……功夫不负有心人，在2004年秋季征订时，河北版的美术教材，已占到省内份额的90%以上，使这家有六十年历史的专业大社彻底摆脱了经济困境，走上了可持续发展之路。

张晨光回顾这些经历时，颇有感触。他说："出版人平时要多思少动，淡泊平稳。但在关键时刻，要敢于拼搏，敢于玩命。只有通过奋力拼搏，才能出精品，出效益，出人才。"

在这方面，张晨光说到了，也确确实实做到了。

卓尔不群：求新记

2001年6月底，正值纪念中国共产党八十周年华诞。

河北省出版系统组织全体员工，举办一场文艺汇演。华灯映照、歌舞生辉，会场氛围热烈，激情荡漾。

“下一个节目，合唱《红梅赞》。由河北美术出版社表演。”随着报幕员的声音，大幕拉开，台下观众一片惊叹——合唱队伍着装鲜明整齐，神情昂扬，令人心情为之一振。更让人惊奇的是，合唱队伍旁，推上来一副巨大的画板，旁边站着副总编、著名青年画家，还有另一名中年编辑兼画家给他当助手。

“红岩上红梅开，千里冰霜脚下踩……”

随着歌声与朗诵声激越起伏，反复吟唱，两位画家挥毫泼墨，在壮美的歌曲声中，在舞台上下数千观众的欢呼声中画出一幅红梅傲雪图。只见他们一人画枝干，一人点花朵。干似曲铁，枝如利剑；花似繁星，闪耀如火。歌者画者配合默契，歌声画面形神俱佳。当“高歌欢庆新春来”结尾唱罢，画家正好将“红梅赞”落款题就，二人转身一起谢幕。曲终画毕，诗画交响，珠联璧合，天衣无缝！台下观众掌声如雷，经久不息，其中好多人一边鼓掌一边高喊：“美术社，好样的！美术社，一等奖！”……人们纷纷议论：“这肯定是张晨光的主意，他最拿手的就是出奇制胜的创意策划。”的确，这个演出节目就是出自张晨光的创意，人们对他的赞赏，也非溢美之辞。在半生的出版生涯中，无论是在出版选题策划方面，还是在经营管理方面，他都无时无刻不在追求创意，追求特色，体现出卓尔不群的独创精神。

入行不久，同事们就发现，张晨光作为一名编辑，特别注重选题独创性的追求。到出版社两年后，他编辑出版了《清宫八大疑案》，销量10万册。四年后，正在大量西方新学科、“新思潮”涌入国内，学术界言必萨特，文必利比多之时，张晨光编辑出版了《中外比较文化丛书》首批5种，之后两年，又出版了这套丛书的第二批5部作品。

《中外比较文化丛书》由著名文化学者乐黛云教授主编，在哲学、文学、戏曲、艺术、文化、社会心理等诸多学科领域，运用比较研究的方法，系统全面地分析、论述了中国本土文化与欧美、日本等西方民族、国家文化的同一性和差异性。在这种角度新颖、视野开阔的比较研究中，展示了一系列崭新的学术成果，从而填补许多学科门类的理论空白。作者们对于中西文化的审视，注重“互为主观”，重新认识自己和他人，通过融会贯通，达到中西文化的沟通互动，为中华民族文化的重建寻求一个多维的参照系统与网络。丛书在学术理念上是十分超前的，它的出版引起了学术界的高度关注和热烈讨论。学术大师季羡林先生得知该套丛书出版，非常高兴。拿到样书阅读之后，欣然为这套丛书题写祝辞：

“讲文化交流，就要强调一个‘交’字，出入应该基本等同，入超和出超，都不恰当。我们这一套丛书的目的，就是想纠正这个偏颇，而这一点我认为是非常正确的。我祝它成功。”

1990年夏季，第十二届国际比较文学年会在贵阳召开。与会的世界各国专家学者，看到会场上展示的这套《中外比较文化丛书》，都感到惊讶和兴奋。他们认为中国的学者面对西方文化的冲击和挑战，表现出中国人特有的自信和谦虚，纷纷表示愿意担当中外文化交流的使命和责任，为共建新的人类文明作出积极努力。这套丛书的学术顾问，国际比较文学学会主席，著名荷兰学者D.W.佛克玛先生和执行主席、著名日本学者芳贺彻先生，都与张晨光热烈交谈，对河北人民出版社出版这样一套创意独特的学术丛书，表示欢迎、敬佩；并热情邀请他参加1991年夏季在东京召开的第十三届国际比较文学年会，以寻求出版方面更多的合作和学术交流的机会。

1991年夏，张晨光应邀东渡扶桑，参加了在东京召开的比较文学盛会。在会上，他发表了自己的学术论文《欲望的喜剧与中西诗画关系》，结交了一批比较文学和比较文化方面的学者，同他们建立了长期的友好合作关系，有的成了他的“铁哥们儿”。

东京的繁华，奈良的古朴，富士山的优雅，热海的活力，以及日本人民勤奋敬业、规范守礼的国民素质，都给张晨光留下了美好而深刻的印象。当然，他也目睹了日本右翼分子的狂态。他们穿着“二战”时的军服，头上缠着“武运长久”的膏药横幅，手挥军刀，乘着军用卡车在大街上狂呼而过，十分嚣张。那种景象，给了他很强烈的刺激，更加坚定了他编辑出版前述《侵华日军暴行总录》一书的决心。

他还对日本的出版行业进行了考察。20世纪90年代初，日本已进入经济下行轨道，出版业貌似繁荣，但已病入膏肓。“二战”后，日本出版业盲目追求商业利益，急功近利，忽视原创。特别是动漫出版，既多且滥，良莠悬殊。尤其混杂大量低龄化色情描绘，病态肮脏，令人作呕。在中国当前“文化产业化”的口号声中，日本出版业的坠落与溃败，其深层经济、文化、社会根源，当为中国出版人的前车之鉴。这些见闻和思考，强化了他在本职工作中的创新动力，使他的出版理念和选题策划得到了升华。

1995年春天的一个下午，在北大畅春园专家公寓，张晨光与季羡林先生促膝晤谈，探讨东西方文化的异同优劣。季先生一向认为东西方文化各有优劣，它们共同构成了人类的文明体系。虽然近三百年来西方工业化为自身带来了经济和文化上的强势，但这种强势已是强弩之末。欧美和日本的社会达尔文主义弱肉强食、欺凌弱小的强权行径，商业社会固有的顽疾弊病，科技发达而“上帝死了”造成的信仰危机，以及掠夺性开发、穷奢极欲造成的生态恶化，都使西方文明走到了尽头。而东方文化中天人合一，道法自然，崇尚和谐，清净高远的哲学理念，将对整个人类文明的更新与重建起到巨大的积极的贡献。“三十年河东，三十年河西。”季羡林认为21世纪是东方文化乃至中国文化的世纪。张晨光对季先生的这些论点是十分赞同，也是非常敬佩的。谈话中，他突然萌生出了选题的策划创意：组织编写一套《东学西渐丛书》，系统介绍和论述中国文化对西方文明的影响与历史推动作用。他当即向季先生请教可否，季先生大为赞赏，欣然允诺承担这套丛书的主编工作。

1998年秋，《东学西渐丛书》首批7种，经过艰苦的组织编写和编校过程，终于出版问世。《丛书》开创性地将中国历代哲学、伦理学、科学技术、文学、军事科学、文化学及现代化进程研究诸学科，在海外（主要是在欧美）的传播及其深远的历史影响，首次进行了全方位系统的研究与论述。其中许多史实资料属首次披露，而学术观点和得出的结论振聋发聩，展示了强劲的学术冲击力，对中华民族文化复兴与重建，对文化自信与自觉有着强力的推动和提升。这一填补学术空白的出版项目，列入了国家“九五”重点出版规划，出版后受到各界高度重视和热烈讨论，荣获了一系列专业奖项。季羡林先生对河北人民出版社和张晨光本人更是褒扬有加，认为他们既积极主动地承担了社会、历史和文化的责任，更引领了文化潮流，体现了出版单位、出版人的文化追求和文化品格。

十几年过去了，进入新世纪以来，随着国家“走出去”的文化战略的确立和对外文化交流的步伐加快，前景日渐广阔，当年《东学西渐丛书》的出版，愈来愈显现出其学术上和出版理念上的前瞻性。2006 年，张晨光到集团任职，负责内容生产和出版单位的协调与联系。他到任后马上组织相关出版社，策划组织了一批中国文化对外传播和比较文化学、国外汉学方面的学术专著和通俗读物，如《大化无垠：中国艺术的海外传播及其文化影响》（上下卷）、《中国文明符号丛书》（50 种）、《文明对话丛书》（12 种），并正在邀请著名英国学者团队组织编写《理解中国丛书》（首批 4 种），组织《东学西渐丛书》的第二批选题并策划其数字化全媒体的推广计划。这一板块将成为冀版出版物的一大文化特色，使河北出版“走出去”的步伐大大加快，为中国文化的海外传播与繁荣作出应有的历史贡献。

学术出版如此，大众出版也是张晨光出版创新的努力方向。他在河北人民出版社工作时，编辑出版了《清宫八大疑案》、《中国历代通俗演义》（上、中、下卷）、《近代中国社会史料丛书》，组织出版了《十三经》系列、《漫画鲁迅小说》等热销品种。他在美术出版社当社长时，整合了冀美版连环画的优质资源，推出了红色经典连环画的系列产品。到集团任职以来，先后组织了儿童文学名著、影视互动文学、卫生保健生活、党史国史通俗读物、高端儿童绘本等畅销和常销产品系列，使出版图书的经济效益保持了连年稳步大幅增长。其中冀版连环画的资源整合开发，是最为典型的例子。

2004 年 8 月，河北美术出版社正在紧锣密鼓地组织下年的选题计划。论证会上，社长张晨光提出启动“整合资源，守正出新”的冀版连环画创新工程。河北美术出版社自 20 世纪 50 年代起，就与人民美术出版社、上海人民美术出版社和天津人民美术出版社并称“四大连环画出版社”。50 年代至 80 年代，河北美术社共出版连环画五千余种，其中有许多名著改编、名家绘制的热销精品。在广大读者心目中，冀版连环画曾是他们文化饥渴中的精神食粮，伴随几代人成长的精神家园。在题材方面，除了《西游记》、《杨家将》、《呼家将》、《中国戏曲故事》等古典文学题材，冀版连环画积累最丰富、品种最齐全、绘制最精美的，是根据当代文学名著改编的大量“红色经典”品种，如《红旗谱》、《青春之歌》、《野火春风斗古城》、《小兵张嘎》、《平原游击队》、《烈火金刚》、《雁翎队故事》……可以说美不胜收，目不暇接。进入 21 世纪，随着电视、电脑的普及和动漫、游戏的发展，连环画创作和出版都一度跌入低谷，几乎销声匿迹。但张晨光和他的团队，对连环画的文化价值和其巨大的潜在市场，却有着自己独到的认识和判断。他们决定要“抄底”，要以重大活动和节庆为契机，重组资源，更新设计，集群上市，把冀版红色经典连环画做强做大，做成响当当的文化品牌！

他们想到了，说到了，更做到了。八年来，每逢重大活动和节庆，河北美术社都适时推出红色经典连环画的组合品种：抗战胜利六十周年——《抗日英雄谱》（60本）；建党八十五周年——《光辉的历程》（60本）；建军八十周年——《军旗飘飘》（60本）；建党九十周年——《人民英雄》（90本）；迎接中共“十八大”——《爱国英豪》（100本）……每次推出，都以精选的品种，精湛的绘制，精美的设计和精致的印制而引起连环画藏友的热情追捧，掀起一次又一次门店和团购市场的热销浪潮。张晨光和他的团队成功打造了冀美版连环画的文化品牌，取得了两个效益的双丰收。整个过程他都置身其中，从组合选题的策划、命名，到作品选目、修改方案，一直到包装制作、销售渠道疏通，他都亲自参与。行内人都说，冀美版红色经典连环画，是真正的“一把手工程”，“老总工程”，所以才有这样骄人的业绩。

守正而求新，这是张晨光贯穿半生的职业精神和出版风格。无论是做编辑、当社长，还是在集团当老总，在坚持内容导向的同时，他经常创意迭出，出奇制胜。在河北美术社，他亲自策划组织出版“燕赵造型艺术书系”，连续推出了《中国唐山皮影艺术》、《中国蔚县剪纸艺术》、《中国武强年画艺术》、《中国磁州窑》等高端精品画册，有效提升了河北本土文化在国内外的文化影响力，并荣获了多项国家级大奖。来到集团，这样的项目更是不胜枚举。如2008年“5·12”汶川地震后，他组织各出版社迅速出版了一批为灾区服务和反映抗震救灾英雄事迹的图书，有力配合了全国性的抗震救灾活动，并在当年中华优秀出版物评奖中获得6个特别奖。其中，《感天动地：从唐山到汶川》，是他在收看央视直播募捐大会时，给出版社领导电话布置的选题。电话中他明确提出内容重点是“唐山与汶川的现实联系与历史对照”，并且一定要邀请河北籍（最好是唐山籍）作家执笔。该书出版后，各界反响极佳，其选题角度的精准，使同行、上级部门和媒体朋友交口称赞，也使该书顺利荣获了中宣部“五个一”工程一本好书奖。……随着岁月的推移，创新精神在他和他带领的出版团队的拼搏奋斗中，会不断得到强化和升华，从而创造出更为丰富，更为精美的文化产品，为广大读者营造出美丽的精神家园。

咬定青山：坚守记

张晨光成长在书画世家，本专业是汉语言文学。所以一些历代书画名家的经典之作，在他看来都是诗画融合，相映成辉，所谓“诗中有画，画中有诗”的审美境界。对于郑板桥的墨竹，他十分爱慕、崇拜，而板桥老人的题画诗，他更是十分喜爱，经常吟诵。比如《竹石》一首：咬定青山不放松，立根原在破岩中；千磨万击还坚劲，任尔东西南北风。

郑板桥的这首题画诗，在张晨光看来，应是当代文化人的精神追求，更应是当代出版人的真实写照。时下的出版人，对内容导向的坚持，对文化终极目标的坚守，对出版精神的追求，以及对职业素养的修炼，都应当贯穿这种“咬定青山不放松”的坚韧品性和气质。在这些方面，他都作出了不懈的努力，不断地向着理想的境界，艰难行进。

首先，对于内容导向，他一向坚持“政治上正确”，因为这是世界性的出版规范和标准。对于政治内容，张晨光是非常敏感的，多年来如履薄冰，坚持严格把关，严守三审制和重大题材备案制度，防止了多起内容事故的发生。

1999 年 8 月，为了配合批判法轮功邪教，破除迷信，崇尚科学的中心任务，河北人民出版社组织了几种宣传科学理性和无神论理论知识的专著和普及读物。其中有一本前苏联社会科学院编写的，由俄文翻译介绍进来的待印图书《无神论辞典》。该书此前因无订数，一直停机待印，已放了五六年，责任编辑已调离本社。社里因当前形势需要，也因为该书已经过三审和终校，做出了纸型，所以，初步打算直接出书上市，不用再走审校程序了。当时张晨光任河北人民社的副总编辑，他本能地感觉到，这部书稿虽然已经过编审校对，但题材过于敏感，有必要重新审阅一遍，确认内容无碍再出书不迟。因为据他了解，前苏联对宗教和少数民族的政策是非常刻板严厉的，与我们党和国家的提法与做法大相径庭，不能不慎重从事，否则造成内容事故，引起宗教和少数民族问题，那就会非常被动。他坚持先审阅后出书，并亲自审阅全部书稿。结果不出张晨光所料：书中许多辞条，对伊斯兰教、穆斯林、真主安拉等的历史现象和历史人物，均采用了批判、攻击甚至侮辱的言辞进行记述，严重违背我国现行的宗教和少数民族政策。并且书中出于政治偏见，对我国的台湾、香港和西藏地区，都有错误的描述和记载。书稿审罢，张晨光冷汗浃背，迅速向有关领导写报告，取消了该书的出版计划，及时消除了一次重大内容事故隐患。

张晨光对于出书方向，对于出版的终极目标，心中是十分明确，而且是始终坚守，绝不动摇的。他认为，优秀的出版人必须处理好社会效益与经济效益、文化与经济的关系。出版的本质是文化，目的是文化，经济只是实现文化价值的手段和外在形式。如果在工作中，在

“改革”中颠倒了这个关系，就会形成本末倒置的荒唐、被动局面，从而使出版方向走偏，专业队伍涣散，出版主业弱化甚至边缘化，整个出版业将会面临严重的危机。因此，能否做好文化与经济两者的正确统一，是检验一位出版人员是否合格、是否优秀的试金石。在这个方面，张晨光牢记邹韬奋先生的话：“如果因为顾到商业，而对文化食粮的内容不加注意，那也是自杀政策。”

无论是在责编图书，组织、策划出版项目，还是在经营管理方面，他更是将韬奋先生的精神贯彻始终。前述《大化无垠：中国艺术的海外传播及其文化影响》的出版，即是典型的例子。又比如他在河北美术社做总编、社长时，经过慎重考虑，承担了《中国美术分类全集·金银玻璃珐琅器全集》(6卷)的出版项目。《中国美术分类全集》是国家重大出版工程，河北美术出版社曾在20世纪80年代率先承担了其中的《中国玉器全集》(6卷)，经过艰苦拼搏隆重推出，取得了罕见的轰动效应和巨大的市场回报。而进入新世纪后，市场已发生很大变化(如合作方台湾锦绣集团已倒闭，新华书店总店名存实亡已无包销能力等)，政府方面没有因此而投入编写成本，还需出版社全额负担。该书从向全国文物系统征集素材，到组织专家编写审校，需要投入巨大精力和财力，工程进展举步维艰，在许多出版社陷入停滞。面对这些困难，张晨光没有消极对待，而是从文化价值的角度思考，积极主动地克服困难，加快进度，并斥资200万元，最终按时出版了这套精美的高端艺术经典，为河北出版文化影响力的提高作出了历史的贡献。

到集团任职后，张晨光更加重视出版的文化含量与文化品位。他克服经营上的重重困难，陆续组织出版了一批又一批高端学术专著和艺术经典出版物，如《苏轼全集校注》、《陀思妥耶夫斯基全集》、《王淦昌全集》、《延安文艺史》、《顾随文集》、《中华大典·宗教分典》、《艺术巨匠丛书》、《中国武强年画艺术》、《中国磁州窑》、《故宫藏陶瓷艺术大系》、《中国美术分类全集·墓室壁画全集》、《中国文人画通鉴》、《中国沙漠与沙漠化》、《中国湿地与湿地研究》等等，获得多种国家和专项大奖，有效地保持和提高了冀版图书的文化影响力和品牌号召力，强化了河北出版的文化特色，为出版繁荣作出了积极贡献。

为了保证上述文化精品的持续生产和社会效益的最大化与规模化，张晨光到集团后，突破体制和管理上的诸多障碍，主持制定了一系列规章制度，建立了考核机制和激励机制，设立了精品出版专项基金和优秀出版物奖励资金，从管理上，理顺文化精品出版的内在链条，使之更加通畅，更为高效。在内容生产的管理方面，他一贯坚持社会效益第一，两个效益正确统一原则，不迷失、不盲从、不信邪，不被任何时髦的口号牵着鼻子走。

在经营管理方面，张晨光也有着明确的努力方向。他深知出版的目的是文化，而其手段和形式是服务，是商业。每一个合格的出版人，都必须是合格的职业经理人，应当具有出版行业的实际工作经验和特有的经营管理能力。首先，他注重市场意识和市场调研能力的培养和提高。只有这样，才能了解读者群体的需求，进而策划出贴近市场的产品和产品系列。这一方面需要有宏观的文化战略眼光，把握大的社会文化趋势和读者的流行阅读热点；同时对读者的阅读习惯和文化消费特点明察秋毫。他在出版社工作时，坚持市场调查，策划出一大批双效俱佳的畅销和常销图书品种。在集团任职后，他所组织出版的儿童文学、青年文学、影视文学、文史古籍、美术技法、经典连环画、中医保健、“农家书屋”等产品系列，都是在充分调研市场，深入了解受众需求之后，有针对性地设计出版的产品集群。它们为集团创造了良好的社会和经济效益，图书的年平均增长率达到20%以上。

同时，他认为好的出版人，应注重策划能力的培养和提高。只有具有较强的选题和出版活动策划能力，才能在选题创意与受众需求之间架起桥梁，从而生产出读者喜爱的图书品种。他主持开发的红色经典连环画，根据不同的市场空间和时间分布，采取重大活动和节庆推出，收藏和阅读兼顾，卖场与团购并举的经营方略，从品种设计到营销策划都形成了完整详尽的运营计划，并在整个生产营销过程中强力执行，使这一出版项目达到了双效俱佳的经营效果。

博学之，明辨之，慎思之，笃行之。张晨光遵从圣贤古训，从多方面培养出版人必备的优良品质，因为他深深地感知到，出版人的品质决定着出版物的品质，决定着出版业的品质。而出版人品质的培养，又是多方面、全方位的。

出版人首先应当有高尚的道德追求。“举大业、德为先”。志向高尚，德才兼备，才能自觉为社会大众，为广大读者，为出版事业奉献一生，才能坚守文化品位和职业操守。同时，要有深厚的学养功底。博学多识，融会贯通，才能长袖善舞，游刃有余。在这方面，张晨光更是孜孜以求，学而不厌，不但具备与专家、大师平等对话、成功合作的能力，而且善于把握文化大势，长于整合出版资源。热心学问，善于思考，培养灵感，以助本业，这是他多年来形成的治学之道，也是他独到的工作方法。再有，就是张晨光一贯保持书生本色，并以此引以为豪。在河北出版界，大家对他的印象是一致的，就是淡泊平静，正直坦诚；无傲气而有傲骨，高标准待己而低姿态待人；崇尚人性管理，注重企业文化和出版精神培养，对下属晚辈则尽力培养关爱，有口皆碑。

愿出版家张晨光永远保持他那对美德的崇尚，对学术的痴迷，对图书的挚爱，对出版的执著和对社会大众的奉献精神。愿他在今后的出版生涯中，加倍努力奋斗，像邹韬奋、张元济、叶圣陶等前辈先驱那样“书比人长寿”，为中华民族的伟大复兴，为中华文化的传承与传播，作出不可磨灭的历史贡献。

（作者　穆　阳）

杨德宏小传阅后感言

上海世纪出版股份有限公司董事长　陈　昕

咬定出版不放松，这是我对杨德宏最为深刻的印象。二十四年如一日，这份朴素的专注和热情让人共鸣又让人感怀，因为那一份人文情怀、文化品格和责任使命，因为来自心底的喜爱、理想和人生志趣。对出版，他有着男人的担当、护守和拓展，又有着如对孩子般的母亲情怀。

这是一个细心周到的家长，在这个“家”里，有着长远的建设心态和规划，有着家庭成员间融洽的讨论气氛，有着建设的目标和凝聚力，有着彼此间的尊重和信任，有着固守和脚踏实地的一分一分的耕耘。

一切的收获正是与这种始终不渝的热情和执著相关——无论是“千万工程”的努力铸造，还是“全国六十八所名牌中小学”阅读系列的培育；无论是三大数字平台的建设，还是第五代教材的突破。

有所为有所不为，真正的作为正是来自对特色的追求，来自对市场和对自己的正确定位。因此，杨德宏的故事既是一个严父慈母经营的范例，又是一个小而强企业形象而现实的展示。

长春出版社原社长　杨德宏

守　望

杨德宏

三十六年前，杨德宏作为下乡知青代表参加了吉林省青年干部培训班，学习结束后，被分配到省直一家新闻单位做政治工作，后来自己要求做记者，开始接触编辑工作。或许就是年轻时的这种选择，成就了他后来人生的出版事业。

一

屈指算来，杨德宏在长春出版社副社长、社长这个岗位上工作已有二十四年，这在全国出版业大概也不为多见，可以称其为“老”社长了。

二十四年是历史长河的一瞬间，可对于人生来讲并不短暂。换句话讲，人生能有几个二十四年？天地浮浮沉沉，春秋来来往往，社会发生了急剧的变化，而不变的是他对出版事业发自内心的热爱和执著。可以说，他把人生的大好年华，都奉献给出版事业了。时至今日，他仍没有丝毫厌倦之意。因为这么多年，凡熟悉他的人，从来没有听他说过有放弃出版工作的念头，哪怕是一闪的欲念也好。他说自己做出版工作，最初是组织安排工作需要，后来时间长了有种感情，挺喜欢也挺有兴致，渐渐地变得不能自拔，心无旁骛了。

难能可贵的是，杨德宏进入到出版这一行，就全身心地扑下身子，别人怎样看待怎样评价出版工作，对他来说并不重要，他在乎的是自己的感受。他自认为，出版是一种高贵的人文情怀，一种高洁的文化品格，一种对社会的责任感。具体点说，当你将自己的想法及一点点智慧变成可以操作的选题，通过编辑的加工变成实实在在的文字图书，于烦嚣的尘世紧张的工作之余，给读者送上一份馨香、一曲雅韵，此时，确实有一种人生的寄托和享受之感。

做一个好的出版人，首先是应该做个读书人、爱书人。虽然在市场经济条件下，这样的理解有些动摇或者说早已大打折扣，似乎出版人就是个懂经营懂市场管理的商人，但他始终认为，在市场经济面前，这些只能说是对传统出版人知识结构的一种拓展。因为这种商业属性，构不成与读书和爱书的绝对替代关系。毫无疑问，不读书不爱书的人即使走进书的市场，也不能很好地管理书和经营书。

十多年前，市里调整干部时，有关领导征求过杨德宏的意见，当时虽然不是提拔却是重用。他说，如果组织上尊重我的意见，允许我有点选择的话，我真的还是愿意干点自己喜欢又力所能及的工作。他说这话的时候本意是想表达一点内心实实在在的感受，发自内心地感谢组织的信任和关爱，可那说话的语气，似乎早就心有坚执。领导没想到，有些人跑官要官，可为他提供更广阔展示自我的平台或者说成长进步的阶梯，他不想要，愿意与图书相伴，当即便尊重了他的选择，满足了他这颗平常心。

后来在当年组织让他可以选择的两个岗位接续工作的同志都提拔了，有的领导提及过此事，他没有丝毫后悔的意思。他认为，别人干得好，不等于自己能干好，做自己适合的喜欢的工作，轻车熟路压力小些真的挺好。这话在别人听来，似乎是有些酸葡萄的味道，可了解他的人知道，这里虽有他与世无争的性格成分，但还是真真切切的心里话。他做人做事的原则：不羡慕别人，也不难为自己。他觉得官场得意也好失意也罢，没有欲望就没有烦恼，也就没有任何不平衡心理。这样说并非他逃避现实，而是说他想远离官场上的是是非非。

按杨德宏自己的说法，他这辈子就其职业生涯来讲，开始参加工作在新闻单位做编辑也好，后来在宣传部门当处长也好，以至于现在在出版社当社长也好，都是围着新闻出版这一行转，而其中三分之二的时间从事出版工作，这可以说是他一生中最充满激情最倾注心血也最辉煌的经历。他说，组织上让我在出版的岗位上干一天，我就认认真真地再做点事儿，不需要或是退出岗位那一天，假如自己还想或是还能做点什么事的话，大概应该和出版有点关系吧，否则就干脆养老休息。

他把出版当成事业去做，当成自己的兴趣、爱好和理想去追求。也许他自己都没有发现，每每忆起出版社诸多往事，那种情感用一个不太恰当的比喻，有点母亲的情怀。出版社在他眼里，就像自己的一个孩子，经历了孕育和成长的全过程，出版社从筹划到成立再到发展，他可以说是创始人和见证人吧。

二十五年前，杨德宏在市委宣传部做新闻出版处处长，市里筹划成立出版社时，因为工作的缘故，他一次次地到北京相关部门跑这个项目，费了不少周折。拿到批复文件那天，他很有点成就感，高兴得喝醉了，而且是有生以来的酩酊大醉。从饭店出来，他一个人在北京的街头摇摇晃晃地走不动了，在马路边坐了许久才回到宾馆。或许是他命中注定与出版行业有着不解之缘吧，后来市里成立出版社时，组织上把他派去做副职。那一年他刚好三十四岁，风华正茂的年龄。几年后，老社长离休了，他接过了社长这副担子，这一担就是近二十年。

随着时间的推移，他成了资深的出版人，也是市里部门一把手在同一岗位时间最长的干部。有人帮他做过分析，之所以能够在出版岗位沉淀下来，是因为很多人认为出版工作的展示空间毕竟太狭窄了，说得具体点，平台小些，不会有很大的影响力，无形中岗位竞争的对手少些。加之出版行业这种市场化的管理，同样的职务级别，比起一般的机关部门来，要承担很多企业化经营的风险和责任，让有些人望而却步。他说，其实最关键的还是组织上的信任，特别是出版社班子成员的鼎力支持和员工们对他的理解，给了他对出版事业执著坚守的信心和勇气。他常常说起，当年一同进出版社一起白手起家创业的班子成员、中层干部，论资力和能力也不一定比自己差，因工作需要，还给自己当助手做部下，这么多年一直踏踏实实地工作，付出很多，想起来挺让人感动。说心里话，如果不是大家这样齐心协力拧成一股绳，自己也不可能在出版这个行业坚守下来，做自己所喜爱的出版事业。

那年，一位新到任的市委书记到出版社调研，听了汇报后，对出版社的创业发展给予了很高评价，随去的新闻媒体报道出版社的文章见诸报端后，有些记者相继找到他，想进一步采访报道一下他这个社长；得了“韬奋出版奖”后，有的领导认为，这是一个执著出版人的至高荣誉，应该通过新闻媒体宣传一下，都被他婉言谢绝。他这个人做事不大喜欢张扬，因为他知道，出版社有点进步，有点成绩，关键是班子好，都想事干事，是整个团队好，大家心齐劲儿足。宣传出版社，扩大出版社的对外影响，在读者中树立良好的形象是件好事；而对个人，还是少点宣传，实实在在地做点事，这样心里才踏实。

有人说，在当今利欲浮华转瞬即更的社会，人心难免容易浮躁，他把心态放得如此平衡也是很难得的一件事情。而他却觉得，自己不经意中走了出版这步棋应该说是很幸运的了，在社长这个岗位尽了点应尽的职责，组织就给予自己这么多的荣誉：吉林省有突出贡献的专业技术人才、全国百佳出版工作者、全国出版系统领军人才；2012年荣获了中国出版界个人最高荣誉奖项——第十一届“韬奋出版奖”；还当选了吉林省第十届、第十一届人大代表。他知道支撑这些荣誉的，是出版社这个团队的力量，没有出版社大家通力合作共同创造的出版业绩，就不会有他一社之长今天这么多的荣誉和光环。他想，一定要带领好自己的团队，用一颗感恩的心去努力做出版工作，来回报党和组织的关爱和同志们的信任。

二

出版是一种文化事业。实实在在地说，杨德宏作为社长，看上去并不是那种说起话来头头是道写起文章来一气呵成的文人，可是话题一转到出版上，他就变了另一个人，显得很有兴致，滔滔不绝。就其领导能力来讲，也不是那种高瞻远瞩精明透顶的能人，但难能可贵的是他对出版工作的那种思维那种理念那种执著。出版社位于闹市一幢不大显眼的楼房，他每天透过窗子，不时能听到这个城市的喧嚣声。办公室不大的空间，二十多年没有多少变化。外间是个小会议室，推开门就可以开会讨论问题，有时因为一个观点一个问题，大家可以相互争个面红耳赤，不分你我。他说出版社是一个五湖四海汇聚的大家庭，大家能讲真话讲心里话，这不是坏事。要不是这样各抒己见畅所欲言，出版社也不会有今日的传承和发展。

出版社社长这个岗位，就其职责来说，最主要的责任莫过于管理。目标管理是出版社企业化经营的关键点，杨德宏领着大家从实际出发，经过不断的修改和完善，逐渐形成了一整套选题策划、成本核算、指标管理、分配制度、经营管理等方面的规章和制度。他说，这样做可以减少许多人为的随意拍脑门的做法，多些科学的理性的约束。每年年终岁尾，他和大家一起研究讨论，在汲取上一年的经验和教训的基础上，把下一年的所有管理目标，整体分解，职责明确，落实到人。他发现，有一个时期编辑与发行员配合不好，便和班子成员商量，确定了一个基本原则，即选题策划以编辑为主，但发行员也要参与从选题策划到成书的全过程，也具有否决权，使编辑在思考选题时就乐于吸纳发行员的意见，畅通了图书发行的渠道。

加强管理的科学化、规范化，需要有效透明的监督体系和评价标准，这是他一直关注的问题。他主张向同行学习，提出引进出版 ERP 管理系统。虽说是引进，但绝不是模式化地使用，他让相关部门的同志，从工作流程到个性化需求，反复研究论证好长一段时间，才正式投入使用。这种软件管理系统贯穿选题确定、组稿、编辑加工、发行、入库出库、账务结算的全程，各级审批方便快捷，各种数据查询迅速准确，每个人的工作状态也一目了然，极大地提高了工作效率。

图书发行市场的管理是一件很让他头疼的事。有时候编辑们集思广议筹划一本好书，还没等上市就被盗版了，请多位教育专家下很大功夫，编写一本好教材，还没等发行，就被别人抢占市场了。打不完的官司。他常常是像消防队长一样，领着一伙人，找这个部门协调跑那个单位求助。为此他苦恼过惆怅过愤怒过，现实让他懂得，在当今的市场经济体制发育还不够完善不够成熟的形势下，要提升自身的独立经营和自我经营能力，必须增强维权意识，为此出版社设立了相关的组织机构，聘请法律专业人员，运用法律手段，对具有社会效益和经济效益的自主知识产权品牌图书，该注册的及早注册，受到侵害必须通过法律手段解决的，官司一定要打还要打赢，分寸不让，这是一条最好的自我维权自我保护途径。

出版社的管理，起决定因素的是人员的管理。杨德宏懂得，出版社得过多少荣誉、创下多少的家业，从长远角度讲，这些都不是最重要的，最重要的是有一支素质过硬、经得起市场检验的队伍，这才是出版社能够在时代发展、形势变化的挑战中得以生存，在强手林立的竞争中持续发展的无形资产和不竭动力。

出版社曾试行过编辑不坐班的工作制度，一段时间过后，他发现这种做法弊大于利。其中最大的问题，就是员工的工作状态懒散，许多出版环节也显得拖沓、不顺畅，不但增加了出版流程中不必要的时间成本，还不利于企业文化、团队凝聚力的养成。于是，第二年出版社恢复了全员坐班工作制，还责成相关部门负责人员考勤，这样做对后来出版社的团队建设和工作效率的提高，都起到了积极的作用。

出版社的中层干部的选聘，每两年搞一次竞争上岗，参加竞争者的水平能力如何，胜任不胜任，权力交给大家，让大家去评判，社长、副社长与社里其他成员一样，都是一票的权力。员工实行优化组合，逐渐形成了比较公平公正的用人环境和人才成长氛围。找领导说情不如自己干得好，大家都把心思放在努力工作完成工作指标创造经济价值上，减少了很多人为的内耗和纠结。

岁月无痕。当年一些和他一起建社创业的人，相继到退休年龄离开了出版社，班子其他两名成员也都过了知天命的年龄。为了出版社的持续发展，他一次次找领导找组织部门推荐年轻干部，放手让年轻干部大胆工作，给他们提供展示能力和锻炼才干的机会。他还和班子成员商量，多次在网上向全国公开招聘年轻的编辑人员，先后选调了十多名热爱出版事业有专业有才华的年轻人，充实到编辑队伍里来，给出版事业带来了新的生机和活力。

出版市场千变万化，让策划选题到出版印制发行的各个环节，都紧扣市场定位需求，必须视野宽站位高。他认为，这些年，由于社会就业压力的加大和出版社对外社会影响的扩大，选人用人的门槛不断提高，全日制大学生做图书发行员，硕士研究生以上学历的才能做编辑，学历高人才多有利于出版工作，但要真正适应出版市场的新形势新要求，还必须舍得投入财力花费精力搞好业务培训工作，编辑也好，管理人员也好，各种业务知识都有个提高和更新的过程，特别是编辑队伍的培训不能放松。

对作出成绩的年轻人，他更是喜爱有加。中国出版协会主办的第三届“韬奋杯”全国出版社青年编校大赛上，出版社的三位年轻编辑脱颖而出，荣获团体一等奖、编辑二等奖和校对一等奖。在三位编辑返程时，他特意组织人买了鲜花去迎接，这小小的举动成了出版社有史以来最为隆重的一次欢迎仪式。因为大家都知道，出版社的班子成员出差是家常便饭，常常是早晨坐飞机走了，晚上坐飞机跑回来，坐飞机像坐车打的，去新疆三天一个来回，也是常有的事。除了司机接送外，没有更多的迎送礼节。一本书一本书换来的出版社家业不容易，没人摆那个谱。这三位获奖的编辑为此深受感动，没想到的是，不光是捧着鲜花回来，还每人得到了一万元钱奖励。事后杨德宏说，这个奖项来得不容易，年轻人这样进取拼搏，出版社未来发展才有希望。我们之所以要这样做，实际是一种无形的舆论导向，就是要在全社共同营造一种有先必争有旗必扛积极向上的氛围。

杨德宏说，出版行业实行的是一种企业化管理模式，念的是生意经。俗语说，跑买卖，买卖不跑哪来的生意？出版社不仅我经常天南地北地飞来跑去，班子成员更是如此，实事求是地说，他们比我更辛苦。特别是那些做图书营销工作的发行员，似乎每天都有人在天上飞地上转。每年过春节，他说别的饭可以不吃，一定要陪跑发行的那帮年轻人吃顿饭，他们也是有家有业上有老下有小的人，常年不着家多不容易。

一个团队需要一种人文关怀，要有一种家的温馨。这么多年出版社不论什么情况，员工的住房公积金、社会养老保险和医疗保险、意外人身险都如数上缴，能就高的不就低，不给政府增添任何麻烦的同时，更不能让员工有任何工作和生活的后顾之忧。

他说在卸下出版社社长这副担子时，最大的希望就是，看到经过这么多年在出版市场经济这所学校、这座熔炉的摔打锻炼，培养出一批思维敏捷，具有较强策划能力的编辑队伍，形成遍及全国的强大的发行网络，让出版社真正发展成为名副其实的以图书、期刊、音像电子出版和互联网出版产业为主，集传统出版、数字出版、美术设计制作于一体，涵盖出版主要产业链的出版传媒集团，这是他这个出版人的最美好愿景。

三

杨德宏说他做出版二十四年，其中有一个重要感悟，就是文化的很多东西都不是马上见效的，是需要时间来检验的。不要管别人怎么想怎么说怎么看，一定要坚持走自己的路。只要按照一种理念一个方向，一本书一本书地积累，形成自己的特色，肯定会很有成效。

当然这对于出版这种文化而言，只是这种坚持这种特色很艰难。他说，读书人谁没进过几家书店呢？书店是坚硬的现代生活中最后一个驿站。在国外逛书店是一种浪漫的享受，书店一般规模都不太大，满屋子书，人只能在书架间的窄巷里穿来穿去，厚重的木门厅，里里外外的古色古香，常常还可以看到一只狗或是一只猫蜷卧在书堆旁，不经意间透着主人的志趣心境。走进去，翻翻书，聊聊天，喝杯咖啡，即便不买，也能感受到一丝温意，留下一些零星美好的记忆。而在中国，这样小而老十分有特色的书店成了绝世风景，还有好多的书店被现代浮华拥挤得悄悄退场。

或许这种理念在他的脑子里形成的烙印太深刻了，他深知商品市场经济的这种危机不仅仅是书店，出版业何尝不是如此呢？当年新闻出版总署一纸批文，将长春出版社列进综合出版社，也就意味着出书范围不受限制，什么内容的书都能出，当时无疑是一种机遇，一种荣耀。一开始摊子就铺得很大，很让同行羡慕，但在市场运作中，随着改革加速、市场细分，才发觉，做出版其实光是积累和坚持还不够，还需要锲而不舍地坚持自己的品牌和特色。出版特色既反映在它的出版物上，也反映在它的经营方式上。综合性出版社的定位无疑是一种优势，但如果贪图大而全不尽快形成自己的品牌和特色，同样在出版市场上无立足之地，到头来可能一无所成，还有可能被盲目扩张做大而拖垮，被出版市场淘汰。所以他多次强调这样一个观点：一定要想方设法，走适合自己发展、有自己出版特色的道路。

于是，他和班子成员与团队员工反复商讨，根据市场需求，坚持“有所为，有所不为”的原则，有意识地缩小了出书范围，该调整的调整，该舍弃的舍弃，更加突出自身图书的特色，培育品牌，打造核心竞争力，提出了打造“千万工程”图书品牌的口号。这个“千万工程”的内涵就是集中精力把一个图书品牌做大做强，每个品种的发行码洋每年至少要做到一千万元以上。历经多年的努力，长春出版社在全国图书市场树立了自己的几大品牌图书，逐渐形成了以《大哉中华》、《冯友兰文集》为代表的历史文化类图书；以《西方经济学汉译文库》为代表的经济类图书；以长春版国标中小学《语文》教材为龙头的教育类图书；以“全国68所名牌中小学”阅读系列、《数学绘本》、《中国古典四大文学名著》无障碍阅读为代表的助学读物；以动漫图书《名侦探柯南》为代表的儿童读物等特色图书体系。

四大名著的版本在图书市场已超过百种，该如何把四大名著做得更合乎市场的需求，成为一个自己的图书品牌？他集中大家的智慧，决定把名著当教辅做，做套“无障碍读本”，让学生了解文学名著，提高文化修养，为以后的深度阅读打下扎实基础。他主持设计了一个签章，印在封面上，“注音解词释疑、无障碍读原著”，这两句话就把这个版本最核心的特点交代清楚了。考虑到购买对象大多都是中小学生，又在出版成本上反复核算，纸张选择经济实惠的，一册书才售十多元钱，受到了学生及初等文化水平的古典文学爱好者的追捧。从2006年出版至今，总印数二百多万册，发行码洋超过一亿元，社会效益和经济效益获得了双丰收。

“全国68所名牌中小学”阅读系列图书，是长春出版社在教辅图书领域培育出的一个亮点。它以独特的编写理念和特色，得到了出版业和发行业同行的普遍认同，相关品种在许多省、市常销不衰。引进日本小学馆《名侦探柯南》中文版系列图书的翻译出版权，在中国大陆独家出版发行，成为全国儿童图书市场中的知名品牌。在众多的优秀绘本中，独辟蹊径地提出“功能绘本”这一理念，先后出版了《数学绘本》、《科学绘本》、《环保绘本》等。其中《数学绘本》从出版至今，共发行三个版本，2011年被新闻出版总署评为“向全国青少年推荐的百种优秀图书”。

特色出版是取胜的秘诀。为此，他这个社长工作的方式方法都围着特色转。每年出版的品牌和亮点图书，每个封面，他都要和大家一起去研究，每一本书印制和发行方式，他都要过问。这些核心产品，大大提高了长春版图书的市场占有率，也为长春出版社在全国图书市场赢得了良好的声誉。

四

时光荏苒，岁月如梭。出版社建社初始，除市财政投入的十五万开办费外，白手起家，一切都要从头开始。杨德宏和大家一起每天加班加点地工作，招聘编辑、租借办公场所、策划选题、审读书稿、扩大发行。二十四年的艰辛努力，二十四年的执著追求，二十四年的无悔付出，他和他的团队一起，从无到有从小到大，走过了一段不寻常的路程。如今出版社净资产接近两个亿，年图书发行码洋三个亿。出版社先后被评为全国出版系统先进集体，被授予“全国百佳图书出版单位”称号。

谈起出版社这段难以忘怀的奋斗经历和发展过程，他说其中的苦辣酸甜说也说不清楚。但他知道，在社会飞速发展变迁的今日，创业艰辛，传承和发展更难，不进则退。如何顺应文化产业新的发展潮流，规避不利因素，探索出版产业新的发展模式和发展空间，唯一的出路就是站在新的起点上，加快改革创新的步伐，实现跨越式发展。他觉得这种意识不仅班子成员要有，还要渗透到每一个员工。因此他多次对大家讲，长春出版社规模不大，人员不多，建社时间不长，也许单独作战的话，我们不一定比其他出版社强大，但如果我们把所有的力量整合起来，大家集思广益，群策群力，就能在出版市场中保生存快发展，就可以有大作为。

近些年来，以网络为代表的新媒体的出现与发展，使传统出版行业遭遇了前所未有的冲击。出版业该何去何从，是杨德宏思考最多的问题。市场有什么要求，就向什么方向求改革要发展，这是市场经济条件下出版事业的唯一出路和选择。他带领大家向市场做调查，让员工提建议，形成了在确保传统出版可持续发展的同时，有计划、有重点地大力推进数字出版工作的一致共识。

按着传统出版与数字出版两翼齐飞这一生存发展的理念和思路，大约十年前，出版社就开始在同作者签订出版合同时加入了网络信息传播权的细则，使之在数字出版大潮到来之时，出版社、作者的合法权益得到保障，出版资源也不断丰富。接下来，顺应数字出版发展趋势，取得了多个相关的资质，为后来的数字出版工作奠定了坚实的基础。再后来，经过多轮的论证，正式成立了数字出版中心，开始了数字出版产品的研发。数字出版的广阔前景，让员工们为之振奋，没有经验不要紧，他鼓励大家充分利用出版社的资源和优势，结合市场，大胆尝试。功夫不负有心人，经过一段时间的运作摸索，先后打造出了“全民阅读数字出版平台”、“网络教育教学平台”、“数字竞技娱乐平台”三大数字产品建设平台，以这三大平台建设为主要内容的《星火数字出版系列》和《城市部落数字出版平台》等，分别入选新闻出版总署《“十二五”国家重点音像、电子出版物规划》，先期产品已陆续上线。“68所名牌学校100分试卷网”，是利用出版社优势品牌，延伸产品线，在网络增值服务领域的一次积极尝试，并取得了不错的收益，也有了一定的影响力。网络游戏“城市部落数字竞技娱乐”已完成开发，进入测试和报审阶段。“长春出版社官方网站”、“长春出版社语文网”很好地发挥了宣传出版社图书、配合长春版语文教材发行及使用的功能。

研究探索数字出版创新发展的同时，杨德宏和班子成员们看到，教育类图书仍是全国图书市场的主力军，是出版产业重要组成部分，也是相对受数字出版冲击较小的领域。他鼓励大家开动脑筋开发与教育相关的选题，延伸教育出版的产业链，实现教育类图书向高端化发展，培育新的经济增长点。经过多次论证，最后确定了《全新主题大学英语》和幼儿园教材——《幼儿快乐成长主题教学活动》两个重点项目。

既然列为重点项目，他和班子成员商量，一定要舍得花力气舍得下工夫把它做好，向项目要质量要效益。大学英语创新地采用了主题化的教学模式，业内同行称其为“第五代”大学英语教材，已被批准列入“十二五”普通高等教育本科国家级规划教材，在全国十九所普通高校使用。幼儿教材经过众多国内外幼教方面的专家不断打磨，结合中国孩子的认知特点，注重产品的多样性和拓展性，将幼儿教学教具开发一并纳入教材体系，形成了幼儿园教材与教学教具齐头并进的发展态势，实现了幼教出版领域的新突破。

五

二十四年的出版生涯，弹指一挥间。一个充满深深热爱之情的出版人与自己的团队同荣辱、共成长的经历，给杨德宏的人生留下了一段值得品味的回忆。或许因为在出版这个岗位工作的时间久了，离开出版岗位的时间也进入倒计时了。他说他想得更多的是，在有限的工作时间内，如何和同志们一道，致力于研究图书市场的发展规律，通过多元化的经营，精心打造相关品牌图书，把改革的步子走得更快一点，奉献出更多更高质量的图书，给人以精神食粮和丰富的人生启迪，这是作为一个坚守、执著的出版人的崇高信仰，也是对社会的最真诚的回报。

秦玉莲小传阅后感言

上海世纪出版股份有限公司董事长　陈　昕

一个不甘平庸不图小富的拓荒者，一个永不停步永在路上的创业者。彰显的是三十年改革历程的老兵足迹，留下的是一长串行进发展的骄人业绩。

无论是早年对书店混合经营的慧眼，对汽车书店下乡的慧心，对教辅市场竞争的出击，还是新世纪对连锁经营的布局，对电子点读笔的敏感，对上游产业出版社的延伸，秦玉莲几乎每一步都与时代的节奏合拍，让人几乎忘记了她的年龄，甚至暂时忘记了实体书店正在面临着网络书店的巨大冲击。

经验只是她的基石而不是栅栏，挑战总能激发她的勇气和潜能。时间流转，未来的中南河山是否能够继续谱写“新”的“华”章？我希望能。

中南出版传媒集团公司副总经理、湖南省

新华书店有限责任公司董事长　秦玉莲

敢登书山写辉煌

——记秦玉莲

旖旎湘江，巍峨南岳。相传远古火神祝融氏居在衡山，逝后又葬于此。为了纪念他对人类的重大贡献，后人将衡山的最高峰命名祝融峰。在古语中，“祝”是持久，“融”是光明。于是，一代又一代传承光明的使者在这块热土吸取智慧，从这里奔向四面八方。

出生于一个姊妹众多家庭的秦玉莲自小就生长在衡山脚下，环境的因素让她打小就有着一种巾帼不让须眉的气概。少时，她经常登上祝融峰顶，极目远眺，山的那边依旧接着是山，衡山的尾峰连着岳麓山。二十五岁那年，这个爱登山、爱阅读、有理想的姑娘，怀着美好的憧憬，踏进了“书山”——湖南省新华书店工作。而今三十多个春秋逝然而去，与她同一时期“入山”的伙伴，大多因为诸多原因另谋生计，但她却选择了坚守。由于她的执著和不懈追求，她也成了湖南出版界的“老姐”，从一个普通基层工作人员干到了中南传媒集团副总经理、湖南省新华书店有限责任公司董事长。

坚实的脚印

1989年，时年不满三十五岁的秦玉莲被提拔为衡阳市新华书店副总经理，成为当时湖南省地市级新华书店管理者中一颗最闪耀的新星。随之，她在波涛诡谲的市场经济海洋里中流击水，开始了大胆的探索。

有人说当时的新华书店，就像是吃“皇粮”的机关。整个城市只有一家书店，每天都是人潮如织，书卖多卖少无关紧要，但书店的待遇却相当的好，今天发点福利，明后又发点什么……书店工作人员更多的就是维持秩序，坐在店堂内控制读者的数量。这种波澜不惊的“好”日子让人一度产生慵懒的情绪，有读者调侃新华书店员工：晒晒太阳，抠抠脚丫，工资不减，待遇不差，过的是神仙日子。

1992年，改革的劲风再度吹起。秦玉莲再也坐不住了，她抓住邓小平南巡讲话的机遇，解放思想，提出利用门市开办酒店，她要搅动这潭“死水”，杀开一条“血路”。霎时，应者遥遥反者如潮，不少过惯了四平八稳舒适日子的新华人“好心”地劝秦玉莲：“别折腾，新华书店不要去弄这些有边没沿的，咱卖好几本书就成。”“要这么累干吗，你还想怎么样啊？”“她啊，就是好玩！”“你个卖书的开酒店，我看你怎么收场！”……风言冷语像一把杀猪刀，让人觉得寒光四射。

面对着质疑与误解，年轻的秦玉莲顶住压力，力排众议，“人是要有一种精神的”。在搞好书店主业的同时，秦玉莲“破釜沉舟”，硬是腾出门市二楼，投资四十万元，创办了衡阳市新华大酒店。面对开弓没有回头箭，秦玉莲告诫酒店的工作人员，我们是服务行业，不但要有市场意识，还要有危机意识，必须以服务换市场，以机制赢效益。很快，持反对态度的人被事实上了深刻的一课。衡阳新华大酒店以灵活的经营、到位的服务首战告捷，不到一年就收回了成本。这一成绩的取得，更坚定了秦玉莲进一步深化改革的勇气。尔后，酒店以机制最灵泛、工作最有朝气而成为整个书店系统创新的标本。直到今天，秦玉莲还很是感慨：幸亏当时在纯计划经济的新华人意识中打下市场经济的烙印，要不新华书店还不知道怎么实现观念的突破。

领导慧眼识才，改革的年代秦玉莲遇上了伯乐。1994年，根据图书发行面临的新情况，组织上又给秦玉莲压新的担子，指派她分管未曾涉及过的衡阳市店业务。面对新的挑战，她没有丝毫的退缩。她深知自己先天没有系统地受过高等教育，但可以后天以勤补拙，她不耻下问，拜能者为师，深入门店与营业员交流，向店长们请教，还主动到财务人员办公室询问财务专业问题。经过不分昼夜的“补课”，她掌握了门店业务的基本规律，针对下属各县新华书店各自为政难聚力的弊端，她果断推进“抱团组合”的营销方式，将衡阳市店所属的7个县级店实行教辅统一采购、统一进货、统一结算，向规模经营要效益，也初现了湖南新华连锁经营的雏形。她勇于“吃螃蟹”的精神，随之产生飞跃：次年，衡阳市新华书店销售额比过去陡增几千万码洋。1996年实现翻番，在全省十四个市州中排名第一位。

由于秦玉莲的工作得到圈内外的认可，在衡阳工作二十年后，一纸调令，她从衡山首峰来到尾峰岳麓山下的山水洲城长沙。这时，湖南新华虽翻开了新的一页，但却正面临着改革的阵痛。随着20世纪末教辅发行市场的放开，文辅图书市场的巨大诱惑力使得众多出版者和商家群雄逐鹿，湖南民营书商活跃于全省各地，形成万马奔腾的态势。而当时的湖南省新华书店抱着教材发行的“金饭碗”，对于教辅发行极少涉足，甚至连系统内的教辅代理权都没掌握。2001年1月，出任湖南省新华书店党委副书记的秦玉莲恰好分管这项特殊的工作，当时，全省新华书店教辅发行仅有千万元的规模，整个市场基本上全掌控在民营书商手中，民营书商谈到那时的新华书店都嗤之以鼻，不屑一顾。甚至在中央部委召开的发行业调研会议上，一个民营书商直接说，新华书店吃着教材的安稳饭就行了，要走市场，新华书店差远了。

回忆起那时的感受，秦玉莲心里只有一个信念，新华书店的招牌是多少辈人辛辛苦苦创立的，既不能毁在我们手里，也不能让别人去抨击和伤害，市场中只有自身强大了，人家才能服气你。她敏锐地认识到教辅发行是湖南省新华书店迅速做大规模、做强企业的必由之途，义无反顾地走上了艰难的重建之路。为了尽快建立正常的教辅发行秩序，她反复地与上游出版社谈判，督促他们树立品牌意识。还多次找到政府部门汇报工作情况，请求加强对教辅出版和教辅市场的监管力度；多次与行业单位商谈，建立行业自律的钢性措施，根除不法行为和不规范行为，建立起一个符合市场经济运作规律的统一开放、竞争有序的教辅市场格局，更好服务教育，让学生们真正受益。随后，秦玉莲与系统内湘版出版社进行艰苦的谈判，让他们把教辅总代理权交给新华书店来做，并签订了新华书店一年包销《基础训练》两个亿销售码洋的协议。而前一年，湘版《基础训练》所有渠道的总销售规模还远远少于这个数。在秦玉莲的亲自部署下，湖南省新华书店内抓管理，外抓深入学校、靠近学生的营销，当年就顺利完成任务。回想当时的教辅争夺战，秦玉莲都感叹：假如没有当时义无反顾的决心和信心，也就不会有湖南新华的今天。

随着教辅市场逐步的规范与有序，湖南新华真正走向前台，成为湖南发行界不可小觑的力量。湖南省新华书店的规模也不断扩展，省内市场得到不断的巩固与加强。民营书商惊呼："新华书店重新崛起了！"

2005年，由于工作成效显著，积累了丰富经验的秦玉莲正式出任湖南省新华书店集团总经理。

管理的魅力

上任伊始，已在实践中摸爬滚打积累丰富经验的秦玉莲盯准企业腾飞的目标，冲破重重阻力，大刀阔斧地优化省店的业务与管理水平，带领湖南新华书店集团用短短的80天就完成了全省339个门店的盘存建网工作，实现全省新华书店统一标识、统一进货、统一配送、统一信息、统一服务、统一管理的"六统一"，彻底疏通了商流、物流、信息流和资金流，成功地搭建出覆盖全省新华书店的连锁经营平台。管理的创新，在同年召开的第十五届全国书市上立竿见影，首次以采购团队形式参展的湖南新华书店集团取得位列全国第四的战绩。当年集团实现销售总收入43.96亿元，比上年同期增长15.95%。

销售额的上升和效益的改善，秦玉莲又紧锣密鼓地从加大基础建设、重塑企业品牌形象上寻找支撑点。她把目光转向三湘四水，做"百家连锁（中心）门店，百家优质农村网点"。一年内，全省连锁门店以全新的企业形象识别系统在湖湘大地的新华书店上方熠熠生辉，完成业内人士普遍认为需要两到三年的任务量。

白底红字刻有新华书店字样，又不失湖南新华特色的统一标识，清新、雅致而富于人性化的购书环境，形式多样、优质高效的服务手段，引起社会各界和广大读者的青睐。改造的当年，新华书店的门店收入普遍增长，都超过了30%。湖南新华发行网络血脉的畅通，形象的改善，带来的是一般图书发行业务的高速攀升。至2011年底，湖南全省一般图书销售已突破十亿元，较2005年增长近五倍。

秦玉莲在加大业务拓展的同时，也十分清楚湖南新华这块老牌国企的“诟病”。在2006年的工作会议上，她对于湖南新华队伍建设与执行力建设存在的问题直陈“毛病”：“牢骚多于激情，依赖多于忠诚，索取多于奉献。”于是，她与她的团队一道，从敏感的人事上开刀，大张旗鼓地对湖南新华进行了劳动人事制度、干部任用制度和薪酬分配制度三项制度改革，破除积弊，激发了企业和员工活力，起到了巨大的推动作用，顿时引起业界广泛关注，被评价为“彻底且有突破性”。在秦玉莲的强力推进下，湖南新华包括集团总部在内，各级公司管理岗位都进行了精简和压缩，仅湖南新华总部的管理岗位就压缩了20.59%，市、县两级管理班子较原来减少了九十余人，市州公司中层干部精简幅度达10%以上，进行跨市县异地交流任职的达到八十余人，全省分流八百人。在这场大量人员去留变动中，秦玉莲既坚持原则，又敞开言路，在做好过细思想工作过程中有理有节，一举扭转了长期困扰湖南新华“冗员、冗政”的老问题。湖南新华从真正意义上实现了干部能上能下、员工能进能出，首次建立岗位工资和绩效工资制，员工全面告别“档案工资”，彻底打破了长期以来“大锅饭”的分配格局。改革的变化是，员工积极性得到充分发挥，减人减出了效益和效率，2006年集团的销售收入、净收入和利润均创下历史最高水平，尤其是利润较上年增长了39.52%。

在做大主业、加强管理的同时，秦玉莲不断从市场的角度去思考问题，尝试一业为主、多元经营的运作模式。湖南华瀚文化传播公司总经理谭飞侠还清晰地记得，2006年，当他接手文化用品这个崭新的业务板块时，开始还是迷茫与不安，一年四百万的任务！怎么完成？秦玉莲多次与他交流谈心，面授机宜。华瀚公司从笔、纸、订书针等传统的文化用品开始做起，逐步扩大到电脑、相机、手机以及3G产品，短短五年，销售额达到三亿元。谭飞侠说，这源于坚持，发于创新，得益于秦总独到的市场眼光。当年见到兄弟省店文化用品销售额上千万，觉得是不可完成的任务，但现在经过湖南新华的市场培育，已成为湖南省内政府文化用品采购第一品牌，也正在成长为全国同行学习的榜样。2011年，华瀚公司由文化用品公司注册成为文化传播公司，扩大了业务范围，灵活了机制，正不断发展成为湖南新华业务的一大支撑板块。

当企业在市场竞争中有了一席之地，不安于现状的秦玉莲却在思考，新华书店多元化的优势在哪儿？如何发挥这种优势？面对着遍布全省的各级新华书店，土地的合理商业开发提上了她的日程。面对着这个全新的领域，她多次咨询过相关人士，利用休息时间认真地学习相关知识，不断地与工作人员探讨新华书店土地开发的潜能。2007 年 8 月，湖南新华书店集团投资创办，注册资金为人民币两千万元的华宏房地产公司横空出世，公司经营范围为房地产开发经营、物业管理、建筑材料销售，湖南新华的业务触角再次延伸。

也是这年 9 月，在秦玉莲的倡导下，湖南新华率先在全国开创性地启用“湖南新华汽车书店”，一举将湖南新华的销售网络变为“动静结合”，一方面，汽车书店可以为农民朋友送去更多看得懂、用得上、买得起的图书报刊和音像制品等出版物；另一方面，汽车书店也是建设新农村的需要，它也可以有效缓解农村售书网点数量不足、结构不优的矛盾，规范农村出版物市场。同时有效缓解农村书店网点数量不足、结构不优，农民买书难、看书难的问题。这种关上门是汽车，打开门是书店的小型货车，因为可以到田间地头售书，吸引了众多农民读者的目光。是年，中央电视台、人民日报等国家媒体纷纷将目光聚焦于这一新生事物，而湖南新华也用一年 120

万公里、上千万元的销售码洋证明“汽车书店”对农村出版物市场的推动作用。

从2008年开始，在秦玉莲的带领下，湖南新华抓住机遇，以中南出版传媒集团上市为契机，全面推进改制上市工作，顺利完成公司化改制，构建起总分公司与母子公司相结合的新型管理体制，深度整合企业内部资源，重建业务流程和管理流程，迈出了由传统国有企业向建立现代企业转变的关键一步，秦玉莲出任湖南省新华书店有限责任公司首任董事长。2010年10月中南传媒成功上市，中南传媒董事长龚曙光深有体会地说，中南传媒上市的重点和难点都在湖南新华书店。实践证明，秦玉莲交了一份满意的答卷。

加大硬件投入，改造经营业态不是目的。秦玉莲深知，新华书店未来的出路在于灵活的机制，在于现代的产品，在于敢于搏击市场的人才队伍。2010年，在集团内部对天闻点读笔是否能取得成功存在异议并准备否决时，正在贵州召开湖南省新华书店店务工作会议的秦玉莲，提前离会，驱车数百公里连夜赶回长沙，她找到集团领导，请求将天闻点读笔的制作、销售全交给新华书店。是年8月，湖南新华自主研发的天闻学习点读笔投入市场，秦玉莲亲自督促全省的销售，每到一家基层书店必定谈及天闻点读笔对新华书店未来发展的重要意义。于是，在她的坚持与督促下，全省新华书店的销售任务分解到个人，各级公司从总经理到基层员工都有着销售的任务，也树立了市场的理念。全省新华员工走进学校，走进学生家里，将这种直接点读湖南小学教材的功能的点读笔推荐给全省小学生。有的新华人在早晨五点就赶车走向偏远的乡镇学校进行推广；有的新华人顶着烈日在学校门口进行产品展示；有的新华人在傍晚走近接孩子放学的家长推荐产品……天闻点读笔的出现既试验了湖南新华现代产品的开发能力，又锤炼了市场营销队伍，当年销售达 12 万支，其营销方式方法被湖南出版人高度认可，称为“真正走进了学生、家长心里，做到了一对一的营销”。湘西小县沅陵县新华书店率先在全省新华书店完成销售任务，时任沅陵县新华书店经理的陈代云感叹地说，从工作角度看，天闻点读笔颠覆了我们传统的营销观念，让新华人真正深入市场，这种营销理念的树立，也对我们主业起到了巨大的促进作用。

为保证企业持续稳步健康发展，秦玉莲不拘一格地使用和培养有能力有思想的年轻人。湖南图书城彭翔同志是个八零后，由于工作努力，在大项目上屡创佳绩，被提拔为图书公司副总经理，分管大项目投标。对于屡受社会诟病的新华书店是“家族企业”、是“私人企业”这种说法，秦玉莲大胆向社会延揽人才充实基层公司，连续多年向社会招聘数百名大学生进入基层公司。秦玉莲的构想是 5 年时间引进 800 名年轻人，让六十多年的湖南新华显得更有朝气和活力，走出一条书业新路，打造一家百年老店。

正因为如此，在秦玉莲带领下的七年来，湖南新华企业年年有发展，岁岁有突破，销售总码洋、销售净收入实现翻番，利润总额增长351%，主要经济指标连年创下历史新高；公司2009年度总销售跃居全国新华书店系统第四位，行业地位和市场控制力显著提升。长期关注湖南新华发展的《中国新闻出版报》2012年2月撰文这样评价秦玉莲：以锐意创新的精神，有效地化解了图书市场内逼外压、前所未有的严峻挑战形势，凭借着自己非凡的管理能力和坚持不懈改革的毅力，使发行湘军不断创造出产业发展的新奇迹，她将湖南新华带进了一流梯队。

人格的力量

秦玉莲十分推崇这样的信条，“多学习勤思考，多实干少空谈，多奉献少计较。”这是秦玉莲的座右铭，也是其对旗下上万名干部员工的要求。

在2008年的改制上市中，由于工作需要，湖南新华书店集团被拆分为湖南省新华书店有限责任公司与一个实业管理公司，大批的日趋成熟的多元产业、部分优质资产由于改制上市工作需要划拨到实业管理公司，如运作良好的华宏房地产公司，由于与主业关联性不强就被纳入实业公司。而后两家公司尤其是基层公司间存在着不少的遗留问题，秦玉莲提出“不要盯着与兄弟公司间的一瓜两枣，要用发展来解决我们的问题！”在她的带领下，湖南新华凝神聚力，一门心思求发展，两家公司的不少遗留问题在湖南新华的跨越发展中没有加深，兄弟间的矛盾，得到了妥善解决。当房地产公司的一个项目在新华书店的帮助下盈利达到五千万时，秦玉莲大气地说，这就是我们应该为集团做的贡献。

谈到秦玉莲，教材公司的同事讲过这么一件事：某县公司因工作不到位，业务直接受到影响。已经成为湖南省新华书店有限责任公司董事长的秦玉莲得知，决定亲自去省里有关部门的某科室汇报情况，寻求理解。办公室工作人员劝她先打个电话预约这个科长，秦玉莲认为搞企业就要主动放下架子，以心换心，才能实现双赢。当赶到这个科长办公室门口时，秦玉莲才在他办公室门口与他通电话。当时寒风凛冽，她硬是在门外等了半个小时，这个科长见此情景，怨气就消了一半，经过秦玉莲诚恳的沟通解释，精诚所至，金石为开，最终化解了矛盾。

而在近几年湖南农家书屋项目投标中，秦玉莲也亲历亲为，带队参与。每次在最后的标书制作冲刺中，这位“老姐”都和工作人员工作到凌晨甚至干个通宵。有一次已到凌晨两点，事情已经办得差不多了，同志们劝她先回去休息。令大伙儿惊奇的是，第二天早上八点，工作人员来上班时，神采奕奕的秦玉莲已出现在办公室。没看到成果，她说睡不着。

秦玉莲以身作则，身体力行，身边的人都以她做榜样，自觉为公司默默地奉献和付出。在改制中，全省各级公司的工作人员，每天不是面对五花八门的表格、枯燥乏味的数据、堆积如山的材料，就是奔波于国土、工商等职能部门沟通协调。大家既没有休息的意愿，也没有家的概念，加班加点成了工作和生活的常态。短短八个月，全省新华书店即完成了净值调查、资产评估、清产核资、财务审计、产权清理、资产剥离、注册登记等改制上市基础工作。二十多万份调查表、八百余万字的文字材料、六百多宗土地和一千余处房产的清查及确权办证、长达三年的庞大业务数据核对，工作人员平均加班在百天以上。

随着年龄的增长和长期高效率的工作，2011 年秦玉莲的身体出现了状况，她边服药边坚持工作，没有休过一天病假，甚至没有迟到过一次。在工作中，秦玉莲能够密切联系群众，深入基层了解情况，认真听取大家的意见和建议，尽力帮助基层公司解决发展难题，努力为职工群众争取利益，向员工灌输企业发展的理念与方向，增强员工对企业的归属感。

作为一位在新华书店工作三十年的新华人，也随着身份地位的提高，豪爽的性格让秦玉莲结识了一大批好朋友，他们会以这样那样的理由或原因找到她，每回她都亲自接待，耐心地解答各类疑问，甚至自掏腰包来救急，但从未逾越政策范围来办理事项。一位民营书商曾经来到她的办公室请求在办理业务时给予关照，她热情地接待并积极地帮他们出主意想办法，而当这位书商谈到所谓的“好处”时，秦玉莲脸上一变，严厉地请他出去，而后安排新华书店不得再接收该公司的任何业务。秦玉莲说，不能一件事情做下来，我们一些干部就倒下去。但对于新华员工，秦玉莲又是个慈祥的大姐。一位老同事来公司找到她请求解决子女的就业问题，秦玉莲详细地向她解释，公司现行的用人制度逢进必考，请她让儿子好好复习，准备全省统一的招聘，当这位大姐将一个信封送上时，秦玉莲坚决地制止说：“你自己拿走，要不我还得交纪委，咱们都落不着好。企业需要人，公司怎么可能不要，你这样做，我们就没有感情了。”衡阳公司的老同事这样描述秦玉莲：是一个好人，更是一个好的企业管理者。秦玉莲说：包容不等于放纵。一个企业必须有管理，做人可以大度，管理企业不可放纵。

正是秦玉莲的这种谦虚、严谨、对工作高度的责任心，深刻地影响了身边的每一个人。这些年来，新华书店的班子换过不少人，秦玉莲尊重每一位班子成员，坚持民主集中制原则，从不擅自决定任何重大问题，充分调动班子每一位成员的工作积极性、主动性和创造性，工作得到所有班子成员的全力支持。湖南新华得以不断地跨越发展，以秦玉莲为首的湖南新华领导班子被上级领导誉为“最具凝聚力和战斗力的班子”。

在第十一届韬奋出版奖获得者中，她是唯一来自新华书店系统的获奖者。这位在图书发行领域工作了三十多年的新华人，以自己的工作业绩实现着自己的理想，以自己的管理能力赢得了业界的广泛尊重。但她谦虚地说，这是对湖南新华的肯定，如果没有湖南新华的发展壮大，就不会有人关注这个所谓的董事长，要感谢所有为湖南新华发展努力的新华人。

冰心说，要做一个大写的人，然后成为一个真正的女人。秦玉莲就是一个大写的女人，具有男人的情怀，兼有女人的细腻。

持续的飞越

秦玉莲的不少朋友都问过她一个同样的问题，您获得了不少的荣誉，年岁不饶人，身体也大不如从前了，现在该是享福的时候了，好好休息不行吗？干吗还得不断地去打拼这个事情？到时身体垮了，你会后悔的。对于朋友们的好意，秦玉莲说，我对新华书店的情感已经融入到血液里了，不管是过去还是现在乃至将来，我都无怨无悔。在任何时候，对新华人的情感都是第一位的。只要我还在任上，我就不会让湖南新华错过任何一次发展机会，不能降低员工的幸福指数，不能降低我们员工的忠诚度。

从业三十多年来，秦玉莲怀着对新华书店的深厚感情而工作。早到晚走、加班加点是其工作常态。就是出差，即便头天夜晚很迟才到家，可第二天上班照样准时出现在办公室。2008 年 3 月，在湖南出版投资控股集团产业大会上，秦玉莲因勇于开拓市场获得首届集团董事长奖励基金年度特别贡献奖。出版集团的颁奖词对其是近乎于悲壮的肯定："当市场与政策的不利因素洪水般涌来，顽强地坚守在新华书店这座孤岛上，霹雳手段降低成本，殚精竭虑扩大品种，以逆市飘红的佳绩，不仅创造了新华书店销售与利润的历史新高，而且为集团所有企业的逆风飞扬增添了信心和力量。"这是对她工作最客观而实在的评价。

上市后，如何借助资本优势发展湖南新华？秦玉莲认为，应充分利用自身发展优势，借力新技术和资本运作，实现传统产业改造升级，在继续巩固和扩大出版物发行优势的基础上，积极培育电子商务等新兴产业，形成产业板块多元化新格局，进一步将公司打造成以出版物发行为核心，跨区域、跨行业、跨媒体和跨所有制，产权多元、产业多元的一流现代发行集团。

于是，她积极探索资本运营，公司于2008年首次以资本为纽带涉足上游，与湖南科学技术出版社共同出资组建了湖南科学技术电子音像出版社有限公司，在试水资本运作、延伸产业链条上迈出了重要一步。

她加快了对实体门店建设的探索。秦玉莲的心中一直有着一幅很有质感的画面：逡巡在灯光明亮、书香四溢的大型书城中，周遭的读者寂静无声，轻轻踱到角落里，温暖而安谧地拿出一本自己喜爱的书籍翻阅，犹如冬日的暖阳淡淡地照在身上。于是，阅读花园资讯咖啡馆呈现在长沙白领眼前，主营图书、中餐西点、咖啡茶饮、文化讲座等项目一举跳出传统、呆板的售书模式，由平面购买行为转变成为现代综合体验式消费，读者经常流连、停驻、休闲的文化场所。秦玉莲说，书店是多元的、动态的文化事业，改造门店，丰富增值服务，培育市场，通过长期举办各项演讲、座谈、表演与展览等延伸阅读活动，开创了书店与读者各种对话的可能，达到做大实体门店的目的。针对新华书店普遍重教辅轻门店的观念，秦玉莲反复地和同事们强调，实体门店是新华书店的脸面，是新华书店不可或缺的渠道资源，是一个城市文化的地标，为企业计，为地方计，怎么也得重视，也得做好。就是秦玉莲的坚持，湖南新华实体门店销售在数字出版和网购的冲击下依旧年年上台阶，年年有突破，湖南图书城以7000平米的面积做到了亿元的规模。秦玉莲认为，实体门店不会被取代，更多的是注重与读者的互动，注重门店的品种结构，应该还能有更大的发展空间。

她加快“走出去”步伐，积极拓展省外市场，公司在贵州、安徽、河北等省组织的馆配图书采购项目招标中取得不俗业绩，实现了在一般图书发行上的跨区域延伸和市场扩张，有力提升了在省外市场的话语权。经过艰难开拓，湖南省新华书店在传统图书进出口业务外，也开辟出一片新的疆土。经过2010年的谋划布局，湖南省新华书店图书进出口公司充分利用现有资源实现进出口业务质的飞越，实现了由单一图书进出口向出版权引进、湘版图书输出、境外印刷业务、文化产品输出并举的崭新格局。湘版成品图书的出口码洋较2009年翻了五番，出口的国家和地区由德国一家扩大到澳大利亚、新西兰、法国、美国、德国、新加坡、韩国、中国台湾地区八家。

于是，她高度重视电子商务项目，湖南新华今年更是全力推进电子商务建设，成立专门的领导小组和项目工作小组，通过合理论证细致谋划，一次性就拿出行业服务方案、教育服务方案与在线商城建设三个方案并得到了上级领导的高度赞赏。严格的工作计划和考核方案将项目建设进度和成果与全体班子成员的年薪直接挂钩，为湖南新华电子商务工程的推进提供最大程度的助力。

评价现在的湖南新华，有人说，其不仅处在产业发展最好最快、人心最顺最齐、风气最好最正的时期，也是在行业内外品牌影响最大最好的时期。这是因为全省新华人凝心聚力谋发展、一心一意干事业，迸发出空前的积极性和工作热情。谈到未来的湖南新华，秦玉莲绘就了发展的蓝图，一个以大型中心门店为主干，社区门店、集镇门店、汽车书店为补充，网络门店为外延，强大物流为基础的综合大型发行集团。她不仅仅只从事文化产生，更回归了商业的本能，成为一个商业综合体，以最近的距离，最大的满足服务着消费者。

秦玉莲说，奋斗无止境。党和国家把加快发展社会主义文化事业提到了非常重要的位置，提出推动社会主义文化大繁荣，掀起社会主义文化建设新高潮的重要举措，为推动我国出版业的加速发展提供了充足的动力，也为我们新华人的快速发展提供了前所未有的机遇。为此，我们要充分利用自身发展优势，结合资本运作，实现传统产业改造升级，在继续巩固和扩大出版物发行优势的基础上，积极培育新兴产业，形成产业板块多元化新格局，迅速将公司打造成以出版物发行为核心，跨区域、跨行业、跨媒体和跨所有制，产权多元、产业多元，规模上百亿元的国内一流发行企业，实现企业员工生活品质持续提高，幸福指数不断攀升的美好愿景。

创业与奉献，创新与发展，创优与梦想，犹如铿锵的诗行，以磅礴的气势，咏诵在秦玉莲心中。春夏秋冬，暮雨晨风，满怀激情的秦玉莲，正在率领着湖南新华人不断超越，勇当先锋。

（作者　李思之）

厚积薄发　敢为人先

——郑宗培小传阅后感言

中国出版集团公司总裁
中国出版传媒股份有限公司董事长　谭　跃

从农场到出版社，从抄写退稿信的文学小编辑到勇开出版风气之先的出版家，这是跳过高中上大学的上海知青郑宗培的成长之路。

看得见的是，郑宗培用一连串的头衔和奖项证实他三十多年在出版界的卓越奋斗：中国作协会员，上海作协理事，上海市出版工作者协会理事，《小说界》杂志社社长，《艺术世界》杂志社出品人，《东方剑》杂志主编，《中国新文学大系》出版人……看不见的是，他在背后从零学起，两年旁听，五年夜读，在华东师大中文系学到了系统知识，以一步一个脚印的扎实努力，练就了深厚的出版功底。

看得见的是，郑宗培敢开风气之先，他相继开创了

“微型小说”、“留学生文学”这些崭新概念，策划出版了余华《兄弟》等畅销书，我们看到他大胆地甚至是赌博式地竞标易中天《品三国》的图书版权，并最终将其成功运作成发行超五百万册的超级畅销书。看不见的是，他在背后的深厚积淀，他为了竞标时那一瞬间的果断拍板所做的战前精心准备。小传中他运作易中天《品三国》的全过程是最好的例子，从这个例子中我们品味到，厚积方能薄发，天道终将酬勤。我们感悟到，能吃苦是人才成功的关键。吃苦就是勤奋。如果你今天总想舒服，那么你的明天一定不舒服。如果你吃了今天的苦，明天一定会比较甜。这就是辩证法，这就是生活的规律。

上海文艺出版社社长　郑宗培

出版需要激情　更需要定力

——郑宗培访谈录

我是土生土长的上海人，从小就是在俗称“出版一条街”的绍兴路上长大的，孩童时在这条路上的儿童公园里玩堆沙，青少年时在这条路上学骑车。老三届的初中生，1968 年 8 月到崇明农场劳动了六年，然后到了上海文艺出版社。当初连初中文凭都没有，样样都得从头学起，一点一点打拼。谈不上为什么事业，也没有什么大的想法，只是想自己从小爱好文科，搞出版也不错。

初进文艺出版社

1975 年 1 月，我被上调到“文革”建制的上海人民出版社，先进学习班，因为从干农活转而从事与意识形态搭界的工作，必然要学习一下。学习班有二十来个人，其实也没学什么，就是了解一些出版界的情况。当时是出版社人事部门把我们召集起来，请一些工宣队、老出版来讲一些东西，不教业务知识，业务知识到各自具体的单位里学。学习班办了一个月不到就开始分配了，每个编辑室去一两个人，我被分到了文艺读物编辑室，那是 1975 年 2 月。

当时上海能称为出版社的就只有上海人民出版社。现在的文艺出版社当时称为文艺读物编辑室，少儿出版社就称为少儿读物编辑室，古籍出版社称为古籍读物编辑室，人民出版社称为政治读物编辑室，科技出版社称为科技读物编辑室，反正都是一个个编辑室，编辑室都很大，基本都是上百人的概念。当年我到文艺读物编辑室时，工号是 108 号，等于已经有一百多号人，相当于现在的三个出版社，就是上海文艺出版社、上海文化出版社和上海音乐出版社。

文艺读物编辑室的业务规模很大，下面有很多组，如文学组、理论组、群众文艺组、音乐舞蹈组……办公室里面两位搞编务的女同志一个已借到上级单位去了，另一个正好要生小孩了，我就顶替她们的位置，负责登记、收发各类稿件等事宜。其中有一项工作我觉得很好，就是通信联络，跟作家，以及各种涉及文艺出版的人员联系。这样一来，我能够熟悉整个出版的循环系统与运作流程，很快熟悉了出版社的人员。

“文革”结束以后，1977 年 4 月我被借到设在巨鹿路 675 号的上海市筹备“纪念‘延安文艺座谈会讲话’会议”办公室，即现在作家协会的所在地。当年会议结束后决定要恢复上海市文联，恢复《上海文艺》杂志编辑出版。文联（筹）领导钟望阳、丰村看我这人有点社交活动能力，就找我谈话，想把我留下来。我回单位汇报了，时任文艺编辑室主任的任大霖跟我说：“你不要去了，作家协会是藏龙卧虎的地方，很复杂的，还是回来搞编辑业务吧。”我听了他的话，之后我就半天在作协工作，半天回编辑室，大概有半年时间，我就渐渐脱离了作协的工作。当时出版社已经恢复“文革”前名称，叫上海文艺出版社了，我就在文学室看长篇小说来稿，开始做见习编辑了。

我与《小说界》

1979年10月，以江曾培为首，左泥、谢泉铭、王肇岐，加上我，一共五个人，开始筹备《小说界》这本杂志。我是最年轻的一个，另外几位都要五十岁上下了。到1985年夏天，社领导班子调整，孙颙任社长，江曾培任总编辑，我做了《小说界》的副主编，逐步地《小说界》的事情就由我来执行负责了。

上海文艺出版社也是藏龙卧虎之地。我从农场到了出版社，一进这样一个知识分子成堆的氛围就傻眼了，这里的每个编辑分析问题都头头是道，很有水平，放到基层里都可以当头头。我只有埋头干活，拜老编辑为师，业余也读了不少书，但终究不一样，所以我想系统地学一下专业知识。1978年，我去华东师大七八届中文系旁听了一段日子。

1980年，我考入了不脱产的华东师大中文系的夜大学。在当时的出版社里，我算是觉悟比较早的。我没有多大想法，就是要补上高中、大学这些课。当时的夜大很严格，上课的时间是每周两个晚上加一个半天，授课的都是中文系的老师，如祝文品、陈秀珠、张德林、王铁仙。1985年，我从华东师大的夜大五年本科毕业，获得了文学学士文凭，外加“优秀毕业生”奖状。

当年文学杂志里有点名气的就《人民文学》和《收获》这两家。其他的基本都是一些地方作家协会办的刊物，出版社没有办刊物的。到了1979、1980年，新时期文学开始发展的时候，文学刊物就如雨后春笋般兴办起来了，如北京出版社办的《十月》、人民文学出版社办的《当代》、江苏作家协会办的《钟山》、广东花城出版社办的《花城》，这些杂志都是1979年办起来的。我们《小说界》创刊晚了一点，原来我们准备在1980年年初创刊，但是当时创刊号里选了《金瓶梅》里的一个部分，我记得是第四十七回到第五十二回，避开了所谓的色情内容，选的是描述早年明代民族工商业萌芽兴起的几个章节，上报宣传部后没有获得批准，这样“创刊号”的内容就得作调整，因为是季刊，所以到 1980 年 5 月才创刊。我们《小说界》创刊前先发放了征订单，得到的征订数竟有 36 万册。

当时上海文艺出版社胆子确实挺大，至少做过两件破常规的胆大事，一件是《小说界》的创刊号上拟发《金瓶梅》，还有就是 1979 年 5 月编辑出版了小说散文集《重放的鲜花》，这本书可以在文学史上留下一笔。它编选的是当年被打成“右派”的作家如王蒙、陆文夫、从维熙、李国文等写的短篇小说、散文、杂文，被毛泽东点名批判过的流沙河这样的“右派”当时还没平反。这本书一出版，这些所谓的“右派”作家都平反了，至少在文学界里先平反了，领全国风气之先。老实说，《重放的鲜花》若是放在现在，肯定需要一级一级审批，肯定不会如此顺利、快捷地出版。这个选题当年是文学编辑室主任吴真等老编辑提议并确定书名的，左泥当责编，文学编辑室的其他老编辑，像范政浩、施浩祥、马云、李济生、张森、邹嘉力、刘念和等都积极参与其中。理论室里也有一批响当当的人物，如余仁凯、郑煌、周天、陆谷苇、胡从经、高国平、张有煌、郝铭鉴，在业界著称的是中国现代文学史料研究、美学研究，编有《文艺论丛》、《美学》期刊。上海文艺社的力量当年完全可以与北京的人民文学出版社相媲美。

《小说界》的历史与特色

《小说界》发行最好的时候是十五六万册，到后来五六万，三四万，我在2005年交班的时候是三万多。现在每况愈下，只有一万多了。从它的三十年历史来说，《小说界》有几点是开风气之先的，一个是在创刊号上开了“微型小说”这个栏目，即所谓的“千字文”。当时国内还没有这类小说样式，我们是全国最早开创这个概念，并在大型杂志上开专栏予以倡导，每期必有。三十年来一直为这个小说家族里小弟弟的成长鼓与呼。

记得当年筹办《小说界》时，我去复旦大学组稿，在校园的报栏上看到一个海报，上面写着“拉丁美洲微型小说讲座”，我就把“微型小说”这个称呼记住了，回社后我向编辑部汇报了此事，于是就有了“微型小说”这个栏目。

微型小说的字数虽控制在一千字左右，但它仍具有小说的特征，有构思，有情节，有人物，有对话，有心理刻划，只不过它的构思、切入点、文字语言等等有其特有的艺术特征，不等同于压缩的短篇小说。我们一开始选择了古代笔记小说里千把字的优秀作品予以介绍，也从二三十年代的鲁迅、郭沫若等名家的短小说里寻找，如巴人（王任叔）的《河豚子》。我们还约王蒙、蒋子龙、冯骥才等作家来写微型小说。

微型小说这种文学样式在台湾叫极短篇小说，在日本叫超短篇小说或者掌中小说，在国内也有叫小小说、一袋烟小说，等等。记得我从台湾《联合文学》1979年度获奖的十篇极短篇小说里，选了获得第二名的《永远的蝴蝶》，七百多字情感类的微型小说，予以刊登，引起各报刊纷纷转载。就这样微型小说开始流行起来，到了90年代初经民政部批准，成立了中国微型小说学会，是中国作家协会下属的一个分会组织。

还有一个开先河的是留学生文学，在80年代中期，我们在全国最先提出这个名称，最早创意这个栏目。当年美国纽约的哥伦比亚大学有一群华人学者，包括大陆、台湾的，如王渝、唐翼明、小楂、于仁秋、坚妮等发起成立了一个文学社团“晨边社”，讨论留学生文学是其一大内容。中国的留学生从清代的官派留学生开始，即1854年开始，一直这么过来，到20世纪80年代国门再次打开时，又出现了留学热，这些留学生都是很有文学基础的，其中比较多的是留美的学生、学者。“晨边社”在美国讨论留学生文学，跟我们在这里讨论留学生文学是相呼应的，然后分别在《北美华侨日报》副刊和《小说界》里掀起留学生文学的热潮，波及全国文坛。这条热线当年还是访美归来的作家张抗抗热心牵起来的。到了90年代末我还发动一帮有志于留学生文学的编者江曾培、王渝、陈骏涛、谷梁等，一起主编出版了六卷本《中国留学生文学大系》。

我觉得办杂志，第一要杂，第二要跟社会发生联系，要搞活动，微型小说为什么能办得起来，就是靠活动。全国的微型小说大赛我们举办了好几届，后来还举办过春兰杯首届世界华文微型小说大赛，让海内外近四十家报刊、十多个国家（地区）华文作协一起参与，参赛的作品有四五千篇，声势相当浩大。随后还在新加坡注册成立了以东南亚和中国大陆、港澳台为主的世界华文微型小说研究会，我是该会的现任会长，也是中国微型小说学会的现任会长。

中国微型小说学会团体会员及个人会员在全国有近千人。世界华文微型小说研究会则有二十七八个国家及地区的团体会员，理事会机构有将近四五十人，至今每隔两年举办一届会议，已在八个国家及地区举办过八届研讨会活动了。

应运而生的微型小说到底会发展成什么样子有待观察，有待努力，就像现在的微小说也是莫名其妙冒出来的文学文字化的游戏，是否有持续的市场需求，谁也说不清楚。总的来说现在做杂志、做出版需要包融，需要多元，纸质的、传统的、平面的出版物跟立体的、互联网的、多媒体的要结合起来。

上海文艺出版社与余华、易中天

2004年成立集团式出版组织机构后，最大的变化是文化出版社和音乐出版社从文艺出版社裂变出去了,《故事会》、《咬文嚼字》、《上海壹周》也脱离了文艺社，陆续都成为独立法人机构了。而裂变后的文艺出版社成了亏损单位，开始实行内部独立核算。对我来说，接手一家亏损单位独立经营，真是一个棘手的问题，尽快扭亏为盈成为最主要的任务。

三个出版社在一块儿的时候，人数有二百四十多人。裂变以后，一些发行、后勤、行政部门也相继划拨出去了，裂变后的文艺出版社就六十个人。行政编制是简单了，除了出版、校对、办公室人员，剩下的80%都是编辑了。

毛泽东说过，穷则思变，要干，要革命。文艺社如何变，如何革命呢，我想到了找准作者，找准选题，做几本、几十本热书，甚至畅销书出来破文艺社的“困局”。这就有了跟余华谈合作的意向。跟余华认识的时间比较长了。2002年底我出席在北京召开的全国作家代表大会，一天傍晚，天空下着大雪，我与余华在丰台会场住地大门口遇见，我跟他讲出丛书的事。那时候，他似乎处于创作低潮，一些人认为他写不出东西了，已经开始淡忘他了，除了《活着》，其他没有什么市场了。我跟他说："你自选你的作品系列，书目一旦确定我就想办法集中出版。"那个时候，他的一些在外的图书版权也差不多到期了。过了春节，我又到北京去，他已经选好书目，一共十二本，连封面的几个专版颜色都让他夫人选好了。2005年在广西桂林举办的全国书展开幕那天，"余华作品系列"拿到书展上首发，引起了不小的轰动，签名售书是露天进行的，下雨天还有一百多个人在排队等候。于是他有了信心，有了以后两年连连推出的《兄弟》上、下两部印数上百万册的奇迹。我们出版社也有了信心，连连出版了一些上海文艺版的受市场欢迎的好书，使得2005年文艺出版社一下子减亏80%，超额完成了集团下达的指标。

给文艺出版社注入生机的，还有一个作者，就是易中天。中国的经济发展到2006、2007年，国力增强了，老百姓口袋里有点钱了，民族自信心也高涨起来，对自己民族历史文化热开始兴起来了。于是出现了专讲中华民族历史文明的央视《百家讲坛》。《百家讲坛》其实已经开办了好几年，高潮不兴。直到易中天讲汉代风云人物后，反响开始强烈了。易中天是个草根出身的大学教授，授课的水平自然不在话下，有思想、有个见且语言生动，肢体语言也很丰富，引起了观众的好感。

我们社与易中天的接触，始于80年代初期。1987年出版了他的第一本论著，之后出版了他的七部著作，其中四本书，即《品人录》、《读城记》、《中国的男人与女人》、《闲话中国人》是他与时俱进的产物，内容、文风不错，市场反应也属上乘。2006 年 4 月，《百家讲坛》开始播放他的《品三国》之时，我将他请到上海，在一个双休日里做了两件事，一是将重新包装的“品读中国”书系在上海书城签名售书，第二天又请他到上海图书馆“上图讲座”开讲了一次，两个活动都人满为患，两件事一起轰动了。我的一个目的达到了：试一试他的市场感召力，为竞标《品三国》做个试水。

一场博弈，《品三国》

《品三国》的图书版权是易中天与中央电视台所有，当时无标底竞标的是《品三国》的上部。参加竞标需要支付十万元的预付金，也就是事先要有一张支票抵押在央视那里，一旦竞标过程中违规，十万元就打水漂，没有违规也没有中标，那十万元如数返还。

竞标小组由央视《百家讲坛》栏目组、国际电视总公司、易中天三方组成，北京公证处也参与其中。一开始说有二三十家单位参与竞标，到最后进场参与的只有十三家，说明有单位胆怯退出了，其中中国铁道出版社和民主与法治出版社是两家合在一起竞拍。当时央视

《百家讲坛》工作人员打电话问我："有两家出版社并在一起竞拍你们同意吗？"我想为什么不同意呢？两家在一起只会互相掣肘，搞得不好还会吵架。总之，央视、易中天他们不知道竞标到最后将以怎样的结果收场，只希望不要失败。我感到，这个玩意儿太新鲜了，也太刺激了。

对我来说，我需要判断的是，第一，竞标的起印数；第二，竞标的版税；第三,三年的保底数。我将近有一个月的时间就在研究这三个数据，运用统筹、类比、排除法反复配对。因为是机密，这一些数据网表及想法仅在我头脑里盘旋，丝毫不透泄，一经透露出去，后果真是不堪想象。所以即便是在自己出版社内也不能泄露半点信息。竞标前两天，我让责编先去北京探探动态，但什么情况也没有探到。

赴京前一天中午，我去集团找杨益萍社长，他敬我一小杯"水井坊"，我说这杯酒抵二十万元，我就口头预支二十万元吧，但一定会还的。我是太想赢得这个竞标了。5月22日，我是竞拍这天的清晨坐了头班飞机飞往北京，下飞机后即坐大巴士低调地进入北京市区，我当时想如果不中标就当天晚上直接返沪，连旅馆费都省了。当时机场大巴终点站在火车站，离下榻处足足有一大站地，等我赶到旅馆的时候浑身是汗，我就擦了一把脸，午饭也没来得及吃，就坐上北京一位好友的车直达竞标会场——央视梅地亚，进去的时候已经差不多到了规定的报到时间期限下午一点半了。

会场里竞标的单位就十多家出版社坐会场中间，两边都是媒体，我们上海文艺出版社一共三个座位席，我、责编，还有开车送我们过来的北京的朋友。会场里一片紧张状态。人家都是填好竞标书进场的，而我为了保险，为了以最低代价，最稳妥地取得竞标成功，需要填的起印数、版税、三年保底数都是空着，需要现场填写的。根据议程安排，到最后现场有十五分钟的时间可以用来填写数据。我随身带有一张纸条，纸条上一共有九个数据，每三个数据一组，比如说起印数 50 万、55 万、60 万，版税 12%、13%、14%，三年保底数 10 万、15 万、20 万，诸如此类的一组组数据。我对责编说我点一个数据你就填一个数据，不发出任何声音。每个数据的填写空当我都敲了一个公章，我怕填错或填了又想改动，盖章是为了说明填的数字或者改动过的数字是确认的，不是作弊的。最后梅地亚会场的屏幕上，播放出各单位竞标的数据，我们最终以 55 万的起印数，14% 的版税，20 万元的三年保底数，一举竞标成功。会场上一片骚动，人们纷纷回头看坐在会场后座上的我们，前面传来“郏宗培疯了”的惊讶声。我很镇静，暗自得意，心想肯定会赢。

我被叫上台后，马上就当众签了约，举杯庆贺。接着我讲了三句话："第一，感谢易中天。有的人说我们都没有看过易中天的稿子，怎么可以如此盲目参与竞标，且标底还这么高。我想说的是，我们跟易中天的接触已经有二十二年了，我们对他的作品一直关注着，《品三国》已播出的每集都看。所以感谢易中天能把《品三国》交给我们出版。第二，感谢中央电视台。中央电视台是出版业外的单位，他们举办这次竞标，实际上是给出版改革的一次推力。第三，感谢文艺出版集团。我能够到这里来参与竞标是集团对我的信任，文艺出版社在做畅销书方面有点心得，我们想发挥得更好一些，对得起读者。我今天竞标的结果如何，请大家耐心等待，三个月之后见分晓。"

当天晚上，央视国际电视总公司领导请我们吃饭，还感谢我们对他们的支持。至此，央视、易中天、文艺社三家已捆绑在一起了，只能赢，不能输！为了一些技术性的事情商量，我在北京多留了两天，重点是谈了关于书后附赠光盘的事情。央视为防止盗版、盗印，所以明确光盘要由他们来制作，我们要以每张 0.95 元的价格向他们买入，其实如果制作五十五万张光盘，制作成本一定会下降，但这是小钱，我不计较，我跟他们商量的是能不能把光盘去掉，因为附着光盘的发行会遇到问题，如果书里的光盘被人拿走，那这本书就卖不了了，而且运输过程中也会遇到光盘重叠破裂问题，总之有种种不利因素。他们有点被我说动，但是没有办法，他们说："因为竞标条件中已经提到有光盘，现在突然去掉，人家会以为我们有猫腻，不公平。"事已至此，我无话可说。回到社里，大家戏称我"标王归来"。但在集团里也有一些非议，我不在乎。

竞标是2006年5月22日，《品三国》的全国同日发行是7月22日，当中一个月时间留给易中天撰稿，因为当时他的书稿还没有写完。到6月下旬拿到书稿后十天编辑，十天排校、印制，怕人家盗版，我谋划了分别由七个印刷、装订厂家进行分段印制。发行计划的运筹也随即进行，最远的东北、西北、西南提前七天发货，近的一两天前发货，全国书店全面铺开。我在办公室里指挥，经常到凌晨一两点钟，每天要看数据，要分析。第二天秘书桌上肯定有不少我的指示纸条需要分发实施的，全社各方都很配合。在此期间，我们与媒体紧密联络，哪里有伪书了，哪里在散布不实信息了，都要发布一条条新闻予以澄清，客观上将书炒热，效果很理想。争取在两个月里让《品三国》面世，是因为要赶8月初的上海书展。我们的营销策略是东西南北连轴转：北京首发、成都次发、广州加力，再杀回上海书展，一周跑一两个地方签售。当时一个月的征订量就超过了75万。本来三年要完成的任务，现在一个月就完成了，成绩出奇的好。这让我们全社上下群情激奋。

因为文艺出版社当时仍处于低谷，缺少长销、热销产品，余华的《兄弟》上部也只是刚刚开始成功营销的一本书，我们需要更多的好书来帮助出版社复兴。在这种情况下，只能另辟蹊径，需要急功近利，需要做几本畅销书来突破困局。因此，在此之前我在社里专门为《品三国》竞标开过两次中层以上的干部会议，摊明情况，分析矛盾，使大家统一思想，齐心协力，夺取这次竞标成功，大家也非常支持我的“志在必得”。我一直在考虑，至少做到多少册可以取一个双赢、共赢的点，我还以出租车司机赚钱的模式予以考量，一定要用我们能够承担的尽可能低的代价，取得最大的利益，但有一个前提，就是一定要中标。如果没有中标，失去了一次极好的博弈机会，会使人后悔一辈子。

不少人问我，为什么起印数定在55万呢？我想，竞标的胶着点很可能在四五十万，如果做50万是会有人可能想到的，包括50.1万，50.2万，到51万，别人都可能想到这个数。那我要跳过别人的思路，索性增加10%，用55万的起印数甩开人家，这是我志在必得，一定要竞标成功的决心导致的思路。事实证明，有单位出了52万册的数字。

定14%的版税，是因为我预计2%～4%要给中央电视台，那么作者的版税就是 10% ～ 12%，那么定在 14% 比较合理。55 万印数，加三年保底数 20 万，加起来就是 75 万册。

《中国图书商报》的记者写了一篇报道说，易中天《品三国》无底价竞标，上海文艺出版社以 55 万首印数和 14% 的版税竞标成功时，不少人替他们捏了一把汗。这一举措对目前并不景气的出版业而言，不啻于疯狂之举，不过，距离成功也只有一步之遥。一向小心谨慎、不喜冒头的上海人拔得头筹，让很多同行大吃了一惊，认为这无异于一场冒险，市场和盗版两大风险会让上海文艺的前景吉凶难测，充满变数。

所以，这就叫博弈，一次难得的市场搏杀。实践证明，一个月的征订数就到了 75 万，是大多数的业内人没有想到的，也让我和全社都放下了心。《品三国》上册，连同翌年出版的下册，发行至今已超 500 万册了，成为长销品种和输出海外版权的热门品种。

竞标这件事是开行业的风气之先，但行业里也有人说此举破坏了行规，把数字标得那么大，75 万册，14% 的版税，以后其他人怎么做。绝大多数的出版社没法做到这样。我也承认，是有点打破出版的常规，是环境所迫，是试验性的。这件事的成功，是天时、地利、人和的结果。机会是给有准备的人的，机会是稍纵即逝的。所以，畅销书是可遇不可求的，超级畅销书的做法，是很难复制的。有了良机不言弃，没有机会也别强求。一个出版社的成功，是需要定力的，是要明白自己是什么，自己需要什么，自己的根本在哪里，如何培植巩固一支人才队伍，尽可能地抓出多一些的双效益的、长销的图书，才是至关重要的。

这些年来，上海文艺出版社牢牢把握以人民为中心的出版导向，坚持传统，求索创新，打造原创文学出版高地，先后有一批优秀图书荣获“五个一工程”奖、中国出版政府奖、茅盾文学奖等国家级重要奖项，并被评为“全国百佳图书出版单位”，确立了在全国文艺专业出版社中的领先地位。

出版业态需要调整

总的来说，中国这个社会的文化业是在起伏着向前运动的过程中，它有时不是以一个正常的文化需求的形态来表现的。年轻人有时对文化产品的需求欲望有点畸形爆发，比如对苹果 iphone 手机的狂求比美国的销售量还大，远远超过日本。在正常的发达资本主义社会不可能这样。现在的编辑出版环境很扭曲，不符合一般的经济规律，如果要求每一个编辑脑中都有这样一个概念：出版的每一本书都要即时赚钱。那不能直接赚钱的多年期的书怎么办呢？比如我们出版社搞的《中国新文学大系》五辑百卷本,《海上文学百家文库》这样一百二十多卷的系列丛书，如果没有上面拨款进行投资、补贴，简直难以搞成。在与互联网、多媒体、数字出版、民营出版共舞的当下，出版的业态还是需要不断地因势利导，适时予以有力调整的。

（作者　陈理菲　张允允　朱　凤）

文化企业的“文人商办”

——吴宝安小传阅后感言

中国出版集团公司总裁
中国出版传媒股份有限公司董事长　谭　跃

吴宝安是出版家，也是“出版商”。发行出身，从业30年，他始终紧盯市场、善抓经营，可谓是出版界的“吴市场”。

从书店秘书科长到集团总经理，与吴宝安个人成长相伴随的，是其企业的快速成长：从租用办公室、借款5万元起步，到2011年集团总资产突破20亿元，总收入超18亿元。个人成就、企业成就的背后，是吴宝安的执著和勤奋，是他对出版企业经营规律的深刻认识和实践。在90年代初，吴宝安就“坐着火车，几乎跑遍全国的新华书店，直到县一级”。这句话我们看起来简单，仔细再一想，又有几个人能做到？1992年，吴宝安即撰文指出：“出版社文人文办、文人官办的传统格局是不能适应新形势的……出版社作为一个文化企业，应该文人商办。”

文人商办，道出了文化与产业间的辩证关系，可谓得文化企业经营的精髓。时至如今，纵观中国书业，产业的规模化和市场化路径已日益清晰。应当清醒认识到，文化企业的社会效益不会在产业化中弱化甚至消亡，而应该在产业化中强化进而放大。纵观世界范围的文化领域，意识形态的作用从来就没有因为产业化而消亡过。美国人的价值观，正是通过美式大片，通过网络动漫，通过商业畅销书等多种形式经常地、艺术地、大众化地表达出来，从而影响更加深广。客观地、历史地考察文化产业化的历程，我们发现，在文化产业化中，文化是魂，产业是体，产业得文化而有魅力，文化也因产业而更具影响力。

青岛出版集团有限公司总经理、副董事长　吴宝安

执著的出版人生

——记吴宝安

手　记

出版大厦的2301房间，吴宝安总经理的办公室，犹如他这个人一样，敞亮而利索。与他的一席对话，并没有一问一答的机械，给予笔者的，是轻松和自然，更多的时候，依然是听他在说。虽然没有把谈话附加一个边界，但吴宝安的话语始终没有游离出书业，一切都缘于书，一切都缘于出版，在吴宝安的思维底色里，写满了“一书一世界”的美好。不管是年轻时闯荡的艰难，还是困惑时的选择，“出版”二字，在他那里，从没有过丝毫的动摇或质疑。

也许是由于经历的多样，吴宝安与笔者提起最多的，不是成绩，而是学习。身处出版这个行业，上下左右，都要与文化人打交道，如果自己腹中空空，何来底气去做出版？吴宝安一直坚信这样的事实：只有有了足够的积累，人才会变得自信起来，工作也才会得心应手游刃有余。若要积累，唯有学习，不间断地学习，所以，每一次的选择，用吴宝安的话语来说，他都非常清楚地知道自己的长处是什么，自己到底想要什么。

这样的自信，一直流动到今天。面对出版业的快速变革和发展，吴宝安慨叹今天的来之不易，过来的路，也许亲力亲为，才会深知它的距离和长度。回想青岛出版社的从小到大、逐渐成长、发展壮大，溢于言表的是一种欣慰，一种发自内心的快意。吴宝安说，直到今天，他一直都有一种本领恐慌，正是这样的恐慌，自己没有躺在成绩上享受，而是更为强化地学习，因为已知的圆画得越大，未知的东西也就会越多。吴宝安一直想用自己工作的自信，来呵护成长不易的青岛出版社，希望通过自己的努力，来为出版事业的发展，添加一把力。

与笔者聊天的时间里，他不时地翻看手机短信，作为集团的总经理，业务繁忙是件很正常的事情，尽管他一直在向笔者说不好意思。说起手机，吴宝安非常兴奋地告诉笔者，自己年龄大了，用的是智能手机，目的就是跟上时代，微博、微信、手机QQ、手机阅读、网上书店等，他几乎天天在线，数字出版时代，不转型能行吗?

一句看似玩笑的话语，却透出吴宝安的良苦用心，身为集团总经理，负责市场运营，如果不能站得高些，看得远些，就不能够行走在队伍的前面摇旗呐喊，就不能带领团队赢得一个又一个突破。提起此次韬奋奖，吴宝安一直在说，这不仅仅是他个人的荣耀，更是集团整体的荣耀，如果没有集团整体的努力和成绩，如果没有集团领导班子的团结奋进，也就不会有这个韬奋奖。

“尽管我是集团总经理，但对于变幻莫测的出版市场，我更是一个兵，在我退下来之前，依然还会继续往前冲。”他说。

题　记

出版是一个充满竞争的事业，也是一个充满魅力的行业，需要出版人的智慧和心血来投入付出。

对于出版人而言，不管出版市场怎样的变化，只要闻着书香，心里头总会有一种向往，一种精神，一种力量，在激励出版人不断前行，这就是“韬奋精神”。有人说，如果把人们赞扬“韬奋精神”的话语归结起来，几乎可以涵盖中华民族全部的传统美德和进步思想，也正是这样的精神，历经时间沧桑，才会弥足珍贵。

伴随时代发展，“韬奋精神”不断丰富丰满而青春依然，激励出版人创新进取，以韬奋命名的出版奖，是全国出版界个人最高奖项，享有非常高的声誉和威望，更是当代出版人梦寐以求的精神境界。

2012年，二十位出版界翘楚捧得了渴望已久的“韬奋出版奖”，国家新闻出版总署署长柳斌杰对他们给予了高度评价——“政治素质好、专业造诣高、具有良好职业道德操守、高远文化追求、无私奉献精神，为出版改革和发展作出了突出贡献的优秀人物”。

柳斌杰说得好：做好、做强一个行业，没有名人是不行的，必须建立一支高素质的队伍，支撑出版业的繁荣发展。

出版业的繁荣发展，尤其是新时代的出版业，非常需要这样的一群名人，像韬奋先生所说那样，“要用敏锐的眼光、深切的注意和诚挚的同情，研究当前一般大众读者所需要的是怎样的‘精神粮食’”。

在这样的一群名人当中，就有一位以其三十多年对出版业的不畏艰难、执著探索和坚定坚守的精神追求，捧得了这一沉甸甸的大奖，他就是青岛出版集团总经理吴宝安。

“在我们这一代许多出版人心中，出版有一种无法言语的尊严与价值，出版不仅是一份事业，更是一种精神的诉求。”能够获得韬奋出版奖，吴宝安觉得这是对他毕生追求的肯定，“我感动，并将一如既往。”他不无感慨。

时刻准备着，在“奔跑”的路上战斗

“一个人能寻着自己所爱好的事业，做到迷的程度，不但‘好之’，而且‘乐之’，这是何等愉快的事情！”

——邹韬奋

1982年的那一天，吴宝安永远不会忘记。

那还是一个相对模糊的年代，犹如时代年轻人一样，吴宝安怀揣自己的理想，意气风发，寻觅着能够实现自己价值的方向。一个偶然的机会，吴宝安走进了出版行业，成为青岛新华书店的一员，就是从这一步开始，三十多年的时间，不论困苦和艰难，踯躅和困惑，吴宝安始终没有回头。

1955年生人的吴宝安，早在1971年就步入了工作岗位。正如那个时代的许多人一样，求学时代和工作之初，正是“文革”如火如荼的年代，由于受父亲牵连（父亲作为一名知识分子，曾被错划为“右派”，后平反），作为知识青年，他被下放农村劳动，尽管历经坎坷，吴宝安并没有放弃他心中的理想，一直在找寻能够释放自己价值的地方。也许正是这样的经历，塑造了他那坚强性格、自学能力和锲而不舍的精神。直到现在，依然不改当年，在众多的同事和朋友眼里，只要是他想做的事，他就会想尽一切可能的办法，直到他自己满意为止。

夜阑卧听风吹雨，铁马冰河入梦来。风华正茂的吴宝安，没有被时代遮蔽，田间地头的踯躅，车间锤钳锻打的磨炼，独身一人的上海闯荡，不仅是在磨砺自己的意志，也是其不断思索自己的过程。在他苦闷迷茫的时候，改革开放犹如一股春风，给他，也给属于他们那个时代的年轻人，带来了新鲜空气，过去的苦闷和迷茫，荡然无存，一样的意气风发，一样的拳拳之心，伴随青岛改革开放步伐的加快，青岛市新华书店急需年轻的业务骨干充实干部队伍，就这样，二十七岁的吴宝安，踏入了出版发行队伍。

初入出版发行队伍，吴宝安浑身充满了干劲，以往磨砺的坚强性格和求索精神，让他很快找到了实现自我的感觉，决意这就是他未来的人生事业。由于能干会干有朝气，业绩突出的他，很快被提拔为书店秘书科长，又很快兼任了山东出版总社青岛出版分社团委书记，每一次的进步，对他来说，都是一个新的起点，也是一个新的高点。

正如韬奋先生所说的那样，“一个人能寻着自己所爱好的事业，做到迷的程度，不但‘好之’，而且‘乐之’，这是何等愉快的事情！”直到现在，往日同事回忆起当时的场景，依然历历在目——

当时为改造古籍书店的图书仓库，与同事们一起，吴宝安光着膀子拉地盘车，一点一滴地去做，那种认真的劲头，给大家留下深刻的印象。

古籍书店当时有不少积压的图书，尽管摆在架子上，依然卖不动，吴宝安认真分析图书内容和目标读者间的关系，首先在古籍书店门口进行敞开式营销，让更多的读者发现书看到书，当天销售成绩就很可观。对积压多时的《律师手册》一书，吴宝安骑上自行车，背上图书，针对司法系统的各家单位，挨家敲门推荐，一天下来就卖掉好几百本，这在当时书店内引起不小的波澜。

那时，青岛出版分社的发展，也到了一个关键的节点上，当时行政上分管书店，分社有一套《看图说话·看图作文》，在山东省发行得非常好；《小葵花》和《红蕾》两本刊物，面向少年儿童，办得也颇有特色，发展潜力很被看好。为能够搭建更好的出版平台和空间，加上当时青岛整体的经济社会文化发展的需要，在时任中宣部出版局局长许力以同志和有关上级组织领导的关怀下，青岛出版社于1987年1月应运而生。吴宝安在书店的突出表现，早就引起分社党委的注意，青岛出版社成立不久，他便被调到青岛出版社出任第一任发行处长，时年二十九岁。

又是一个全新的挑战。在吴宝安那里，有了几年书店的经历，这一次则给了他更大的发展释放空间，由于他时刻都在准备着，没有短暂的停留，便很快投入到图书发行的事业当中。

成立之初的青岛出版社，出版的《幼儿学拼音》、《服装裁剪》两本书，在市场上还较为畅销，吴宝安就把这两本书塞进准备好的背包，只身坐上火车，东南西北，开始了青版图书的市场开拓。

一位老社长告诉笔者，建社的时候，几乎一无所有，钱的事还是小事，对于出版社而言，没有作者，就没有选题，没有好的书，就没有知名度，没有市场，也就很难立足，当时吴宝安就提出，应该以发行为龙头，在那样条件下，能有这种想法很是不容易，吴宝安创新思想意识非常浓厚，对市场比较敏感。

条件自然很是艰苦，为了节省经费，吴宝安晚上睡在火车上，白天背着样书去新华书店讲解推销，一个一个城市地跑，一笔一笔订单地落实，他几乎跑遍了全国的新华书店，凭借他执著的韧劲，初步建立了青岛出版社最初的市场发行渠道。就在出版社成立当年，青岛出版社收款 90 万元。吴宝安当初接触的书店业务人员中，现在有的已退休，有的成了董事长、总经理，有的成了书店高管，他们都还清晰地记得当时青岛出版社那个高个子发行处处长，身穿风衣、风尘仆仆出现在他们眼前的样子。

也正是跑市场的一步一个脚印，吴宝安感觉到传统的发行效率，已经跟不上市场的需求，像图书这样的产品，如果不能在规定时间内送到读者手中，影响的直接是市场销售。于是，吴宝安进一步提出一个大胆的想法——自办发行，那时是不允许自办发行的，及时自办发行，也不具备必要的物质条件。于是，吴宝安在领导的支持下，与大家一道，探索自办发行之路，图书打包、物流托运、图书存储等，几乎都是自己来做。没有车找车，没有地方找地方，甚至为节省开支，用非常便宜的价格购买二手包装纸，包装纸没了，就用编织袋，这在当时更是第一次。当时，大家下班后，包书、装车，几乎是家常便饭，甚至有的女同志累得掉眼泪。就是这样的艰苦努力探索，青岛出版社收获了初步的市场成功，吴宝安也以“脑子活、有办法、能吃苦”，给大家留下深刻的印象，也由于图书连续多年畅销，对青岛出版社初期发展，起到了非常关键的作用。

伴随时间的累积，吴宝安脚下的路也在不断地延伸抬升，也愈加宽阔，从发行处处长到出版社副社长、出版局的副局长，再到集团的总经理，尽管不同的角色赋予其不同的责任担当，但他始终活跃在市场一线，即使担任了集团的总经理，每一次出差外地，第一个必到的地方，就是地方的书城，一看青版书上架情况和摆放位置，二看业务员对青版图书熟悉程度，三看业务员与书店经理熟悉程度，并由此来判断业务员的市场业绩。曾经一次出差外地，在查看书店的当场，调离了一名业务员，当时对集团图书发行人员，触动非常大。

基于对图书发行市场的熟悉和研究，加上多年的人脉资源积累，吴宝安先后被选为全国城市出版社联合体秘书长、中国版协科技委副主任、科技委地方领导小组副主任等职务，一直在关注研究出版市场运营。为能够强化青版图书市场优势，以弥补潜在市场盲点的不足，在取得与集团董事长孟鸣飞的深度共识之下，集团党委研究决策，赢得高度一致，吴宝安带领他的团队，在集团党委的领导下，先后成功地组织了全国人民出版社、全国科技出版社、全国城市出版社、华东地区出版社等大、中型订货会，每一次的活动，都是青版图书品牌的一次深化和积淀，不仅受到全国书店的好评，有效提升“青岛版”图书的品牌形象，而且快速提升了青版生活图书的销售数量和市场范围。直到现在，青版的大众健康类图书稳居全国前三位，美食类图书蝉联全国排行第一位。

近年来，在全国图书市场疲软、图书大量滞销的情况下，集团党委高度重视，负责市场运营的吴宝安，果断采取措施，积极策划市场营销方案，使集团发行工作始终处在发展的快车道上，不仅让青岛出版社在全国城市出版社中快速崛起，同时也打造了一支敢打硬仗的发行队伍，得到业界的广泛肯赞。

也许是城市出版社的地方优势，同时也是城市出版社的全国劣势，青版图书的市场结构和销售码洋，多年来形成过于依赖当地教育资源的不合理市场格局，这样的市场格局，其空间容量严重限制了青岛出版社的快速发展和市场一般书的拓展，这也成了主管市场经营的吴宝安的一块心病，如何突破，来改变这样的市场格局？在竞争如此激烈的图书市场，机会稍纵即逝，不会留下过多时间的思考，而且多年来的市场耕耘，搭建的市场根基，也不允许有任何的闪失。吴宝安与集团董事长孟鸣飞多次商讨发展对策，集团党委也多次研究出版发行市场趋势，慎重提出了“立足山东、布局全国”的市场战略，本着别人放假我们工作的理念，吴宝安带领他的图书发行团队，跑书店，跑一线。用集团发行公司总经理马克刚的话来说，每一年的正月初四开始，吴总经理就带着发行人员，去各地拜年，了解市场变化，甚至跑到县一级的书店，一直到正月十五，几乎都在外地度过。他经常这样对业务员说：“人都有惰性，但自己不能对自己过于宽容，图书市场瞬息万变，如果每个员工在工作中对自己过于宽容，那整个集团的发展将会面临巨大麻烦，严于律己也是一种负责任的态度。”当然，功夫不负有心人，正是这样的韧劲和认真，赢得了诸多书店的高度认同，由此建立了集团与书店之间的良好合作关系。两三年之后，青版图书的市场结构，形成青岛、山东（除青岛之外）、全国的三分格局，2011 年，图书主业实洋收入 3.37 亿元，不仅为集团“品牌积累、资本积累”发展战略贡献了关键力量，而且为集团随后的转企改制、转型升级，奠定了非常坚实的市场基础和发展空间。

艰难闯关，探索市场化运营之道

“无论何种事业，能干的还要愿干，否则难有责任心；愿干的还要能干，否则难有成效。”

——邹韬奋

在几届党委的领导下，迈入新世纪的青岛出版社，收款实洋已经达到六千多万元，吴宝安也早已从发行处处长提升为副社长。也许是对新世纪的到来还没做好充分的准备，就在这个时间节骨眼上，青岛出版社的发展，出现了小小波折，犹如一个人的成长一样，不可能都是顺境。从 90 万元到 6000 万元，跨度的确不小，由此很多人觉得青岛出版社的发展，是不是已经很好了，对于接下来的发展，缺乏一个清晰的发展路线图，所属的书报刊都出了点小小挫折，挫折的叠加，对一个城市出版社而言，显然是一个不大不小的冲击，尤其是对人心的影响。

青岛出版社遭遇了有生以来第一个瓶颈，抑或是一道坎，作为主管发行、印刷及部分编辑业务的副社长，吴宝安也不例外，感到了一种迷茫。尽管这样，他依然在苦撑危局，努力尽到个人的责任和义务。伴随自己成长的出版社，无论如何也要迈过这道坎，在私下里，在公开场合，吴宝安总会和同事们说，不管什么时候，我们都不能有长官意志，都要遵照市场的发展规律和国家的法律法规，确保出版的正确导向。由此，吴宝安隐隐约约感觉到，青岛出版社要实现顺利发展，适应未来的市场竞争，必须要有一套科学的管理机制，要让机制制度来约束人管理人，把管人和管事融合起来，搭建发展的共同平台，只有这样，大家才会心往一处想、劲往一处使。此时，吴宝安在《新闻出版报》上发表了一篇名为《入世后城市出版社的定位与发展》，阐述了他的思考。他在文章中首先指出，城市出版社管理机制要从传统企业管理型向现代企业管理型转变，建立自主经营、自我发展、自负盈亏的经营机制；出版社的干部配备，也不能像政府配备局长那样，要充分考虑干部的业务水平和经营管理能力等，一切要按市场规律来办事，以确保企业的快速发展。正是基于对城市出版社制度层面和未来定位的思考，被后来誉为青岛出版社快速发展的

“内部宪法”的《目标管理责任制实施方案》，开始提上日程。

就在这样的关键时刻，上级党委进一步调整了青岛出版社领导班子，以确保青岛出版社稳定快速发展。经过一段平稳过渡和磨合，新一届党委班子成立，特别是成立集团后，党委、董事会得到了加强。由于党委班子的高度团结，彼此之间都能够包容，吴宝安深刻感觉到，青岛出版社发展的好时期到了，于是也有了属于他的又一段快意出版人生。直到今天，吴宝安依然津津乐道：“孟鸣飞董事长非常富有远见且大气包容，党委其他同志彼此间非常配合，确保了发展政策的稳定和措施连贯，才有了青岛出版集团的辉煌今天。”

作为地方的城市出版社，尽管是事业单位企业化管理，大家的事业观念非常浓重，由于固有的制度设计，导致了大家对市场的远离。集团少儿期刊中心总编辑李茗茗对当时的不容易，依然记忆犹新：当时可谓摸着石头过河，而且并没有什么好石头，也没有任何的借鉴，更没有像现在的财务分析数据，而且“多劳多得、优劳优得”的概念，对大家来说还很模糊，可想而知当时的阻力和压力有多大。

按照党委的安排，作为目标责任制度考核办公室的主要负责人，吴宝安与集团副总编辑高继民（时任总编室主任）、集团副总编辑贾庆鹏（时任办公室主任）等多次研究商讨，本着从大局出发、从市场出发的原则，立足青岛出版社的未来发展，与每一个部门谈判，摆事实讲道理。由于当时教材教辅和市场一般书回款难易程度相差很大，对考核标准和方式，对拉开收入差距，都有不同程度的不理解，不同人员之间、不同部门之间，也形成了一定的矛盾和不平衡。尽管这样，吴宝安领导考核办公室人员，广泛征求意见，认真调研学习，最终形成了《目标管理责任制实施方案》，最终大家也接受了这一来之不易的改革举措。

正是这一措施的有效执行，青岛出版社真正走上了市场化的发展轨道，员工的思想观念也在逐渐改变，市场化的发展理念逐渐深入到集团的每一个发展环节。

吴宝安说，多年来，他批评的人是最多的，但没有得罪人，因为每一次的批评，大家都能理解接受，诚如韬奋先生说的那样，“重视同人的意见，才能鼓励同人发表意见，使同人在提出意见的时候，很明确地知道他的意见如果是对的，一定有效；如果是不对的，也知道其所以然”。这一点，在吴宝安那里，没有丝毫的折扣。

2009 年 3 月，青岛出版社整体转企改制，成立青岛出版集团。吴宝安深知改制赋予集团的战略使命和意义，因此在集团党委的统一领导下，他更加积极地推进“企业化”进程。对于外部合作者，他采用企业方式经营，改变对上游印刷企业的支付方式、加大对下游销售企业的回款管理等，缩短企业资金周转速度，提高资金使用效率，确保了现金流充裕稳定。对于内部部门，他采用市场化运作结算模式，加大成本费用核算力度，图书印刷、纸张采购实行阳光招标制，随市波动，部分费率允许部门间自行协商等。对于员工，他深化绩效考核办法改革，核算到人、核算到书，给每一名员工赋予足够的权力，管理自己的产品，营造“在国有企业自己做老板”的氛围，充分调动了员工工作积极性和创造性，这也成为集团取得持续科学发展真正的不竭动力。

邹韬奋曾经说道：“无论何种事业，能干的还要愿干，否则难有责任心；愿干的还要能干，否则难有成效。”在集团党委的统一领导下，集团图书主业销售收入由2000年的6000万元升至2011年的3.37亿元，集团总收入由2000年的4.6亿元增长至2011年的10亿元，总资产突破20亿元，旗下分公司、子公司11家，上下游产业延伸至报刊出版、印刷包装、图书销售、房地产开发、教材研究等。

集团所属各企业也同样有着很好的发展业绩。青岛市新华书店（集团）有限责任公司2011年销售总额突破10亿元，各项经济指标均列国内同行业先进水平；《青岛财经日报》、《商周刊》已经成为地方强势主流媒体，期发行量超过18万份（册）。此外，出版艺术馆、外国教材研究所、出版置业有限公司等子公司运行情况良好，逐渐成为青岛出版集团新的经济增长支撑点。

战略判断，确立生活图书发展方向

> “有志于某种事业者，与其临渊羡鱼，毋宁退而结网，结网无他，即对于某种事业所需要的能力加以充分准备。”
>
> ——邹韬奋

随着人们收入水平的提高，消费结构和方向开始出现明显的变化。人们对文化生活的需求不断提高，大众读者究竟需要怎样的“精神粮食”？作为出版人，这不是一个新的话题，但是对于发展中的青岛出版社而言，是必须考虑的问题。像邹韬奋先生所说那样，“有志于某种事业者，与其临渊羡鱼，毋宁退而结网，结网无他，即对于某种事业所需要的能力加以充分准备”。

由于出版社连续几年的高速发展，在市场成绩面前，有的同志产生了骄傲自满、小富即安的思想，满足于当下的“小日子”，针对这样的一种状况，吴宝安很明白，是到该拓展发展眼界和视野的时候了，必须要使大家有危机感，于是，他先后组织集团编印发的骨干人员走出去，向二十一世纪出版社、华泰纸业集团、志鸿书业等知名出版社和民营发行企业学习，在发展的坐标中，找到了差距和未来的目标。

当时，集团董事长孟鸣飞来到青岛出版社工作不久，便发现了这种思潮，他及时地告诫大家：一个出版单位如果仅仅是做教材教辅，依靠政策吃饭，是不会有影响力和长久生命力的。孟鸣飞认为，青岛出版社作为一家城市出版社，其未来的发展方向定位，应该是以时尚生活类出版物为主，要在市场和生活上做足文章。基于此，党委做出青版书要走出山东、走向全国的决定，并安排吴宝安具体负责。

于是，吴宝安带领编发团队到全国各地主要卖场进行调研。第一站便来到在全国颇具影响力的广州购书中心，当时广州购书中心老总葛弋飞接待了吴宝安一行，并安排业务团队与青岛出版社编发团队进行座谈。座谈过程中，葛弋飞看到青岛出版社在广州购书中心的销售数据之后，说了一句让吴宝安和编发团队至今难忘的话——“宝安，从交情上说，咱们是老朋友，你来了我请你吃饭，但是从销售数据来看，青岛出版社在我们广购的销售，多你不多，少你不少啊！”就是这句话，让吴宝安无地自容，心中五味杂陈，没有市场销售，何谈市场话语权？随后，吴宝安和编发团队陆续来到北京图书大厦、上海书城等全国重点书城调研，发现青岛出版社的图书，在北京和上海的销售排行都在二百名之后。回到青岛，吴宝安向党委汇报了此次调研情况，及时召集了出版社全体人员会议，参加调研的编发人员汇报了此次交流情况。会上，吴宝安讲了很多，尤其青岛出版社的图书销售情况，以及在全国的位次，当然，吴宝安也把广州购书中心老总葛弋飞的话，原汁原味地讲给大家听，“多你不多，少你不少”。就是这八个字，几乎成为青岛出版社对于市场的耻辱，这让编发团队感到非常的震惊，第一次感到，没有市场份额，就没有市场地位，先前感觉的幸福小日子，也许并不存在。通过这次会议，青岛出版社上下进一步统一了思想，并制定了市场发展目标：一定要打造属于青岛出版社特色的出版板块，创建青岛出版社独特的出版品牌，在一到两年内，在全国重点书城排行快速进入前一百名。

2002年，吴宝安与集团科技出版中心总编辑张化新参加澳大利亚书展，对书展上琳琅满目的生活类图书，产生了浓厚的兴趣，比较之下，国内生活类图书则发展得很一般。回来之后，他们认真研究了图书市场格局和青岛出版社的图书结构，认为在今后的一段时间里，生活类图书将会成为市场热点。吴宝安就此向党委做了详细汇报，集团党委充分酝酿研究决定，把发展生活类图书作为青岛出版社一般书发展的主要方向。有了这样的战略判断，迅速组建了第五编辑部，专门负责生活类图书的策划开发，从选题到市场，吴宝安与大家一起研究论证，亲自制定市场营销方案。

当时生活类图书市场还是一个比较小的图书板块，主要市场引领者都是中央级大社，如何在这样的市场格局中，找到突破口？避其锋芒，错位竞争，聚集资源，打造特色产品，形成产品和成本领先，为读者提供价廉质优的生活类图书，成为吴宝安心中的市场路线图。不久，青岛出版社第一套美食类系列产品“爱心佳肴”出版了，该套图书一经上市，即得到图书市场的积极反应，市场销售节节攀升，这大大提升了编发人员的信心，也鼓舞了大家闯荡市场的士气。2005 年，在青岛出版社积极争取下，第十六届全国地方科技出版社联合体会议在青岛召开，青岛出版社借会议契机，全力推出了《新编家常菜谱》等一系列生活类图书，得到书店积极反应，仅会议现场定数即超过三万册，19.90 元的定价，铜版纸精美印刷，成为同行争先学习的对象，也成为当时生活类图书的印象模板，19.90 现象成为卖场销售的一种独特现象。

“新编”类图书销售一直延续多年，青岛出版社在生活类图书市场的地位快速提升。在美食类图书打开市场的同时，吴宝安又在思考大众健康类图书的出版方向，当时大众健康类图书要么专业性太强，老百姓很难读懂，要么产品没有公信力，难以服众。针对这样的市场情况，吴宝安组织社内优秀大众健康类图书编辑，约请国内医学及健康方面专家，按照大众出版的规律，出版了《细节决定健康》一书。该书面向广大读者，内容权威性高，通俗易懂，可读性强，推向市场之后，快速得到市场认可，在上海书城举办的第一场面向基层读者的健康讲座，也取得很大成功。这让吴宝安感觉到，图书要更快地走向全国，于是他制定了这类图书的全国发行思路——就读者而言，关注健康程度南方高于北方，东部沿海高于西部内陆，他认为《细节决定健康》只要能够在华中、长三角、珠三角地区销售走高，即可带动全国图书市场的销售。于是，有针对性地制定了详细方案和计划，仅上海书城连续十个月月平均销售超过1000册，长三角地区的畅销态势带动了河南、安徽等地销售，使得该书迅速排到生活类畅销书前列。上海书城还专门为该书策划制定个性化销售举措，在《细节决定健康》一书印上“新华传媒”LOGO标记，专供新华传媒旗下所有网点进行销售，并获得大量团购订单，全国市场销售达四十多万册，从而整个带动青岛版生活类图书的市场排名，奠定了青岛出版社大众健康类图书销售前三名的位置。

由于《细节决定健康》一书的热销，直接带动了健康书系的整体热销，编辑团队接着策划推出了《健康枕边书》系列。在已有的市场营销经验基础上，吴宝安带领发行团队，在保证常态书店渠道的销售外，探索定向个性化的营销方案，针对老师群体、警察群体等，推出了《给老师的健康枕边书》、《给警察的健康枕边书》等，迅速赢得了读者的广泛认可。编辑部甚至接到煤炭工人兄弟的电话，要求青岛出版社为他们出版一本《给煤炭工人的健康枕边书》，一时间，为能够把图书尽快地推向市场，印刷厂开足马力，二十四小时运转，这在出版社的历史上还是第一次。突破传统、大胆创新的市场营销思路，不仅促动了健康类图书的畅销，而且也积累了宝贵的市场经验，更加鼓舞了编辑团队的斗志和精神。

时间到了 2010 年，随着人们物质生活水平的提升，大家对于健康的关注度越来越高，以张悟本为代表的一批健康类图书陆续出版，一些伪健康理论横行，青岛出版社大众健康类图书的市场占有率退出了前三名，在这样复杂的市场情况下，有的编辑对市场的信心有了动摇。吴宝安本着一个出版人的责任，认为出版这样品质的养生类图书，就是对读者不负责任，而要求编辑人员认清形势，坚守出版操守，以对读者负责的态度，出版公信度高、优质的养生类图书。正是这样的坚守，才使青岛出版社在后来养生类图书出现波动的情况下，能够独善其身，并顺利拿到国家新闻出版总署养生类图书出版的资质。

正是由于生活类图书的拉动，青岛出版社各个出版板块在市场的表现越来越好，在西单图书大厦等重点书城排行快速地提升，排名也由原来的三百二十六位，进入前五十名。多年以后，有一次吴宝安在全国书展上再次见到葛弋飞老总，吴宝安便开玩笑地问："葛总，我们的书在广购还是多我们不多，少我们不少吗？"葛总哈哈大笑："此一时彼一时，现在这个话不能这么说了。"吴宝安握着葛弋飞的手说："葛总，谢谢您啊。是您当年的一句话，激励了我们青岛出版社的人，正是这句话的激励，才有我们现在的成绩啊。"

经过几年的发展之后，青岛版生活类图书占据了全国7%的市场份额，而在美食类图书细分市场中，占据了全国20%的市场份额，基本处于绝对龙头地位。《细节决定健康》系列图书、《新编家常菜》系列图书、《家有妙招》系列图书等唱响全国的品牌，已经成为青岛出版集团最好的名片。

为抓好一般图书的促销，吴宝安带领发行团队牵头制定了一般图书销售奖惩条例，紧抓"1050"工程，即全国抓10个发达的省级店、50个中心城市书店的图书上架率，并在市新华书店董事长袁淑琴的支持帮助下，采取请进来、走出去的推销办法，利用青岛的有利条件，将书店的业务人员请到青岛开座谈会、推介会、订货会等。他还亲自带领编辑、发行业务人员开着大篷车深入市、县基层新华书店开座谈会、推广会，推销青岛版图书。几年来，他先后同业务人员一起北到黑龙江，南到广东，西到新疆，跑遍了中国二十六个省区市的基层新华书店，掌握了第一手资料，使青岛版图书品种在北京、上海、广州等全国中心城市的上架率达到了80%，部分书店达到90%以上，一般书销售每年都有大的增长，并同大批信誉好的民营书店建立了业务联系。

吴宝安告诉笔者，作为出版社，图书发行和编辑，一般是对立统一的，处理不好，就会造成编辑人员与发行人员的相互埋怨，导致大家不能齐心协力。而在青岛出版社，编辑和发行，犹如自行车的前后两个轮子，发行跟着市场走，编辑跟着发行走，让每个编辑、发行人员前面盯着市场、后面盯着库存，形成非常好的默契关系。对于这一点，吴宝安认为，作为报人出身的董事长孟鸣飞，起到了非常关键性的作用。

伴随国家文化体制改革的深入推进，青岛出版集团的市场主体角色，愈发彰显，出版事业发展也附加了很多的新内涵，尤其是转企改制之后，如何在市场竞争领域，赢得自己的一席之地？作为总经理，吴宝安始终与集团党委保持高度一致，始终有着清醒的认识，那就是任何时候都不能动摇图书主业的核心地位，越是改革越要坚持正确的出版导向、越要打造过硬的内容品质。尤其是中共中央政治局常委李长春，中共中央政治局委员、中宣部部长刘云山莅临集团视察，给集团上下带来莫大的鼓舞和精神激励，在集团党委的决策下，把出好书、出精品书作为出版业务的头等大事，坚持把出版好国家、省重点出版规划的图书和有利于文化积累的图书作为出版集团的中心工作。基于此集团制定了《重点图书出版管理规定》，建立起重点图书的出版激励机制，在每年的选题计划中都安排了10%左右的重点图书。几年来，青岛出版集团共出版了包括国家和省“十五”、“十一五”重点图书在内的五十余种重点图书，其中《冯其庸文集》、《中国新长征》、《孔子》等重点图书，不仅有力地提升了集团品牌和品质形象，而且也都有很好的经济效益预期。体制的变化释放了新的机遇，主管集团经营的吴宝安，又将精力投入到出版“走出去”、“请进来”战略的实施上来，在集团党委的带领下，集团两年多实现了“跨地域、跨媒体、跨所有制”的突破性发展。

不断学习，让自己更自信

“只有尽一个人的心力，使社会上的人多得他工作的裨益，才是人生最愉快的事。”

——邹韬奋

吴宝安一直坚信这样的事实：只有有了足够的积累，

人才会变得自信起来，工作也才会得心应手游刃有余。他总是说，自己有强烈的本领恐慌和知识恐慌，尤其是多年的快速发展，出版事业面对更多的新事物新领域，转企改制，上市融资，都需要学习。在其每年度的述职报告中，多次提到这样的话语：学习是增长才干、提高素质的重要途径，是做好各项工作的重要基础。作为出版社的领导，必须抓紧学习，提高谋大事的本领，并在工作中不断提高自己，承担自己的责任和使命。他是这样说的，也是这样做的。

在众多同事眼里，吴宝安坚持学习的精神，很是让人感动，每一次出差，不管在车上还是飞机上，他要么听讲座光盘，要么就是看书；周末参加各类培训讲座，提升自己的企业管理水平；他的大学、研究生学历都是后来自学取得的；他所撰写的分析文章，不断见诸于业内杂志和报刊。

青岛市新华书店集团总经理逄利群提起当年，还一直赞叹不已，当时书店还在青岛市的商业街中山路，每次路过书店时，秘书科的办公室总会亮着灯，一开始他认为也许是下班忘记关灯了，后来才知道，那是秘书科长吴宝安一直在坚持读书学习。

1992 年初，吴宝安凭借几年对市场的摸索，认真研究出版社的生产经营性和图书商品性，在业内核心刊物《新闻出版导刊》发表了一篇《出版社如何重视发行工作》的专业文章，文章写道："长期以来，我们形成了出版社文人文办、文人官办的传统格局，这样做是不能适应新形势的，在当今改革开放的形势下，笔者认为，出版社作为一个文化企业，应该'文人商办'。"该文章发表后，被《新华文摘》等多家媒体转载，"文人商办"的观点得到业界的广泛认同，并提出"组织选题会算大账，图书销售会算小账"的观点，这在当时的环境下，是非常难能可贵的，这也是吴宝安对出版行业和产业发展思考的原点。

不断地实干，不断地总结提升，在改革开放、经济快速发展的大环境里，对图书出版发行和出版社的发展路径，吴宝安有自己来自实践一线的思考，在业内核心刊物上连续发表了多篇文章，引起广泛关注。如《怎样当好本版图书推销员》、《出版社当前的经济困境及其对策》、《繁荣的经济必须有与其相匹配的出版业》、《出版业要向集团化、多元化、国际化方向发展》、《本是同根生，相煎何太急——关于减轻库存压力的思考》、《入世后社办发行怎么办》、《中国出版业如何面对加入WTO后的挑战》等数十篇文章，笔者从其文章当中寻觅，吴宝安思考的问题，细微到图书的营销市场和技巧，宏观到出版产业的未来发展，以及出版社发展的管理制度和组织架构等，可以说，"市场"二字始终没有偏离吴宝安思维的主线。也正是市场观念的深入，吴宝安才会有对出版市场的深切感受和深入思考，犹如他对出版社与书店之间关系的思考，直接指导了他对减少库存、降低退货的具体举措，直到现在，很多的办法措施在集团也非常具有活力且受用。一些观点和思路，回到当时的年代和经济环境，不能不说眼光超前且务实实用，对图书出版发行规律，如果不敢说是精通，但起码是熟知。如果没有过去的深度积累，也许就不会有今天他对出版市场把握的游刃有余，也正是这样的积累，吴宝安一直很自信，如他说的那样：身处出版这个行业，上下左右，都要与文化人打交道，如果自己腹中空空，何来底气去做出版?

正是由于吴宝安不断学习和钻研，使得他不仅能够灵活地将出版工作的一般规律和研究成果运用到实践中去，经营出版工作如鱼得水，而且观察、分析问题的角度新颖透彻，思维缜密，思想也总能伴随着时代的发展而始终保持前瞻与远见。

面对今天的成绩，吴宝安认为，人才队伍稳定起到了非常关键的作用。多年来，没有一个优秀人才流失，尽管也会有很多的艰难困苦，大家都能够相互团结，干事创业。吴宝安非常重视对干部人才的培养，每一年新进员工岗前培训，他总是讲第一课，融入他三十多年对出版事业深厚情感的报告，每一次都能让听课的新员工感动至深；他笃信压力就是锻炼、上岗就是培养，大胆给年轻同志压担子的同时，还帮助他们指路子、想法子，抓住大方向，放手小环节，创造年轻人施展才能的空间，始终给予年轻人一个可以仰望的阶梯；与他一起工作并受到传帮带的同志，很多已走上各级领导业务岗位，现在的集团中层干部中，有十多位初始都做过图书发行工作。

三十多年中，他也遇到了不少良师益友，对自己的事业影响很大，青岛出版社第一任社长刘笃义可以说是他的伯乐，正是由于刘社长的慧眼识才，才使得吴宝安有了施展才华的舞台。说到良师，还不能不提到著名出版家许力以先生。许老离休后，被青岛出版社聘请为顾问，这是许老唯一为地方出版社应许的，吴宝安从发行处处长到集团总经理，一直做青岛出版社与许老的联系人。许老是指导者、领路人，是蔼然长者、出版大家，他深深影响了青岛出版集团，也深深影响了吴宝安本人。在与许老二十五年的交往中，耳濡目染，吴宝安提高了眼光，开阔了胸怀，升华了境界。由于本人努力的结果，他先后荣获新闻出版总署第四届中国书刊发行奖、中国百名优秀出版企业家等殊荣。

当下，青岛出版集团发展又到了一个临界点，突不破这个临界点，在激烈的国内和国际竞争中，其发展前景难以预料，虽然发展到了资产总额超过20亿元的规模，但并不是可以高枕无忧的。而突破了这个临界点，集团将走上一个更大的平台，将有一个巨大的飞跃，这是摆在青岛出版人面前巨大的任务和挑战。诚如集团董事长孟鸣飞认为的，青岛出版集团当下发展的大势，就是集团处在健康、快速发展的临界点，我们越来越接近这个临界点，越来越有信心。改制后的两年时间里，集团就先后获得"一级出版社"、"全国百佳出版单位"、"全国文化出口重点企业"、"山东省文化体制改革和文化产业发展先进单位"、"山东省文化发展十强企业"、"中国出版政府奖集体奖"等多项荣誉。作为集团的总经理，吴宝安认为，能够拿到这个全国出版人的最高奖，是他个人的荣誉，也是整个集团的荣誉，是对他个人的鞭策和激励，也是对整个集团的鞭策和激励。

品味吴宝安的成长历程，回眸青岛出版集团从租用五间办公室、借款 5 万元、拥有员工二十来人起步，到两座出版大厦矗立，主业收款实洋突破 3 亿元，集团总收入超 18 亿元，从业人员逾 2000，令人感慨系之。不由令人想到著名出版家徐伯昕先生，当初邹韬奋长于编辑和全局性规划，是生活书店的灵魂，而徐伯昕则善于经营筹划和具体落实，可谓生活书店的支柱。青岛出版集团新世纪的黄金十年，集团董事长孟鸣飞是操控全局的灵魂人物，而吴宝安则依靠党委的高度信赖和其坚强执行力，可以说是青岛出版集团图书主业的发展支柱。

邹韬奋说："一个人光溜溜地到这个世界上来，最后光溜溜地离开这个世界，彻底想起来，名利是身外之物，只有尽一个人的心力，使社会上的人多得他工作的裨益，才是人生最愉快的事。”在第十一届韬奋出版奖颁奖典礼上，当身长八尺、相貌堂堂的北方大汉吴宝安，双手接过那沉甸甸的证书时，他的眼里噙着热泪。激动，辛酸，幸福，惧惕，甘苦自知。

（作者　吴清波　钦林威）

对罗勇事迹的感言

《读者》出版集团董事长　吉西平

罗勇这个在新闻出版行业拼搏了几十年的康巴汉子，是从康定走出来的传奇式人物。他所成长的茶马古道，他所融入的大西南十七个少数民族独特的文化生活，造就了他理解、尊重、包容的性格和敏锐的社会观察力。独特的成长历程，磨炼了他的决策能力和过人胆识。丰富的生活经历，培养了他敢于担当的责任和信念。努力和坚韧使他成为中国出版界灿烂星空中的一颗耀眼明星。

罗勇深邃的洞察力和开放的思维能力，对民族文化的记录、传承、改革、发展作出了重大贡献。在他主持出版、担任主编或策划组织编辑的众多图书中，有二百多种获得中国出版政府奖和中华优秀出版物奖等国家级和省部级奖项，这些都毫无疑问地成为传承民族文化的典籍。

成就大事者，必从细微处着力。他改善职工住房条件，提高编辑待遇，调动职工积极性；用智慧激发能力，认团结鼓起风帆，乘风破浪，创造出四川民族出版社全国第一的辉煌业绩。

2008 年，他成为内地首家在香港上市的出版发行企业——新华文轩连锁股份有限公司的掌舵人。他以“心若远，创无界”为理念，在此后的两年时间里，又用股权整合的方式，赋予了公司新的名称“新华文轩出版传媒股份有限公司”，使之一举成为全国唯一“A+H”出版发行公司。这艘中国出版企业的大航母，已经起航并成为建设中国出版强国的骨干力量。

罗勇也成为书写当代中国出版企业辉煌篇章的知名企业家之一。

四川出版集团党委副书记、新华文轩出版传媒

股份有限公司总经理　罗　勇

坚守书业使命　抒写文化理想

——记罗勇

2012年3月23日，对四川出版集团党委副书记兼新华文轩出版传媒股份有限公司总经理的罗勇来说，无疑是一个终身难忘的日子。这天，中国出版协会通知，在"第十一届韬奋出版奖"获奖名单中，罗勇榜上有名！

面对中国出版界的最高褒奖，看着窗外文轩路上络绎不绝的运书车辆——它们正忙碌地将"文轩文化"图书源源不断地输送至全国各地，这位在出版行业拼搏了几十年的康巴汉子，此刻不禁心潮起伏，感慨万千：肩负出版人神圣使命，忠实践行文轩"心若远，创无界"的企业宗旨，将对事业的无限热爱转化成一种驾驭的能力，今天终于在中国出版界的灿烂星空中添上了自己的名字！

业界人士都清楚，地方出版部门工作者能够获得"韬奋出版奖"的还为数不多，而且像罗勇这样相对年轻的藏族出版人更是少之又少。罗勇荣获"韬奋出版奖"，无疑书写了四川出版界改革整合以来的传奇，也书写了藏族文化出版界多年以来的传奇。研究出版史的专家分析，这主要得益于罗勇和同事们通过出版这个平台，架起了同国内各民族文化交流的彩虹桥，架起了同世界各民族文化交流的彩虹桥。他把中国藏区三大文化中心的“德格印经院”、“拉萨印经院”、“拉卜楞印经院”的古老梦想推向了现代，成为民族文化和记忆的传承者，在民族文化的里程碑上镌刻下了光辉的篇章。

自从事出版工作以来，罗勇主持出版、主编或策划组织了重点民族文化图书近千种，其中获得国家级和省部级图书出版奖的就多达二百余种。

《中国少数民族古籍集成》（1—100卷）、《藏传历算学大全》（1—5卷）、《显密文库》（1—5卷）、《德格印经院藏传木刻版画》，先后荣获第六届国家图书奖荣誉奖，第四、五、六届国家图书奖；《彝文典籍目录》、《彝语大词典》、《彝族尔比词典》、《〈诗经〉语文论集》，先后荣获第三、四、五、六届国家图书奖提名奖；《苗族史》、《彝族文学史》、《四部医典大详解》（1—6卷）、《圣地稻城亚丁——蓝色星球上最后一片净土》，依次荣获第七、九、十三、十四届中国图书奖；《中国彝族》获第十二届中国图书奖；《噶当文集》（1—30卷）荣获首届中国出版政府奖图书奖；《康巴风情》荣获第十二届中国民族图书奖二等奖；《滇川黔桂彝文字集》荣获首届政府奖图书奖提名奖；《撕裂的记忆——“5·12”汶川大地震成都灾情纪实》荣获第二届中华优秀出版物奖“抗震救灾特别奖”；《羌戎考察记——摄影大师庄学本20世纪30年代的西部人文探访》荣获新闻出版总署第二届“三个一百”原创出版工程人文社科类图书奖；《古译文献宝典》（1—133卷）被列入国家“十一五”重点出版规划项目；《青藏高原珍稀野生动物》荣获中国西部第十六届书籍艺术交流暨优秀作品评选会设计一等奖；《羌族释比经典》（上、下卷）荣获第二届中国出版政府奖图书奖提名奖……

在此不一一列举了。记得国家新闻出版总署署长柳斌杰曾说过这样一句话：新闻出版业是记录历史，传承文明的行业，没有书籍就没有中华民族的历史。罗勇带领他的团队，凭着强烈的责任心和独到的视野，脚踏实地，辛勤耕耘，不仅策划、出版了大量涉及面广、内容丰富的民族文化书籍，而且精雕细琢，倾力打造了众多的精品力作，在四川出版史上书写了浓墨重彩的一页。

上篇：坚守书业使命，带领四川民族出版社闯出民族出版事业新天地

罗勇出生在四川雅砻江边一个藏族家庭里，成长于甘孜州州府康定。

四川康定是藏、汉、回、彝等民族聚居地，这里的人们穿着不一样，语言不一样，节日形式迥异，文化丰

富多元，各民族相互融入、和谐相处。这样的环境，正好培养了罗勇日后观察、思考和解决问题的多元视角和兼并包容、理解尊重的胸怀。在《甘孜日报》七年的记者生涯中，罗勇尤其注重发挥自己的特长，通过镜头去反映、表现和促进各民族之间的文化交流与和谐相处，出版了摄影画册《历世班禅》等，并在《人民日报》、《光明日报》、《四川日报》等主要报刊上发表了反映民族文化和民族团结主题的照片四百余幅、文字上万。为此，1991年6月11日，中央电视台《新闻联播》节目曾以“藏族青年摄影家罗桑道吉（罗勇的藏名）”为题，对罗勇的事迹作了专门报道。

1987年，罗勇因工作需要来到成都，进入四川民族出版社成为一名出版工作者。二十一年间，他先后担任过编辑、办公室主任、社长助理、副社长、社长，四川出版集团管委会副主任兼四川民族出版社社长等职。

在四川民族出版社，尽管岗位不同，职责各异，罗勇始终坚持这样一个做人做事的准则：恪尽职守，竭尽所能，将自己的聪明才智和青春年华无私地奉献给这个集体。特别是担任四川民族出版社社长以后，罗勇深知肩上担子的分量，不敢丝毫懈怠，呕心沥血，负重前行，在内部建设、宣传把关、经营管理、市场拓展等方面，处处棋高一着，先人一步，新招迭出，招招见效，将当时身陷困境的四川民族出版社建设成了一个团结和谐、颇具活力、年年实现社会效益与经济效益双丰收的优秀集体。

[核心提示]

表面上是一个小小的民族出版社，实则为一个民族大家庭。罗勇从细微处入手，注重调动每个“家庭成员”的积极性和创造性。

四川民族出版社尽管只有近百名员工，可出版队伍却由汉族、藏族、彝族、土家族、羌族、回族等民族构成。如何将这些具有不同生活习惯、不同传统、不同民族文化背景的“家庭成员”凝聚在一起，形成最大合力，着实考验着每个“家长”的领导艺术和领导才能。

得益于以往在民族地区耳濡目染所积淀的理念、意识和经验，罗勇在四川民族出版社当家真可谓得心应手，游刃有余。在担任出版社社长后进行“施政演说”时，罗勇向每个“家庭成员”袒露心扉：“我过去曾生活在茶马古道的重镇康定，这条古道连接了大西南的十七个少数民族。数百年间，各兄弟民族坚守自己的文化、信仰和生活习惯，理解、尊重、包容，互通有无，和谐共处。这样的一个环境，造成了我的思维方式不是单一的、狭隘的、封闭的、极端的。四川民族出版社有如一个多民族的大家庭，我首先倡导的也是理解、尊重、和谐、共融……”

这段看似与“施政演说”有些不沾边的开场白却赢得了同仁们的极大认同，大家不禁心中暗喜：“这是位知己的领导，四川民族出版社有戏了。”

事实证明，同事们的直觉没有错。罗勇深知，理解尊重、和谐共融、聚力干事，这绝不是一句空洞的口号，而必须从点滴入手，从细枝末节抓起，以真情去感动每个人，用真诚去对待每个人。“设身处地为员工着想，想方设法为群众谋利益，这个集体就有凝聚力，就有活力，就有干事的动力。”

上任伊始，罗勇通过调查，发现职工群众对住房条件的改善尤为关切，抱有很大的期望，特别是一些老编辑干了几十年，就盼着能住上宽敞一点的新房子。九十年代中期，尽管四川民族出版社的经济条件并不好，但罗勇带领出版社班子敢为天下先，果断地斥资一千七百万元，先后四次通过购买、修建、集资等方式，较好地解决了民族社长期以来存在的住房困难问题，所有职工几乎都住进了新房，而且人均住房面积还高于成都市当时的平均水平，让其他出版社的同行羡慕不已。为此，老编辑们动情地说：“新班子帮助我们实现了几十年来最大的愿望，我们要抓紧最后几年的在岗时间，扬鞭奋蹄，多做贡献。”而青年职工则感激地说：“我们遇到了好领导好班子，今后必须加倍努力，多出书，出好书出精品，回报组织上的关怀。”

一天上午，罗勇因事来到出版社彝语编辑室，发现办公室过于拥挤，有的编辑甚至不得不在大楼通道里办公。随后他又调查了其他几个编辑室，发现或多或少存在同样的情况。职工的点滴甘苦，罗勇牢记在心。“职工的住房问题得到最大程度解决后，大家的办公条件也同样需要得到改善。”他立即召开出版社决策会议，决定将旧有的剩余住房调剂出来作为办公用房，为职工们创造了一个良好的办公环境。

由于种种原因，四川民族出版社的历史遗留问题比较多，如编辑人员的职称待遇问题就一直没有得到很好解决。对此，罗勇看在眼里记在心上。他担任法人代表后，立即调剂工作和时间，安排编辑人员参加外语培训等，以便达到考级竞职的条件。同时他积极向相关人事管理部门说明情况，争取政策，尽量在政策、规定允许的范围内，为更多的符合条件的职工解决职称晋升问题。经过三年的努力，四川民族出版社先后评聘了四名正高、十七名副高，八十年代中期前参加工作的编辑人员的职称待遇问题也基本得到了圆满的解决。这在当时出版系统内已经算是很理想的状况了，直至今日谈起这件事，当年这些编辑们不管已退休或在岗的，大家的感激之情溢于言表。

罗勇有一句令人感受最深的话：“领导设身处地为职工着想，想方设法为群众谋利益，职工干事就有不竭的动力，这个集体就有强大的凝聚力。”的确如此。罗勇出任四川民族出版社社长后，没有刻意去烧什么轰轰烈烈的“三把火”，而是顺应广大职工的意愿，切实帮助解决职工生活与工作中的具体问题。随着职工切身利益得到很好的保障，大家的积极性、主动性、创造性也随之迸发出来，整个民族出版社出现了队伍稳定、心齐气顺、上下同心、争创一流的喜人局面。这期间，四川民族出版社不仅出书最多，而且获奖也最多。如2004年，在第六届国家图书奖评选中，该出版社一口气就获得了三个奖项，创造了四川出版界单个出版社获国家图书奖最多的纪录，进一步确立了四川民族出版社的品牌地位。

[核心提示]

像其他出版社一样，四川民族出版社在经营方面同样陷入困境。罗勇准确把脉，紧扣“市场”二字做文章，终于迎来一片新天地。

众所周知，随着计划体制的逐渐被打破，市场竞争越来越激烈，不少出版社一时还不能完全适应这种发展变化，无不感到压力重重，日子普遍不好过。同样，四川民族出版社的情况也不妙，不少的图书出版项目亏损严重。因此，如何带领民族出版社尽快走出经营困境，成为罗勇上任后必须解决的问题。

罗勇感到，要走出经营困境，必须对民族出版社的发展方向有一个符合实情的准确定位。为此，他特别注重捕捉行业信息，加强与同行及外界的交流，以及认真研究相关的方针政策，分析未来发展趋势等等。经过一段时间深思熟虑后，四川民族出版社的发展方向与定位问题，在他脑海中也更加清晰起来，这就是："立足社情，围绕民族二字做文章，用少数民族的文字，向广大的少数民族群众提供积极健康的宣传读物；依托民族社的优势，继承和弘扬民族文化，大力出版各类民族文字典籍；全力抓好少数民族教辅教材出版这一强项……"

罗勇至今还清晰记得，当他把关于四川民族出版社的发展定位及改革方案的最后一句话写完的那一刻，除了负责接送他的司机还在等候外，整个出版办公大楼早已人去楼空，职工们早就回家休息了。不过令他欣慰的是，自己的辛苦没有白费，在第二天出版社的决策层会议上，罗勇提交的整套方案获得一致通过。

明确了出版社的发展方向和改革方案，罗勇紧接着又提出了突破点与着力点，这就是紧贴市场、坚决与市场接轨。"进入市场肯定不是件容易的事情，但在计划体制被彻底打破的大趋势下，只有坚决进入市场，才能实现'凤凰涅槃'般的重生，否则必然被淘汰。"罗勇推动出版社进入市场的态度异常坚决，而打出的组合拳更是威猛有力，招招见效。

组合拳一 利用"民族牌"巩固市场。罗勇在调查中发现一个奇怪现象，这就是使用民族文字的中小学和民族文字的普通图书在逐年递增，而这部分图书的亏损却在逐年增加。仅民族文种教材出版这一项，四川民族出版社每年亏损额就达600万元。罗勇感到，民族文字图书市场蛋糕不小，过去关键是没有抢占到足够的份额。他认为民族出版社的优势正在于“民族”二字上，必须打好、利用好“民族牌”。强烈的责任感和开拓意识驱使着他必须在这方面有所作为。于是，即便上级部门当时没有大量资金投入，罗勇也毫不犹豫地拎起行李箱，带领相关业务人员跑新疆、青海，赴重庆、贵州，多次往返于四川的甘孜、阿坝、凉山三州等，跑遍了这些地方的少数民族地区。他们靠真诚的态度、精美的出版物和完善的服务，稳住了一大批老客户，发展了新客户，既保住了原有的业绩，又新开拓了民族社汉文教辅的发行市场，创造了连续多年图书发行码洋上亿的佳绩。

组合拳二 主动出击，赢得市场。罗勇认为，市场对所有人都是公平的，靠等是绝对等不来的，必须主动出击去闯市场和赢得市场。他和经验老到的老编辑们一道，大胆策划，并同三位中科院院士一起走进藏北无人区，费尽艰辛，完成了具有世界价值意义的《青藏高原珍稀动物》、《黄龙》、《九寨》三本画册的资料收集和组稿工作，经过精心设计、编辑和制作，使其质量达到了联合国教科文组织的要求，出版发行后收到了很好的社会效益和经济效益。1996 年，罗勇带领编辑深入云、贵、川、广西的彝族聚居区，收集资料、征求意见，通过两个月的田野调查，出版了一本精美的画册《中国彝族》，又一次实现了经济效益和社会效益的双丰收。1997 年，由于藏文教材租型未能按时送到民族社，罗勇在临近春节前，不畏严寒，带领相关人员立即飞赴拉萨，主动与用方协调关系，催调型片，保证了该项教材的如期印刷出版，及时满足了客户的需求。1998 年寒冬，当民族社在新疆的发行市场受到激烈竞争的严峻考验时，罗勇二话没说，带领相关人员及时赶到新疆，冒着零下三十多度的严寒，马不停蹄地开展工作，从质量、价格、时间上入手，重新赢得了在新疆的市场。

组合拳三 发挥品牌效应，拓展市场。罗勇深知品牌出版物对市场的影响力，因而尤其注重通过打造核心出版品牌，不断拓展市场范围。他凭借自己熟练的摄影技能和独到的艺术鉴赏力，精心策划、组织、出版了一系列高品质的画册，其中《雪域情》获得了 1999 年四川省“五个一工程奖”;《九寨沟》、《黄龙》风景画册，曾直接作为四川九寨沟、黄龙申报“联合国世界自然遗产名录”的核心资料。在编辑《蜀山之王——贡嘎山》画册过程中，为准确、全面反映贡嘎山不同季节和气候条件下的风貌，他背着沉重的摄影器材，四次只身来到海拔四五千米的贡嘎山山谷，从不同角度拍摄了大量的照片，对画册内容的完整性作了必要的补充，大大提高了画册的质量。该画册成功出版后，为四川海螺沟成功申报“全国风景名胜区”起到了重要作用。这一系列图书的品牌效应不断放大，从而也很好地开拓了市场。罗勇还组织、策划和出版了第一盘藏族卡拉OK带《高原回声》、第一盘藏族歌曲VCD《格桑拉》、第一盘藏族歌曲DVD《阿坝吉祥》等，在音像出版界影响颇大，收到了很好的经济效益。

与此同时，罗勇还以独到的眼光，引领出版社多元发展。他果断决策，抓住时机，分别在北京、西昌等地购入地产，随后大幅升值，增强了出版社的实力。通过以上这些努力，短短几年时间，四川民族出版社便摆脱了困境，实现了“两个效益”的共同发展，做到了图书出版品种与获奖项目、销售码洋与利润总额的年年递增，连续六年图书发行码洋上亿。截止到2009年12月31日，四川民族社资产总额为13676万元，较1997年的3211万元增长325.91%，所有者权益10488万元，较1997年的1654万元增长534%。罗勇任职期间，四川民族出版社共实现收入59336万元，创造税收5712万元，多次入选“四川省地方税务局直属分局百名纳税大户榜”；从1995年起连续三次被国家新闻出版总署评为“全国良好出版社”；1997年、2006年，两次被国家人事部和国家新闻出版总署评为“全国新闻出版系统先进集体”；2001年，在国家出版专业机构对全国五百多家出版社综合实力评估中，四川民族出版社入选全国百强出版社行列，位列全国三十七家民族出版社之首；2005 年，该社被国务院表彰为“全国民族团结进步先进集体”，成为全国出版界唯一获此殊荣的单位。

下篇：抒写文化理想，推动新华文轩出版传媒股份有限公司跑出文化产业发展加速度

2008 年，罗勇在事业生涯中步入了第三次跨越，他被聘任为内地首家香港上市出版发行企业——四川新华文轩连锁股份有限公司的总经理。而他上任之时，正是四川出版发行资源整合冲锋号吹响之日。此刻，罗勇心里明白，他这个全国文化改革排头兵企业的总经理，肩上的责任和担子重如千斤，因为这份责任承载着几代四川出版人的创业梦想。

在新华文轩总部，“心若远，创无界”六个大字格外醒目。“书业是创意产业，只有不断开拓创新，才能永葆活力。”罗勇说，新华文轩的发展宗旨与自己的创业理念不谋而合。由于有理念上的高度契合，有在四川民族出版社的成功经验，有四川出版人的信任和鼓励，有新华文轩这个崭新的平台，罗勇此时显得信心十足。他肩负重任，奋力前行，决心进行一番前所未有的开创性的工作，进一步确立新华文轩的发展优势，带领文轩人再创辉煌。

[核心提示]

四川出版业要做强做大，必须进行产业链层面的资源整合。罗勇迎难而上，全力推进，坚持深度融合，终将小帆船打造成了大航母。

长期以来，四川省内出版资源配置分散，出版发行产业链上下游企业自成体系，资源配置效率低，行业整体市场竞争力弱。因此，四川出版要做强做大，必须进行产业链层面的资源整合。但四川新华文轩是香港上市公司，任何企业行为都必须遵循市场化原则，而四川出版集团所属的出版单位却刚刚从事业单位转制而来，二者还存在着体制和观念上的不小差异，给整合工作带来了很大的难度。

“再难的工作也要如期推进。”按照重组工作领导小组的统一部署，罗勇和重组工作人员一起深入调研，积极协调各方关系，依照重组方案推进落实重组工作。2010年8月20日，这是一个值得四川出版人铭记的日子。这天，新华文轩股东大会通过了《股权转让协议》，以总价人民币12.55亿元收购四川出版集团十五家出版单位，成为国内首个以股权整合方式进行出版发行资源整合的案例。四川新华文轩连锁股份有限公司也正式更名为“新华文轩出版传媒股份有限公司”。

随着《股权转让协议》的签订和四川十五家出版单位的正式进入，新华文轩从此有了更加广阔的天地和版图。

然而，罗勇清醒地意识到，这只是阶段性成果，重组工作还任重道远。在处理完股权交割工作相关事宜后，2010年9月30日，罗勇立即组织包括十五家出版单位负责人在内的中层以上管理人员召开了重组后的第一次工作会议。会上，罗勇意味深长地说："小帆船的捆绑变不成真正的航空母舰，我们必须进行根本性的深度融合，也就是整个行业内部业务资源的彻底整合，这是重组工作成功与否的关键之举。"此次会议发出了内部业务整合的新号令。

这些年来，随着文化产业改革的深入，业内出版资源整合的案例不少，但实现真正意义上的产业链整合并产生出理想效益的却寥寥无几，也就是没有真正实现"1+1 > 2"。但罗勇带领他的团队却做到了这一点。

为稳步推进这项工作，罗勇带领公司整合工作小组的成员，在对全国乃至国外出版传媒集团进行深入调研、分析后，更加清晰和明确了内部业务整合的方向："通过对上、中、下游等环节业务整合，增强资源集中度和控制力，高效配置和使用资源，提高产业链集成运作效率，有效提升集团整体实力，从而达到整合目标，最终方法是一体化运行管理。"

2010年12月30日，在辞旧迎新的日子里，罗勇和他的团队终于可以松一口气了，通过三个月的艰苦努力，经反复调研讨论，几易其稿，最终拿出了其核心在于形成一体化管理机制和运营管理能力的《业务整合实施方案》。方案包括对所有公司的资源进行重新组合，“搭建统一的出版产品研发、印制、发行和纸张采购平台；上游各出版单位按专业化分工，在各自产品线内走‘专精特新’发展道路，打造出版品牌；下游遍布全国的发行渠道为出版产品提供强有力的支撑，出版单位的产品无障碍进入文轩分销渠道，上下游有效衔接互动”等一系列内容。随后，以罗勇为组长的业务整合实施领导小组，按照方案要求迅速推进各业务单元的调整工作，妥善处理各种矛盾，确保了内部业务整合工作的顺利进行。

至此，罗勇显得更有信心，“出版发行资源的深度整合，必将加快四川出版的发展速度，提升四川出版在全国的行业竞争力和影响力”。事实正是这样。在新华文轩公司全面统筹和有力支持下，收购的15家出版单位加快了内容创新方面超常规发展的步伐，迅速驶入发展快车道，仅仅半年时间就显示出了整合带来的发展速度和显著成效。2011年2月，由新华文轩策划、组织和出版的《东亚人文100导读》，获得了2011年亚太出版商协会图书金奖。这是四川省出版业首次获得这项国际荣誉，它从某个侧面也诠释着拥有“出版+发行”双内核后的新华文轩在内容创新上的旺盛活力，以及新华文轩管理层“稳中求新、步步为营”经营战略的正确性和整体上谋篇布局的能力。

[核心提示]

随着形势的发展变化，企业将面临越来越多的挑战。罗勇创新思维，积极应对，创新业态方式，坚持多条腿走路，带领四川出版人傲立潮头。

重组整合仅仅是推动发展的重要手段之一。完成这一大手笔、大文章以后，罗勇及其管理层按照董事会确定“突出主业，超越主业”的发展思路，在促进新华文轩出版业务全面、健康、可持续发展上，更是显示出战略性的眼光和气魄，以及高人一筹、先人一步的超前思维和布局控制能力。

“内部整合可以强根固基，加强与外部合作才有全面发展。”罗勇以独到的眼光，推动新华文轩先后与美国麦格希教育出版集团、国家外文局新世界出版社、圣智学习集团等建立了战略合作关系，打通了四川出版“走出去”的快速通道。在2012年伦敦书展上，新华文轩与美国麦格希教育出版集团合作推出的《汶川大地震》、《美好新家园》两部大型画册，在业界产生非常广泛的影响。2012年6月21日，世界知识产权组织（WIPO）版权金奖颁奖盛典在人民大会堂举行，新华文轩荣获世界知识产权组织“版权推广应用奖”金奖，该奖项是世界版权领域的最高奖。

发行历来是新华文轩发展全国业务的根基。然而由于受国家教育政策变化等因素影响，发行业的主要经济来源——教材教辅业务已经触及到市场容量的“天花板”，数字业务的发展也给传统发行业务带来很大冲击。如何实现传统出版发行业务的突围？罗勇带领他的团队进行了一系列探索，并取得了显著成效。他们在保持传统业务销售业绩的同时，坚持以业态和经营模式创新为抓手，开启了新华文轩战略转型升级的新征程，以通过转型升级全面提升企业内生发展动力，形成新的增长点，进一步确立新华文轩在新一轮发展中的领先优势。

——2009年8月22日，新华文轩投资2000万元改造的成都购书中心开业。成都购书中心由传统的图书零售书城变身为现代化的大型文化商城，一站式文化商品购物模式和舒适的购物环境让书店这个古老的文化行业，焕发出了新的生机。改造后成都购书中心销售增长迅速，2010年销售突破1亿元，与改造前的2008年相比增长41%。

——2011年11月26日，由新华文轩控股的新华文轩商业连锁（北京）有限公司揭牌仪式在国家新闻出版总署举行，以超市等与人民群众广泛接触的商业店所为载体，开展“商超书店”等文化便民连锁服务业务，打造贯通城乡的新型出版物流通网络，力争在五年内建成6000家“商超书店”，覆盖全国80%以上的大中小城市。

——2012年1月12日，新华文轩第一家“轩客会·格调书店”在成都洛带古镇开业。传统的中小图书零售门店向现代体验式书店的升级转型，成为集出版物销售、文化休闲体验和特色人文活动于一体的多功能市民文化消费场所，产生了良好的社会效益和经济效益，被誉为“最美古镇书店”。

开拓创新使得罗勇的胆识越来越大、思维越来越活、步伐越来越快。罗勇及管理层敏锐地感受到数字业务领域的市场诱惑后，立即将数字业务确定为新华文轩的战略发展方向。他说：“数字业务领域的市场竞争规则不是‘大鱼吃小鱼’，而是‘快鱼吃慢鱼’，所以要先试先行，取得领先优势，快速占领业务发展的制高点。”

——2008 年，为应对肇始于互联网的数字化浪潮，他将传统的图书销售搬到了互联网上，着力打造电子商务品牌“文轩网”，创造了“多卖家、多渠道、专业服务”的平台商业模式，走出了一条不同于传统图书销售网站的发展路子。“文轩网”的销售额从 2008 年的 300 万元增长到 2011 年的 1.26 亿元；“文轩网”在 2011 年传统企业自有 B2C 交易额排名中位列第七位，成为全国发行企业成长性最好、销售规模最大的网络销售企业，被新闻出版总署评为“数字出版转型示范企业”。

——2010 年，在罗勇主导下，新华文轩再次拓展数字业务领地，推出了数字图书的网上卖场“九月网”，打造出版业自己的数字发行阵地。到 2011 年底，“九月网”

的注册读者达 16 万，日均访问量达 5 万人次。

——2012 年 4 月 11 日，全国首家数字出版体验店“文轩数字出版体验店”投入运营，新华文轩再次在数字业务领域走在了行业的前端。

针对传统的教材、教辅等核心业务触及“天花板”的这种情形，罗勇带领团队抓住出版发行产业实体与数字二元并行发展的机遇，主动探索服务教育的数字化发展途径，采取“产品 + 服务”的经营模式，积极向教育管理服务延伸，打造专业权威的教育服务提供商。目前，以“优课”数字教室为代表的数字教育业务已进入省内外 1500 余所学校，在全国教育信息化领域形成了一定的市场影响力。

随着市场经济的深入发展，资本已成为行业发展的重要驱动力量。作为职业经理人，罗勇借助于国际资本上市的优势，除提升新华文轩存量业务市场竞争力外，不断调整发展方式，以资本经营为手段，勇做文化产业的战略投资者，积极选择、论证、实施符合战略规划方向的产业投资项目，以获取战略发展资源和稳定投资收益，迅速做大企业规模。同时他积极启动回归 A 股项目，努力实现资本市场再融资，打造全国唯一的“A+H”股出版发行企业，建设文化产业战略投融资平台，借助资本力量推动新华文轩实现跨越发展。

攻坚克难荆棘丛生，探索创新硕果喜人。罗勇带领他的团队，通过在多元化发展和战略转型升级方面的不断探索，有力地增强了企业的内生力，形成新的经济增长点，取得了一个又一个业界瞩目的成绩，使得四川出版发行业再次站在了全国出版发行业的最前端。新华文轩 2011 年实现营业收入 46.3 亿元，净利润 5.1 亿元；2011 年底资产总额达 77.6 亿元，与上市前的 2006 年相比增长 210%；净资产 48.9 亿元，与 2006 年相比增长 249%。这些年来，新华文轩先后被评为“全国文化体制改革优秀企业”、第一届和第二届“中国出版政府奖先进出版单位”、“全国新闻出版系统先进集体”等。2009 年 2 月、2010 年 6 月、2012 年 9 月李长春同志三度视察新华文轩，给予了“新华文轩是西部地区文化体制改革一盏灯塔”的高度评价。2011 年 4 月，刘云山同志视察新华文轩，评价新华文轩是“全国文化体制改革的排头兵”。而罗勇同志的突出业绩也受到了组织和业界的充分肯定，他先后被授予“全国新闻出版行业领军人才”、“四川省宣传文化系统‘四个一批’人才”、“四川省劳动模范”、“四川省十大杰出青年”、“四川省民族团结进步先进个人”等荣誉称号，并最终登上了我国出版界个人最高奖项——“韬奋出版奖”的领奖台。

（作者　达　真　尹志力）

对孟祥琴事迹的感言

读者出版集团董事长　吉西平

孟祥琴用三十多年的坚守，心静如水，心无旁骛地坚持“一生只干一件事，一生干对一件事，一生干好一件事”的理念，选择《妇女生活》杂志作为展示自身能力的平台，用思想和勤奋、用心思和巧手编织了自己的辉煌，获得了全国期刊界第十一届唯一的一个韬奋出版奖，这是我们期刊界的骄傲和自豪。

孟祥琴是我们千千万万期刊人中的普通一员，她沉稳内敛、埋头耕耘，用善良的心和期刊的平台，为风钻工、煤矿工搭建起一座彩虹桥，解决了他们找媳妇的困难，筑起了一个个幸福美满的家庭；她用犀利的笔锋和过人的胆识揭露拐卖妇女儿童的丑恶现象，打胜了一个个维护妇女儿童权益的保卫战，挤压了非法拐卖人口的空间，维护了广大妇女的生命健康和人格尊严。

自成为总经理以后，她潇洒自如地发挥、深刻地挖掘品牌影响力，加快了期刊新的发展。《妇女生活》和《现代家长》一直保持百万册的月发行量，确保了这一品牌的快速成长和在业界的影响力。

其实，她不仅仅是一个办刊人，她还是一个播撒幸福的天使。她有睿智的思想，坚持内容清新高雅，不断创新办刊形式，诠释了如何办刊、如何办好期刊的理念，对我们进一步办好《读者》杂志同样是一个借鉴。一个美丽的女人，倾其一生，铸就了自己光彩照人的幸福人生。

《妇女生活》杂志社总编辑　孟祥琴

在坚守中长袖善舞

——记孟祥琴

2012年3月，《妇女生活》喜迎创刊三十周年，全国人大常委会副委员长、全国妇联主席陈至立专门题词致贺：“传播先进文化，促进妇女发展。”

3月25日，总编辑孟祥琴从北京捧回了全国出版界的个人最高荣誉——第十一届韬奋出版奖，成为河南期刊界获此奖项的“第一人”，也是全国期刊界获本届韬奋出版奖的唯一一人。

看似巧合的“双喜临门”，见证了孟祥琴与《妇女生活》的共同成长。它，因为她的执著奉献更加茁壮；她，因为它的不断发展收获幸福。

让我们的目光在时光中回溯，阅读它的故事，分享她的幸福。

用心：一生只干一件事

三十年前，孟祥琴还是郑州大学中文系的应届毕业生。那个年头，大学生个个都是香饽饽，党政机关纷纷到校园要人，容貌秀丽、身材高挑、成绩优异的孟祥琴格外抢眼，可她却不想阔步“进机关”，只想用心“搞业务”。恰好，河南省妇联正在创办一本杂志，需要编辑，孟祥琴找到辅导员，表示自己愿意去。

编辑业务并不好干，拿笔杆子要的是真功夫，而孟祥琴恰恰有这方面的良好基础。早在中学时代，她的作文就深受老师们喜爱，她的小小说《接班》在《河南日报》发表。1973 年到沈丘县插队后，她讴歌知青献身精神的报告文学《火红的青春》，入选河南人民出版社《大治天下第一春》一书。而作为“文革”结束、恢复高考后的第一届本科生，四年苦读，又使她的知识积累、文字功力再上层楼……

1982 年 1 月 16 日，孟祥琴到省妇联报到，当年 3 月杂志创刊。她与《妇女生活》的故事，就这样从春天里开始。

那是这个国家改革开放刚刚起步的年代，人们衣服的“黄蓝灰”中悄悄添了几抹红红绿绿的亮色，令人兴奋，给人遐想。但是，人们又依旧习惯性地对“小资产阶级思想”保持着警惕，只谈工作，不谈生活，所以在当时，《妇女生活》的刊名显得特别清新、特别时尚。在第 5 期杂志上，孟祥琴以一首诗歌《绣春图》，赞美了夏邑县农家刺绣女的劳动生活：

绣女的歌带着花的清香，
悠悠儿撒落在我的心田。
根根针播下的是点点绿，
张张帆迎来的是金一片。
……

其实，进入杂志社后，孟祥琴也像一个绣女，不浮躁、不张扬，沉静内敛，埋头劳作。只不过，她手中拿的不是针，是笔。

同样是在1982年第5期《妇女生活》上，一篇《愿你为风钻工牵线当红娘》的文章，也是孟祥琴的作品。在采访中孟祥琴了解到，风钻工由于“工种不好”，普遍遭遇婚姻“老大难”问题，就抱着试试看的想法推出该文。没想到文章刊发后，立即受到读者的热烈响应，应征女青年的信件如雪片般飞来，使刚刚成立的杂志社，顿时成为一座充满温情、对接爱情的“连心桥”。随后，《妇女生活》又发文“为煤矿工人集体免费征婚”，并开设了固定征婚栏目“鹊桥”，迅速扩大了杂志影响力。当时，国内新闻媒体还从未刊发过征婚广告，这一系列策划可谓开风气之先，同时也堪称中国最早的公益广告。由此发端，征婚信息在全国各大报纸、各家刊物的版面上迅速铺展开来，成为报刊服务读者的重要内容。

“鹊桥”的成功，映射出年轻的孟祥琴内心的细腻与善意，而随着实践的磨砺，她的笔锋也更加理性、更加有力。她采写的长篇通讯《“人市”警示录》，分上、中、下三篇连续刊出，对当时拐卖妇女儿童的丑陋社会现象进行了深刻揭露。她采写和编发的长篇通讯《妈妈楼纪事》、《中国“黑孩子”素描》（上、中、下三篇）、《“B超”忧思录》、《隐私，被漠视的公民权利》等，篇篇呼唤公平正义，注入人文关怀，无不引起社会的强烈反响。

20世纪80年代初，一些妇女因为丈夫考上大学或者招工、提干而被遗弃，曾出现过“当代秦香莲”上访告状潮，这一现象引起了孟祥琴的思考：在男女平等的时代，女性怎样才能真正自尊、自强地生活？男人社会地位提升后，应该怎样在追求个人幸福与承担婚姻责任之间取舍？为了探求答案，她经过深思熟虑，开创了一个新栏目，名字就叫“问题讨论”。群众的智慧可以解开所有的问号，读者的参与又能扩大杂志的影响，这正是这个栏目的价值所在。

从1984年第3期至1985年第2期，在孟祥琴主持下，《妇女生活》“问题讨论”栏目推出话题：“社会地位一变，爱情就必然会变吗？”各界群众纷纷来信，发表不同观点。由于话题切合时弊，读者来信踊跃，1987年第2期至第11期，“问题讨论”再次推出话题：“当代‘陈世美’为何有增无减？”两场旷日持久的大讨论，孟祥琴共编发稿件50余篇，对当时社会背景下婚姻关系的嬗变进行了深度解读，涉及婚姻的责任与义务、离婚的权利与道德、爱情的长久与保鲜、女性的自强与自立等，影响着众多所谓“秦香莲”、“陈世美”的情感选择，产生了极大的社会轰动效应。

1990年第10期，几位身心遭遇重创的女同胞的求助信，又让孟祥琴在“问题讨论”栏目主动设置议题，大胆推出《夫妻生活性与法》一文，在国内媒体上首次公开讨论夫妻间的性权利。丈夫不顾妻子的感受强行过性生活，有的在妻子经期、产期也不放过，如有不从就谩骂殴打，在这样的婚姻中，女人的生命健康权和人格尊严如何保护？婚内性生活的权利、义务和责任究竟应当怎样划分？这些当时还非常敏感的话题，牵动着每一个家庭、每一对夫妻以及将结为夫妻的男男女女的切身利益，所以再次引起了公众的广泛参与。此次讨论还在国内第一次提出了“婚内强奸”的概念，引起了法学界、社会学界的高度关注，被誉为“写下了中国妇女史与性史的宝贵一页”。

如果要问刚刚踏上工作岗位的孟祥琴，为何能够对选题和稿件反应那么敏锐，把握那么准确，答案很简单，就是“用心”二字。

在那个没有网络、没有手机的年代，编辑与作者全凭书信联络，她主动联系全国各地的作者，对每篇来稿都用心回复，态度热情，言辞恳切。有一篇稿件《炸弹，悄悄带进高等学府》，光修改意见，她就给作者写了千余字。国内知名作家叶文玲，性学专家刘达临、潘绥铭，婚姻指导专家王行娟，法学专家李楯等，都乐意与这位认真、敬业的编辑探讨稿件、研究问题。直到今天，还有不少当年的老作者与她保持着联络，成为终身的朋友。

孟祥琴编稿也特别用心，从标题制作、稿件结构、遣词造句到配发编者按，都逐一推敲，精益求精。每页稿纸上都会留下她娟秀的字体，有的稿件被她密密麻麻批满增、删、改的内容，有的稿件改一遍不行，就改两遍、三遍，甚至重写一遍。有时半夜醒来突然想到一个好标题，她会马上翻身下床记下来。她提交的稿件，篇篇质量上佳，极少出现不能发表的“废稿”，很快，她就成为编辑部里组稿最勤、编稿最准、发稿最多的业务尖子。

校对，孟祥琴总是一丝不苟，她还主动帮同事们看校样、对红，发现差错拿笔就改，有时还会和美编一起，对版式设计进行美化。当时正值杂志初创，编辑们的文字能力参差不齐，领导看她这样热心，就让她担任杂志的责任校对。经她“统一把关”后，杂志差错频出、读者意见纷纷的状况彻底改变，而“校对整本杂志”这副担子，孟祥琴从 1984 年 4 月担起，至今仍没有放下。

自1982年创刊至1992年,《妇女生活》走过了一个黄金般的发展机遇期。在改革开放的社会背景下，稀缺的文化产品远远不能满足老百姓对“精神食粮”的渴求，众多期刊应时而生，纷纷受到公众追捧，而《妇女生活》凭借较强的指导性、可读性、服务性，在1992年发行量达到93万份的高峰，成为国内极具影响力的知名期刊。

这十年间，孟祥琴策划、采写、编辑了大量社会反响强烈的重头稿件和优秀栏目，一步一个脚印，伴随着杂志的发展不断成长。1992年她担任编辑部主任、编委，成为杂志社的中层领导和业务骨干。

热爱：一生干对一件事

1993年9月，中国报刊业发展成就博览会在北京举办，来自此次展会的数据表明，当时中国内地的期刊已由1978年的1321种增加到7884种。翔实的数据注解了改革开放后报刊业的繁荣，同时也喻示着，报刊数量稀缺带来的红利即将消失，在逐渐拥挤起来的行业内，竞争已经成为必然。

果然，随后两年间，各家刊物稿源大战、发行大战、装帧升级、封面变脸，却都挡不住销量的下滑。而数以千计的报纸又兴起了扩版潮，纷纷推出“周末版”、“纪实版”、“星期刊”，以“大块头”文章挤压期刊的生存空间。

1995年，国家新闻出版总署把各级妇联主办的众多女性期刊列为综合文化生活期刊，之后，又相继提出了市场化和产业化的概念。这一切，都使《妇女生活》面临着新的形势和挑战。

在这样的背景下，许多期刊界同仁跳槽了，到其他领域谋求更大发展，一些同事的心动了，也在重新规划人生目标。而孟祥琴却静得下心、沉得住气，依然埋头于编务之中。

一次，一位熟人无意中说起，有个女青年接受面部脱须手术失败，正在状告医院，她马上意识到，在当时人们爱美、追求美的社会风尚下，这件事包含着许多反映时代特征的新矛盾、新启示。于是，她主动联系各方当事人，展开了深入细致的采访，先后旁听了法院对该案的一审和二审。1995年第4期《妇女生活》，她撰写的通讯《美容美出一桩案》一经发表，立即被多家媒体转载，中央人民广播电台全文播发了这篇通讯，提醒人们美容要到正规医院，鼓励人们勇于依法维权。这些启示，即便是今天看来，仍然具有很强的现实意义。

孟祥琴的专注和投入，令许多人钦佩。也有人问她为何如此“执著于办刊”，她说：“没办法，我就是热爱这项事业，尽管很忙、很累、很不容易，但我是快乐的。人的一生能干自己喜欢的事，并把它干好，就是一种幸福。”

有热爱就会有追求，在沉浸于业务实践的同时，孟祥琴也在潜心研究办刊规律，探求市场竞争之道。1995年1月，国家新闻出版总署主管的《出版发行研究》发表孟祥琴论文《冲击与对策——社会综合性期刊生存状态研究》。随后几年间，她又相继在《中国出版》、《报刊管理》等杂志，发表了《关于妇女刊物个性化的思考》、《典型人物报道与市场卖点》等多篇理论文章。她提出，质量是刊物的生命，文化是刊物的本质，“一份质量魅力不足、文化含量欠缺的刊物不可能做到长久”，同时她又强调，增强可读性是市场竞争对期刊的必然要求。这些高规格的论文和精辟论述表明，在期刊这个行当，孟祥琴无论是工作经验还是思想认识，都已经全面走向成熟。

这期间，孟祥琴被评聘为副编审、编审，1996年升任副总编，2000年任常务副总编。她的业务涉及策划编辑、责任编辑兼责任校对，直至负责稿件的终审终校，以及广告、四封、内文版式的审校调整，直到最后看版签付印。

在常务副总编的位置上，孟祥琴力推《妇女生活》

创办下半月版，成为职业生涯的一大亮点。

进入新的千年，众多期刊在产业化、市场化的方向上高招迭出、多策并举，形成了你追我赶、百舸争流的竞争格局，而改月刊为半月刊，拓展办刊领域，寻求新的增长点，成为众多刊物不约而同的选择。2001年，《妇女生活》的决策层也在谋划一件大事，那就是“二次创业”，推出自己的下半月版。

操办下半月版，需要人力物力、真金白银的大量投入。那些先行一步的杂志，有办成的，有办砸的，有勉强维持的，还有违规承包出去的。《妇女生活》下半月版如何定位、办给谁看，是关乎成败的方向性、战略性问题。杂志社上上下下都在思考，孟祥琴也在深入思考、系统谋划。

经多方论证，他们把下半月版的内容，定位在家庭教育方面。然而，当筹办新刊进入实际操作阶段时，杂志社内部却发生了一场激烈争论。也难怪，“市场有风险，投入需谨慎”，争论中，有人叫好，预言“这个刊办好了能发100万册”，有人喊停，认为“发行100万是天方夜谭”。总编刘绪乾认真听取各种意见，既态度鲜明地支持创办新刊，又在行动上相当谨慎。

事实上，2001年下半年，年事已高、健康不佳的刘绪乾时常住院，杂志社日常工作已经交给孟祥琴“打理”，所以，下半月版究竟办不办、如何办，她的态度至关重要。

在围绕下半月版的争论中，孟祥琴话语不多，却胸中自有丘壑。

关于子女教育，许多中国人的看法是，孩子“有苗不愁长”，父母管好孩子的吃喝拉撒最要紧，教育自有学校和老师负责。因此，有调查数字显示，80%的中国家长仅是孩子生理意义上的父母。然而，家庭教育的缺失，应试教育的盛行，造就了许多孩子的高分低能、性格扭曲、行为极端，一些中小学生不堪重负、自残自杀的案例屡见报端。基于这样的现实，孟祥琴认为，把下半月版定位在家庭教育方面，是完全可行的。她说：“父母是孩子的第一任老师，在开发孩子智商的同时，也应该注重开发情商，在向孩子索取高分的同时，也应该给予减压的渠道。我们办一本指导家庭教育的杂志，帮助父母了解孩子的成长规律、掌握科学的教子方法，符合社会的需要、家长的需要，虽不一定畅销，但一定会常销。长远看，市场潜力巨大。”

为印证自己的判断，她做了广泛深入的调研。在基层调研中她发现，中国的独生子女政策形成了为数众多的“421”家庭，即四个老人、一对夫妻围着一个孩子转，一方面对孩子溺爱过度，一方面望子成龙的预期疯长，这更使“家庭教育”成为一个有价值的切入点。同时，她考察了期刊市场上的家教类刊物，发现大多都是服务婴幼儿童家长的读物，针对学龄孩子家庭教育的刊物很少，办得好的更是寥寥无几，而在拥有一亿人口的河南省，家教类刊物还是个空白，切入正当其时。

思路决定出路，就这样，孟祥琴看准了创办新刊的路子。随后，她又以行动表明态度，亲力亲为，全力推动。她在本刊挖掘人才，力推许建平（现任《妇女生活》副总编）负责下半月版的筹备工作。这位以小说见长、已在编辑岗位浸淫多年的年轻编辑，思想活跃，勇于创新，很快拿出了具体方案。与此同时，孟祥琴进机关，跑批文，指导整体策划，参与栏目设置。2002 年 1 月，经河南省新闻出版局批准，《妇女生活》下半月版《现代家长》创刊。它服务于十八岁以下学生及其家长，致力于“沟通学校社会，评析热门话题；家长孩子互动，拓展亲情空间；交流家教体会，解答教子难点；解读成功经验，塑造成功人格”。河南省政协主席王全书看到这本新颖的杂志，非常高兴，赞许它“办得很合时宜，很有创意，很有深意”。

带着一捆捆新杂志，孟祥琴和主编许建平、发行主管师瑞出发了。他们走进一个个学校、一个个社区、一个个家庭，广泛宣传《现代家长》，倾听读者的意见和心声。

一次，一位儿童教育专家举办家教知识讲座。专家侃侃而谈，从理论到理论，详解现代家教的先进理念，条条都是真知灼见，但听众却昏昏欲睡，有的买了几本《现代家长》很快就离开了现场。这给了孟祥琴极大的触动。由此她进一步提出，《现代家长》一定要办得“好看”，不能以教科书的面目出现，要把那些“条条块块”的知识植入生动有趣的故事，娓娓道来，吸引读者。沿着这个思路，《现代家长》充分利用上半月版的资源优势和文化积淀，组织刊发了大量纪实性、案例型稿件，并将教育子女的科学方法、成功经验和前沿资讯融入其中，形成了自身的鲜明特色，办出了家教杂志的特点和新意。

如今，翻开《现代家长》，你对某位明星感兴趣，就可能读到这个明星的亲子故事；你对某位成功人士比较关注，就可能读到父母对他的养育之道；你想瞧瞧别的普通家庭怎样教养孩子，可以看看读者原创栏目“父母手记”和“我的教子经”；你有家教方面的困惑，“家教访谈”、“专家热线”候着你……凭着知识性、可读性兼具的优势，《现代家长》自创办以来，发行量节节攀升，2012年达到二十多万册的高位水平，成为国内家教类杂志的领导品牌。

回顾这段不平凡的“二次创业”历程，孟祥琴也对创办新刊做了经验总结。一、市场定位要准确，要找到恰当的切入点和切入时机。二、要选一个富有工作经验和创新能力的好主编。三、刊物要有独到之处，要办出特色、办出新意。

奉献：一生干好一件事

2001 年 12 月，六十七岁高龄的总编辑刘绪乾因病不能主持工作。省妇联党组一纸任命，把孟祥琴推上了《妇女生活》总编辑的位置。

多年来，在郑州市金水路 15 号省妇联大院，孟祥琴是那种专注于业务，既不想“当官”，也不愿、不会为了提拔去“找领导活动”的人，甚至在路上遇见领导都会“露怯”，离得远了还会干脆装着没看见。因此，她的上位，被普遍认为既是妇联党组的知人善任，也是刘绪乾的慧眼识珠。后来，一位杂志社退休老领导评价说：“刘总编做得最正确的一件事，就是选对了一个接班人。”

老总编对孟祥琴的“识珠”，并非一朝一夕之事。在两人长达 17 年的共事中，孟祥琴勤奋、认真、出色的工作，尤其是端庄、豁达、不搞是是非非的人品，始终令老总编欣赏有加，而老总编敬业、奉献、负责的榜样力量，以及对她的言传身教、培养提携，也使他成为孟祥琴“职业生涯中最重要的一个人”。

但是，老总编的交班，带给孟祥琴的不是履新的兴奋，而是莫大的压力。

当时，《妇女生活》即将迎来创刊二十周年，曾获得首届国家期刊奖，并曾两次入选全国百种重点社科期刊，这是老总编带领大家创下的辉煌业绩，也是留给继任者的醒目标杆。在这个标杆面前，自己能否创造新业绩、达到新高度？这个问题令孟祥琴忐忑不安。不过，海量的工作不容她有些许迟疑，《现代家长》的创办正在关键时期，仔细想想，她也就释然了："既然领导信任，同志们支持，那就放手干吧！"她相信，只要自己全力而为，一定会把杂志的事情办好，填写一份优秀的答卷。

当时，在各家期刊的激烈竞争中，除了创办下半月版，另一个潮流就是改版。许多刊物在做大做强的呼声中改来改去，时而"纪实化"时而"小资化"，时而"大开本"时而"全彩印"。《妇女生活》内部也有着种种改版的冲动，甚至有人建议先把刊名改掉，因为"妇女"的称谓在社会上已经过时，杂志名叫《妇女生活》显得很土气，不利于竞争和发展。

那么，《妇女生活》到底该如何定位？如何在市场竞争中续写辉煌？这是孟祥琴任总编辑后，必须解决的重大课题。

在孟祥琴看来，《妇女生活》只能"微调"不能大改。因为经过多年积累，杂志的读者群已经相对固定，他们忠于杂志早已形成的风格和特色，认准了看似落伍的刊名，大改必然会丢掉这笔宝贵财富，将是"有效率的自杀”。同时她认为,《妇女生活》必须坚持内容大众化，不能走小众路线。因为作为妇联主办的女性期刊，即便走向市场，它最好最忠实的发行渠道依然是妇联，它的读者依然是广大妇女和基层民众。

这样的认识，反映了孟祥琴头脑的清醒，也符合她一贯稳健务实的作风。但是，“微调”，又如何与市场更好地接轨？她的思路是：坚持“贴近时代、贴近生活、贴近女性”，打造高质量的精品杂志；坚持“人无我有、人有我优、人优我新”，突出杂志的个性化特色；强化“思想性、实用性、服务性”，以服务读者取胜。

十年来,《妇女生活》始终在这个方向上坚持不懈，探索奋进。

为实现“篇篇是佳作，期期是精品”的目标，他们坚持“三审五校”制，对每一篇文章都精雕细琢，在装帧、设计、纸张、印刷各个环节都力求精美。至今，孟祥琴还在负责杂志的最终审校，上下半月两本杂志、每月20万字，她始终坚持一一过目。在她身体力行的带动下,《妇女生活》的差错率始终保持在万分之一以下，编校质量多次受到河南省新闻出版局的表彰。

“个性突出，特色鲜明”，才是孟祥琴心中的精品杂志。市场上女性期刊那么多，内容也大体相近，你平平庸庸、中规中矩，凭什么让读者为你钟情？因此，在选题策划上狠下工夫，通过内容和形式的创新，寻求差异化，避免同质化，成为她最重要的编辑思想。

关注社会热点，干预社会生活，是女性期刊担当社会责任、扩大刊物影响力的不二选择。为形成拳头栏目、发出自己的声音，她精心打造了“本期特别关注”，将被动等稿变为主动策划选题、重点组织采写，既避开了拼拼凑凑的自由来稿，又凸显了自身独到的思想性和指导性，形成了杂志一道独特、靓丽的新风景。

先进典型报道，是女性期刊的“旗帜”。她强调，报道先进典型要有创新意识，要反映时代特征，体现主流价值观，适应不同时期读者不同的关注点。近年来，《妇女生活》推出了一系列普通女性创业成功的典型案例，总有许多读者来电、来信请求帮忙联络文中的主人公，想去学习取经。

名人明星报道，是女性期刊的“招牌”。她定下原则，不抢挖情节曲折的内幕，不跟风真假难辨的绯闻。《妇女生活》的“名人稿”，是把名人明星还原为一个个普通人，展现他们多彩的真情故事、向上的事业追求、坎坷的成功经历，达到了高品位和可读性的统一。

要说奉献，这就是孟祥琴最大的奉献，把三十年职业生涯积累的领导才干、营销理念和办刊智慧，全部融入到《妇女生活》中，殚精竭虑，求新求精，为的就是“风景这边独好”……

2008年的一天，孟祥琴在办公室接到一个农村高三女生的求助电话。她因被一个男人强行猥亵，两个月不来例假，小腹下坠疼痛，怀疑自己怀孕了。她不敢告诉任何人，整天精神恍惚，学习成绩急剧下降。听完女孩的倾诉，孟祥琴告诉她，男人的脏手不会导致怀孕，但可能造成妇科感染。她耐心宽慰女孩："这不是你的错，一定要找一家正规医院做个妇科检查。怕碰见熟人就找离学校远一点的医院，别担心，医生会同情你、替你保密的。"

一个月后，这个女孩再次打来电话，情绪非但没有好转，反而哭个不停："对不起，我上次骗了你……"原来，她所说的猥亵之事，是她看了一本描写露骨的情爱小说后，"自己动手做的"。事后，她一直不能原谅自己，变得自卑、封闭。她也曾对姐姐说有人做了这样的事，想听听姐姐的意见，结果姐姐说这是"变态"，她的罪恶感更强了。

孟祥琴停下手头的工作，再次开导她说："一个青春期的女孩对自己的身体感兴趣，是很正常的现象，不存在道德品质问题。只要你的行为不危害社会、不妨害他人，就不必过于自责。你也不要再找别人求证你的行为的对与错，因为人的阅历、知识、观念不一样，对这件事的看法也会不一样。你最需要做的，就是尽快把自己的心解放出来，好好复习，考出好成绩。如果就此沉沦下去，才是你最大的错！"

女孩渐渐止住了哭泣，孟祥琴说：“我就是你的心理医生，有什么问题就给我打电话，我等你的好消息。”

半年后，女孩第三次打来电话，说了许多感激的话。最让孟祥琴欣慰的是，她已经走出了阴霾，考上了大学。

事实上，《妇女生活》从创刊以来，总会有读者不断来信、来电，掏出他们难以启齿的心事和无法排解的困惑，向编辑们寻求答案，而孟祥琴充当读者的“心理医生”，也伴随着她整个的职业生涯。早在1982年，她就开创并主持了“女青年信箱”栏目，专门为读者答疑解惑，每年亲笔回信近千封。后来该栏目更名为“悄悄话”，扩大了服务对象。2000年，她邀请在文坛崭露头角的女作家乔叶以笔名“心语”主持该栏目。如今，已成为知名作家、担任河南省作协副主席的乔叶，依然在通过这个栏目慰藉读者的情感、启发读者的心灵，栏目名称也演变为了“心语热线”。

一本发行六十多万份的杂志，读者的覆盖面何其广泛，读者的层次何其多样，读者的需求何其繁杂，读者的期盼又何其热切。作为期刊人，孟祥琴常常被读者的信任感动，愿意付出自己的真知、真情，去帮助他们、温暖他们。而作为总编辑，她认为，只有为读者实实在在地解决问题，把读者的信任一个个串联起来、保持下去，杂志才会有长久的生命力。

每年，《妇女生活》都会做一次全面的读者调查，征求读者意见，了解读者的新需求。除对杂志内容进一步精耕细作外，他们适时创新推出的“两性·两情”版块里的“实话实说”，“亲子·教子”版块里的“焦点访谈”，“健康·休闲”版块里的“名医特别门诊”等栏目，也成为杂志近年来新的“看点”。虽然不主张大改，但孟祥琴时时都在主导对稿件和栏目进行“微调”，而这种“微调”，正是以读者的需求为轴心、以服务读者为目的的。

改，需要魄力，需要勇气。不改，需要定力，需要智慧。而在“改”与“不改”之间，孟祥琴以“微调”为手段，以“突出个性”为途径，以“打造精品”为目标，以“服务读者”为目的，统筹解决了杂志如何发展的重大命题，引领杂志稳步前行。

从她2001年12月任总编辑至今，《妇女生活》连续荣获第二届、第三届国家期刊奖，入选“新中国60年有影响力期刊”，期发行量平均六十多万册，创刊以来的辉煌得以延续和发展。期刊总资产达五千多万元，比十年前增长了三倍多。

幸福：一件事成就一个人

转眼之间，孟祥琴已在《妇女生活》坚守了整整三十年。用她的话说，“三十年来只干了一件事，就是办刊”。

长期的伏案劳作，使她患上了严重的颈椎病、肩周炎；每月审看完那20万字的校样，她的视力都会模糊好几天；由于公务繁忙，她几乎天天加班，几乎没歇过双休日、节假日，心底里与家人一起休闲出游的那点“小愿望”，也是年复一年、一再推迟。古往今来，鱼与熊掌不可兼得，要干好一件事，这样的付出和牺牲，也许是一种必然。

幸好，世界是公平的。这项令她魂系梦牵、呕心沥血的事业，也成就了她的高雅、知性，成就了她的幸福人生。

在河南省的妇联系统，许多人都喜欢和《妇女生活》的“美女总编”打交道，她不讲话一身的书卷气，一开口又总能直入人心。在一次《妇女生活》发行工作会议上，孟祥琴的发言让一位市妇联主席“听着感觉是一种享受”，当她发现孟祥琴的讲稿都是自己研究思考记下的“手写体”时，更加佩服，情不自禁拉住孟祥琴说：“现在，像你这样的领导真是不多见了。冲你，我们也一定更加支持杂志社的工作！”

孟祥琴身兼中国期刊协会常务理事、中国妇女报刊协会副会长、河南省版协期刊工委常务理事等，她时常出现在全国各地一个个学术研讨会、期刊博览会、业务交流会上，以美丽的装扮、得体的举止、深厚的学养，成为了《妇女生活》一个优雅的代表性符号。总会有人主动与她攀谈：“你就是《妇女生活》的总编呀！”那语气中的夸赞，总会让她心底涌起一些“小得意”。骨子里，她还是当年那个能歌善舞、富有才情的文艺青年。

收获“小得意”的同时，孟祥琴也在收获着大幸福。

创刊三十年来，邓颖超、康克清、陈慕华、钱正英、彭珮云、顾秀莲等国家领导人先后挥毫题词或亲切接见《妇女生活》负责人，鼓励刊物更上层楼。近年来，多位省领导或当面或捎话给孟祥琴，以普通读者的身份夸《妇女生活》办得好，“向孟总编问好”。这让她深感幸福。

有位基层妇联干部告诉她，在她们乡镇，谁家有矛盾和纠纷，就会有人拿出《妇女生活》说：“别吵了，看看《妇女生活》上怎么写的吧！”她听后格外幸福。

2012年，《妇女生活》喜迎创刊三十周年，孟祥琴也迎来了一位特殊的客人，就是她曾在《美容美出一桩案》中报道的、因容貌受损而维权的女青年的丈夫。遥想当年，谈起现在的幸福家庭，他感慨良多。更有数千封忠实读者的来信从全国各地、四面八方盈盈飞来，追忆《妇女生活》相伴走过的人生历程，抒发对《妇女生活》的厚爱深情。这一切，都使孟祥琴被幸福包围。

扎根期刊事业、作出突出贡献的孟祥琴，先后荣获河南省“三八红旗手”荣誉称号、河南省“五一”劳动奖章，被评为河南省劳动模范、河南省优秀专家，2009年入选“新中国60年有影响力期刊人”。

应该说，是《妇女生活》的创业平台，成就了孟祥琴的幸福人生，而孟祥琴的孜孜以求，又助推了《妇女生活》的持续发展。一个美丽的女人，一份精美的杂志，在岁月的长河中相互映衬，光彩照人。

（作者　常义斌）

对杨磊石事迹的感言

广东出版集团董事长　王桂科

杨磊石先生原本是一个悬壶济世的军医，不想却在盛年之时来了一个事业的大转弯，“半路出家”做了个出版人。在短短的十多年之中，他能够在人才济济、精英荟萃的中国出版业异军突起，并以骄人的业绩摘取中国出版人的最高荣誉——韬奋出版奖，委实算得上是个奇迹。他的成功，肯定凝结了其个人许许多多不为人知的艰辛与付出。而他只是淡淡地概括成八个字——“机遇、能力、勤奋、敬业”，但我们却可以从背后读到一个编辑领域的“门外汉”怎样成长为一个优秀编辑，然后又是怎样一步步打造出一个医学出版的传奇帝国。磊石先生的成功或许不可以复制，但成功的方法却可以学习。我认为有几个方面特别值得学习和借鉴：一是脚踏实地，勤于学习。他四十五岁“半路出家”从事出版工作，从头学编辑出版业务，令人敬佩。二是认真做书，真诚待人。他是在以军人和医生的严谨细腻作风来从事出版工作，在认真做书的同时，磊石先生主动结交人、认识人，并真诚以待，形成了巨大的资源宝库。三是紧跟市场，争创品牌。磊石先生勤于对图书市场进行调查研究，并紧抓军医社的优势和特色，努力争创自己的品牌。在出版业越来越呼唤人才、品牌、专业化的今天，磊石先生身体力行，为我们做出了榜样！

人民军医出版社编审、原主编、顾问　杨磊石

石磊磊兮扬书香

——记杨磊石

在医学界，提起《手术学全集》、《实用骨科学》、《中国肾脏病学》等大型医学专著，人们总会想起编写这些书的院士和专家，想起出版这些书的人民军医出版社（以下简称军医社），想起策划、编辑这些书的出版家杨磊石。

在军事医学界，提起《军队医院管理学》、《军事预防医学》、《军队医学科研管理学》等军事医学图书，人们总会想起编写这些图书的领导和专家，同时也会想起军医社的主编、编审杨磊石。

在军医社，提起杨磊石，人们总会带着景仰的神情，述说他编辑出版过的那些书，获过的那些奖，创过的那些产值和效益。他组织过九百余种图书的出版，担任过上千种图书的责任编辑，获过15项优秀图书奖、8项科技进步奖；他责编的再版书约占全社的二分之一，畅销书、重印书约占全社的三分之一，年产值（码洋）连续10年超过1000万元……按现任社长石虹大校的说法，他一个人就相当于一个小型出版社。

杨磊石原是一名机关干部，四十五岁“半路出家”从事出版工作，却取得了如此骄人的业绩，获得了我国出版界个人最高奖——韬奋出版奖。正如他名字中蕴涵的深意，“石磊磊”筑起高台，让书香在医学殿堂飘荡，在作者、读者乃至众多军医心中飞扬。

他辉煌的背后，到底靠的什么？他的人生之路，又有哪些与众不同呢？

意外的任职命令

1992 年 9 月的一天，杨磊石接到通知，总后卫生部部长张立平将军要找他谈话。那时，他在卫勤研究室任正团职研究员已四年，正处在晋升职务的节骨眼上，听说部长找他，便匆匆来到部长办公室。

张部长开门见山：“经部党委研究，让你到军医社当主编，你把手头的工作清理一下，过几天命令一公布，就去上任。”

杨磊石一愣，心里凉了大半截，因为这个职位不仅出乎他的意料，也是他不愿接受的。如果在机关，提了副师就可以授大校，而去出版社只能改文职。想到这里，他坦率地说：“张部长，这事怎么不先征求一下我的意见呢？我上校都四年了，正指望晋大校，你们却让我去改文职。”

杨磊石曾经跟张部长在一个处工作过，彼此很熟悉，在部长面前说话也是有啥说啥。

张部长语重心长地说：“让你去当主编，是部党委的决定，我也觉得你适合。主编是副师职，改文职不就是不戴军衔吗？其他有什么不好？”

“可是，我没做过编辑，怕干不好。”

“你脑子灵，坐得住，我相信你能干好。前段时间，你起草的《卫生条例》就很不错嘛！”

杨磊石明白，军人以服从命令为天职，于是他说：“既然你们都决定了，那我还能说什么呢？服从命令就是了。”实际上，他的心里还是有想法。

回到家，杨磊石心潮澎湃，久久难以平静。他要去任职的军医社，是新中国成立后的第一家国家级医学专业出版社，其前身诞生于战火纷飞的红军时期，朱德、陈毅、徐向前、聂荣臻等老一辈革命家都曾亲笔为该社题过词。想到党和军队领导人对医学出版工作的重视，想到军医社的前辈们为军队卫生事业所做的无私奉献，再想想张部长语重心长的谈话，他感到惭愧了，后悔了。第二天，他主动找到张部长，诚恳地说：“您让我什么时候去，我就什么时候去，保证好好干。”

如今，回忆起这段往事，杨磊石深有感触地说：“张部长提议我来出版社，对我有知遇之恩。他像一个伯乐，帮我完成了人生的一次重大转折。”

张部长提及的《卫生条例》，指的是《中国人民解放军卫生条例》，由卫勤研究室具体承办，由刚从国防大学学习回来的杨磊石负责总体设计、主笔起草和最后统稿。文稿拿出后，又几经修改，后来上报总后和军委，江泽民主席签发全军，并获得了“‘九五’后勤学术成果特别奖”。也就是这次的成功，让张部长对他刮目相看。此后的某天，张部长在卫生部机关干部大会上说：“今后，卫生部所有立法性的文件，都要让杨磊石看一遍。”

应该说，从那时起，杨磊石便开始从事“文字编辑”工作了。同事们遇有重要立法性文件，总要拿给他，请他“修改润色”，他总会认真地审读，一如后来做编审工作。

杨磊石的任职命令和老主编的免职命令同时下达。就在张部长找他谈话后的第三天，他尚未上任，李晨社长就通知他：“赶紧订票赴桂林，去参加《手术学全集》的审稿会。”因老主编开完这个会就卸任了，李社长想利用这次会议进行新老交接，以便新主编尽快了解情况，进入角色。

就这样，杨磊石匆匆就任军医社主编。他接受的第一个差事就是去桂林开审稿会，接触的第一部书稿就是《手术学全集》，认识的第一批作者都是国内顶级专家，而接待他的人，正是二十年前的老领导、时任解放军 181 医院院长的王庆林。

桂林会议后，杨磊石正式到出版社上班，开始了他的编辑出版生涯。然而，这位初来乍到又没有当过编辑的主编，能够胜任吗？不少人拭目以待。

在“大工程”的锻炼中成长

《手术学全集》是总后卫生部组织全军医学专家编写的一套大型系列图书，按学科分为 13 卷，总计 1800 余万字，约两万幅插图，参编作者有二百多人，其中包括 8 名院士。杨磊石作为这项浩大出版工程的总策划和总负责人，在组织、协调、实施的过程中，他付出了多少心血，流了多少汗水，没有人能说清楚。但是，这套书出版后，他由一个“门外汉”成长为一个优秀编辑（1996 年被评为全国优秀中青年图书编辑），领导认可他是个“合格的主编”了，同事赞扬他是个“优秀的编辑”了，下属钦佩他是个“好领导”了，他自己也觉得从中得到了很大锻炼。

“锻炼”是从组织工作开始的。桂林会议重点是部分样稿的审定工作，实际上大部分书稿还未动笔。从策划选题到出书，尤其是这种大部头手术学套书，在国内是第一部，出版社要做大量的组织工作。桂林会议后一年多，很多书稿仍未交，有的虽然交了，但未达到预期目标。杨磊石组织编辑们分工负责催书稿。为了保证书稿质量，1993年又先后在杭州和北京召开了审稿会。每次开会，除了会议议题筹划，单是专家们的接送、住宿、吃饭、照相排位置，他就费了很多心思，力求做到让专家们满意。

“锻炼”的重点是编辑出版业务。从桂林带回的部分样稿，从编写体例到内容，都存在不够统一、不够规范的问题。按照总主编黎介寿院士的要求，杨磊石回社后就与李晨社长协商，和姚磊编辑等业务骨干一起，研究起草这套书的编写和编辑加工技术规范，印发参编作者和本社编辑。

对杨磊石来说，这既是个参与领导的过程，也是个学习提高的过程。诸如编排体例、规范医学名词、法定计量单位、参考文献著录、图表排序和缩放比例等，他都得从头学起。这套书的英文很多，而英语又是他的薄弱环节，早年在学校学英语、拉丁语，被当成“洋奴”进行批判，后来英语课取消了，拉丁文处方不开了，他的英语水平便停留在初级的层次上。怎么办？只有重新学习！他向书本学习，向老编审请教，也不耻下问向编辑咨询，遇到不懂的就翻工具书，再后来干脆报了个英语班。他说：“那两年是‘恶补’的两年。白天忙于工作，晚上去职工学院的英语班上课，经常是晚上八九点才回家吃晚饭。”

书稿陆续交来，但一个难题也摆在了杨磊石的面前。那时，电脑还没有普及，作者交来的书稿很多是手写稿，专家们绘的图也大都是草图，达不到出版要求。怎么办？只能复印后重绘。于是，杨磊石带着编辑们将一页页草图从书稿中抽出来，编好序号，复印后交给美编重绘，再将草图插回原稿，交文字编辑加工。

约2万幅图，单是复印工作量就很大，加之那时办公条件较差，白天还要正常工作，他们只好利用晚上的时间复印。

夏日的晚上，一间狭小的没有空调的房间里，杨磊石和编辑们一起，穿着背心，站在复印机边一页页地认真复印。复印机散发的热量推升着房间里的温度，他们热得汗流浃背，衣服都湿漉漉地贴在身上。就这样，他一站就是几个小时，有几次还干到深夜。

杨磊石不知道苦和累吗？当然不是。劳累的时候，他总会想起少年时艰苦的日子。他出生在湖南洞口县竹市镇岐石村一个贫农家庭，他的父亲杨鲜易在他十二岁时就因病去世了，之后母亲带着他和弟弟妹妹艰难度日。1962年为生活所迫，他不得不辍学务农，和母亲一起挣工分养家糊口。那时物资困乏，他们孤儿寡母挣的工分又少，分的粮食不够吃，就以树皮、草根和稻糠充饥……那段经历，铸就了杨磊石吃苦耐劳的品质，以后再大的苦，再大的累，他也能等闲视之。

这项工程还有一个重要问题，那就是经费的使用。从论证会、编委会到审稿会，每次会议都要用钱，绘图也需要经费。书还没见到影子，就已经花了几十万元，那时出版社家底薄，潜在的风险非常大。为了节省经费，他和李晨社长商量，把从外地调来的四个专业绘图员安排到后勤学院的学员宿舍，吃饭也让他们到学员食堂，节约了大量经费。

图绘好了，全社编辑动员起来将书稿加工完了，13卷书稿陆续交给杨磊石审签发排。有的一卷书稿就装满两三纸箱，他单是翻阅复审一遍就得两三天。还有版式、校对、封面、用纸、印装等一系列问题，他都得一个个去解决。为此，从那时起，他就养成了经常加班工作的习惯。

就这样，靠着吃苦耐劳的精神和严谨认真的作风，杨磊石圆满完成了组织交给他的第一个大项任务。

1996年，《手术学全集》全部出齐，在医学界引起巨大反响，被誉为医学出版物的传世之作。当年，该书荣获首届解放军图书奖，次年又获得全国优秀科技图书奖二等奖，后来又获得全军科技进步奖一等奖。

工程“竣工”了，杨磊石的头发也开始发白了，但看到13卷鸿篇巨著摆在书架上，听到各书店踊跃订货的消息，想到总后卫生部分管副部长赵达生将军曾经说过的话（你什么时候把这套书出版好了，你这个主编就合格了），他的心里就有了成就感，脸上也像阳光一样灿烂。

用真诚换来好书稿

杨磊石的身材本来就很“苗条”，但白头发以前是没有的，因为这种体貌特征，跟老专家打交道时，还闹过“笑话”。

1993年，全军妇产科学术会议暨《妇产科症状鉴别诊断学》编委会在重庆第三军医大学召开，杨磊石应邀赴会。会前，该校著名妇产科专家段玉麟教授来招待所看望他。

二人见面时，段教授的助手介绍说：“这就是杨主编。”

段教授连连摇头：“不像，不像，主编应该是肚子大大的，头发白白的。”

杨磊石笑着说：“我这里有证件。”

段教授哈哈大笑：“我不看证件，我要看你怎么给我们帮忙。”

编委会上，专家们各抒己见，讨论得很认真，有时甚至争论得面红耳赤。会议中间休息时，段教授单独找到杨磊石商量有关事宜。杨磊石看过了书的提纲，便坦率地谈了自己的看法，段教授很赞同。再次开会讨论时，又是一番争论，段教授说："我们都是从作者角度考虑，公说公有理，婆说婆有理，我建议，咱们听听出版社杨主编的意见。"

杨磊石发表了自己的意见，大家都觉得有道理，不再争论。会场平静了。

从那以后，全军妇产科学会的多次学术会议都特邀杨磊石参加，每次会议也都有优秀书稿交给他。其他学科的医学专业学术会议，他也常应邀参加，既了解学科发展动态，也结识专家，进行组稿。

除了参加重要的学术会议，杨磊石还主动到军医大学和部队大医院，找那些在机关工作时认识的老朋友推荐、引见，接触专家教授，从而把好的书稿拉到军医社出版。这样，经过三四年的时间，他积累了三四百人的作者资源，其中有院士，有著名专家学者，也有普通作者。

作为国家级医学专业出版社的主编，杨磊石组稿时，首先选择国内、军内顶级专家，同时也注意发现勤奋好学、有著书热情的年轻学者。有一次，广州第一军医大学年轻硕士薛耀明，拿来一部书稿请杨磊石审阅。书稿名为《甲状腺疾病诊断与治疗》，是薛耀明的"处女作"，他斗胆拿给杨主编看，也只是想听听修改意见，还没敢想出版的问题。杨磊石认真看了书稿，感到内容实用，文笔流畅，当即决定出版这本书。后来，薛耀明成长为南方医院最年轻的教授、科主任，又在军医社出版了多部著作，而且发行都很好，至今仍念念不忘杨磊石为他出版“处女作”的事。

这样的例子还有很多，如南通医学院的管怀进，河南焦作市的马汴梁，湖南新化县的李世文等。如今，他以前结识的一些老专家已体弱多病，有的已逝世，但一些当年三十几岁的年轻作者已成长为中坚力量。

杨磊石不仅四处奔波向知名专家学者约稿，对一般作者的“自然来稿”也很重视。他说：“约来的不一定是好稿子，投来的不一定是差稿子。专家学者工作很忙，不一定能够专心撰写编辑的约稿；而投稿的作者写的往往是他擅长的领域，为稿子付出了大量心血。”于是，收到自然来稿，他总是不遗余力地审阅，挖掘其中的优秀稿件。出与不出，他都要给作者写信或打电话，以取得作者的支持或谅解。

杨磊石认真做书，真诚待人，每出完一本书，书的作者就成了他的好朋友、忘年交，并推荐其他作者向他投稿。如山西针灸泰斗谢锡亮的书稿，就是老作者、著名中医吕景山教授推荐的，杨磊石将原名《灸法荟萃》改为《谢锡亮灸法》，对内容也进行了删改调整，出版后成为畅销书。武警医学院的许多书稿，也是老作者陈金源教授推荐的。近年来，他已很少外出组稿，打个电话或发个短信，书稿就寄来了。有的还没联系，作者就慕名将书稿寄来。

曾经，黎磊石院士亲自给他打电话，把好几家出版社都争着要出版的一部书稿交给他，并要求他做责任编辑。那部三百多万字的书稿就是后来被列入“十一五”国家重点图书的《中国肾脏病学》，由黎磊石和刘志红两位院士共同主编，是国内最权威的肾脏病学专著。

好书稿有了，但一部好书稿与一本好书还有很大的不同，他是如何让每部书稿都变成一本好书的呢？

不可忽视的出版细节

“细节决定成败”，这似乎是成功人士谈经验时经常说的一句话。在出版界，人们都知道应该重视细节，但具体做起来，却不是那么容易。也正因此，出版界才有“无错不成书，无过便是功”的说法，才有“允许一定的差错率”的明文规定。

差错真的不可避免吗？杨磊石不这么认为。他说：“只要严谨一点，认真一点，注意做好每一个细节，差错是可以最大限度地避免的，甚至可以杜绝。”

杨磊石担任责任编辑的每本书稿，无论大小，都严格按程序全程策划，认真处理。首先申报选题，与作者商签合同；书稿寄来后登记在案，编好页码，计算字数和图数，确定开本及装帧方法；然后规范调整结构，复印插图，安排美编修绘，提出编辑加工要求。书稿改好后，按齐、清、定的要求认真检查，达到要求才发排，并与版式设计及排版员确定图书版式。排出校样寄作者审校时，他都要写封信，提出审校要求。对作者和校对员退回的校样，经文字编辑合稿后，他都要逐页翻阅复审。付印前，他还要与成本核算室一起确定用纸、定价和印数，新书出来后及时付清稿酬和样书。

杨磊石工作非常细致，对书名、前言、目录、内容提要、作者简介等，他都反复推敲，认真修改。单说改书名，他就曾与作者协商改过上百本。十几年前，他将《临床医师必读》改成《全科医师手册》，后来国家提倡全科医学，该书成了畅销书、长销书；他把《施今墨对药临床经验集》改成《施今墨对药》，使之更简洁，后来该书发行10万余册，先后被翻译成日语、韩语等，畅销海内外。他曾为山东一位作者修改“前言”，作者惊叹：“您改得太好了！相比之下，我原来的那个前言就像中学生写的。”北京某大医院一名专家看了他改过的稿子，也曾感慨地说：“看病我行，改稿子还是您行。”

杨磊石的办公室里，有许多“细节”的东西。《图书编辑出版登记表》、《各项费用收支登记表》、《图书销售情况登记表》，都是他自己设计的，填写得密密麻麻；作者通信录、医学工具书、编辑工具书，都放在办公桌的固定位置，便于随时翻阅。

《图书编辑出版登记表》上，记录着他所编辑出版的每一本图书的书名、字数、发稿时间、排出时间、印出时间、定价、印数、各项费用开支等；《图书销售情况登记表》上，记录着每月入库数、库存数、销售数、退书数。多年来，他从未丢失过书稿和校样，从未在经费上出过差错。出版部的同志说："杨主编的书，最容易开付印的单子，因为需要填的项目他都写得很具体。"财务室的工作人员说："杨主编的书最好结算，因为他把各笔账目都登记得很清楚。"

杨磊石认为，严谨细致，为作者补台，不出或少出差错，是编辑出版者应具备的基本素质。但"细节"并不是全部，在当今的经济社会，编辑既要注重出版细节，更要注重选题策划，两者结合，才能做出受读者欢迎的图书。

围绕市场做选题

众所周知，出版的关键是选题策划。医学科技图书的选题策划，必须紧跟医学高新技术，立意新颖，内容有特色，适应市场需求……这些，出版者心里都很清楚，但要做好选题策划，却不是一件容易的事。

杨磊石来到军医社的头一两年里，查阅了本社以前出版的所有图书，走遍了北京各大书店，查看其他社的医学图书和发行情况。每逢到外地出差，他总要到当地的书店去逛逛。逛书店是他的职业嗜好，为他做选题提供了很多灵感。

有一次，他在北京西单书店看到五六个顾客围着中医类书架，争购一本《刮痧疗法》的书。刮痧曾给他留下很深的印象，小时候在烈日下收割稻子，又累又热中了暑，晕倒在田间，母亲请来当地的郎中，喝点水，刮了刮痧就好了。看到这本书，他不由产生了一个想法，似这类既实用又畅销的书，我社为什么不多出版一些呢？说来也巧，江西景德镇一位四代家传的老中医程爵棠投来一本《拔罐疗法治百病》的书稿，内容有特色，容量也不大，他当即决定出版，首印6000册，不到一年就销完了。于是，他号召编辑着力策划中医类图书的出版，并亲自组织了“中国民间传统疗法丛书”、“当代妙方丛书”等一系列中医类选题，出版后都收到很好的效果。

与此同时，他还提出“西瓜不能丢，芝麻也要捡”的出版理念，根据本社的出版范围、图书现状和市场需求，列出了一大堆出版选题，如《现代医学专著系列》、《实用医学手册系列》、《常见病单病种诊治系列》和《患者之友系列》等，要求编辑们围绕这些选题组稿，以扩充品种，适应不同读者的需求，扩大图书的发行量。

20世纪90年代末，国家有关部门积极发展医学成人教育，杨磊石敏锐地发现，此类教材是个巨大的市场。于是，他便开始策划《医学成人高等学历教育专科教材》，并联系组织了两家主编院校和十几家高校参加编写。通过克服困难，排除干扰，仅用了两年时间，这套1300余万字的32本教材就全部出齐，成为当时国内最早出版的医学成教教材，以后又出了第二版、第三版，多次印刷，收到了很好的社会效益和经济效益。

医学图书专业性强，读者人数相对较少，但层次较高。针对这一特点，杨磊石在策划选题时，注意突出军医社的优势和特色，坚持以大中型学术专著为主体，努力争创自己的品牌。

《手术学全集》在市场打响后，他就意识到品牌图书的重要，很快着手组织对本社老品牌图书《医疗护理技术操作常规》、《临床疾病诊断依据治愈好转标准》和《实用骨科学》的修订再版工作；以后又组织了《手术学全集》第二版和《实用骨科学》第三版、第四版的修订，使这些图书不断充实新内容，增强了在市场的竞争力。其中，由他担任责任编辑的《手术学全集·普通外科卷》已累计发行6万余册，《实用骨科学》已累计发行11万余册，成为军医社响当当的品牌图书。

他对原稿基础好、市场发行前景好的医学手册、中医小册子和科普图书，也是隔上三四年就联系作者进行修订，予以再版，以形成品牌。他认为，品牌不是自封的，而是经过市场检验被书店和读者认可的；品牌也不在乎容量多大、定价多高，而主要看市场是否能长销畅销。如今，他已积累了一百多种修订再版书，其中有五十多种已修订到第三版，有二十多种已修订到第四版、第五版，畅销长销十几年到二十年，发行量最多的已达18万册。

军人本色

杨磊石是一名军人，曾下放到“红一团”的连队当过兵，在广西191医院当过护士、医生，在某分部卫生处担任过助理员，在西南边境前线参与过战伤救护，并在总后卫生部机关工作过十四年。他对军队卫生工作及部队基层都有很深的感情，所以，在做出版工作时，头脑里一直坚持着“姓军为兵”的理念，努力为部队多出书、出好书。

二十年来，杨磊石先后编辑出版了六十多本军事医学图书，其中有部长、副部长、院士、著名专家主编的大型军事医学专著，如张立平部长主编的《军队医院管理学》、程天民院士主编的《军事预防医学》、王正国院士主编的《外科学与野战外科学》等；也有一般作者主编、专供部队使用的教材和参考书，如《濒海军事训练医学》，《军事预防医学系列教材》和《健康军营行丛书》

等。如今，这些图书已成为军队卫生工作者必备的经典用书，在军队卫生建设中发挥了重要作用。

在他的几百名作者队伍中，大部分是军人。他常说："军医社，就应当为军队医学工作者提供出书平台。"凡遇有军事医学的选题，他都优先安排出版；凡遇重要事件，他都注意与作者联系，及时出版相关军事医学图书。

2003年，"非典"肆虐，人们谈"非"色变。当过医生的杨磊石也清楚地知道"非典"的危险，但他想得更多的，却是尽快出版一批相关的图书，让人民群众和广大官兵更清楚地认识"非典"、预防"非典"。有一次，他要去正在收治"非典"病人的解放军309医院约写"非典"防治书稿，但开车的司机有些犹豫。他没有责怪司机，而是让司机戴上口罩，认真地做好防护。到医院后，他让司机待在车里等着，他一个人下车去找院领导。那时，他已从主编的岗位上退了下来，按说这些事也可以不管。但他以一个军人的强烈使命意识，以一个军旅出版家的责任心，全力投入到"非典"书籍的编辑出版工作中。仅用了七天，《"非典"防治指南》就出版了。

2011年3月，日本因地震、海啸引发了核泄漏，我国沿海地区也人心惶惶。这时，杨磊石已正式退休，出版社返聘他继续担任编审、顾问。他敏锐地发现了核事件医学防护这一选题，赶紧给第三军医大学的核医学专家程天民院士打电话，建议程院士牵头编写一本相关的书。两人一拍即合，程院士组织专家连夜编写，杨磊石组织编辑紧急出版。在双方的共同努力下，仅仅用了十天时间，一本《核事件医学应急与公众防护》便呈现在读者面前。

让书香持续飞扬

一分耕耘，一分收获。二十年来，杨磊石为军医社的繁荣发展和荣获首届“中国出版政府奖先进出版单位奖”及“全国百佳图书出版单位”作出了重要贡献，他退休了还能获得韬奋出版奖，就是军医社、上级机关乃至我国出版界对他的最大认可，也是他二十年编辑生涯的最好诠释。

谈起这次获奖，杨磊石感触颇多。他觉得他之所以能够获奖，主要靠八个字：机遇、能力、勤奋、敬业。

首先是机遇。按杨磊石的说法，他一生有过几次重要机遇。第一次是少年辍学时家养的母牛下了崽，让他有了继续上学的机会；第二次是洞口县第二中学曾滁凡老师的推荐，让他考入了军校；第三次是某分部卫生处副处长王庆林把他从191医院调到卫生处，后来又送他去军校学习深造；第四次是广州军区军医学校丁仁副校长的慧眼识才，把他推荐到总后卫生部机关工作；第五次是前文提到的张立平部长知人善任，让他到军医社当主编；第六次，就是现任社领导班子的提议和推荐，使他有了参评并获得韬奋出版奖的机会。

其次是能力。杨磊石说的能力指的是综合素质，既包括广博的知识和丰富的阅历，又包括充沛的精力和体能。他经历曲折，又善于学习，对医科和文科都有研究（双学历），知识面较宽；他喜欢运动，年轻时长跑、爬山，中年后快步走、打乒乓球，如今上下班也是安步当车，早出晚归。他说：“常用脑，健我脑力，常运动，强我体力，脑力和体力结合起来，就是我做好工作的本钱。”

第三是勤奋。杨磊石说：“我经常与院士、专家打交道，发现他们都很勤奋。于是觉得，要想有所作为，必须勤奋。”他自己也是靠着勤奋，苦干实干，才取得了如今的辉煌成就。

再就是敬业。杨磊石说：“医学出版工作事关人命，责任重大，行业职责要求我必须敬业。”他的办公室里有一张折叠床，柜子里有枕头被褥，办公桌下有拖鞋、运动鞋，很有生活气息。他经常在办公室加班，有时便睡在办公室里，简直把办公室当成了家。就连家里装修房子和搬新家，他也基本没顾上，把一切“权力”都交给了老婆。

这八个字，是杨磊石的成功秘诀，也是他对自己的概括与总结。就是靠着这八个字，杨磊石登上了出版事业的高峰，创造了人生的辉煌。

老骥伏枥，志在千里。如今，六十五岁的杨磊石仍然工作在出版第一线，且干劲不减当年，相信他仍会退而不休，一如既往地编辑出版更多更好的图书，让书香持续在医学的天空中——飞扬。

（作者　刘标玖）

对曾宪志事迹的感言

广东出版集团董事长　王桂科

人之所以努力，是理想；人之所以感动，是执著；人之所以快乐，是热爱。理想总是伴随着梦想，甚至是儿时的梦想。少年时的他，曾背着小妹妹流连于书店里书的海洋之中，倾注了对书的热爱，对知识的渴求；成年后的他，走出大学校门，义无反顾地选择了出版业，三十年如一日，同样倾注了对书的热爱，执著地承担文化传承的责任。《论语》有道：知之者不如好之者，好之者不如乐之者。

《理想，在不懈的追求中实现》还原了一个出版人的理想和追求，平凡又十分地不平凡。字里行间，将宪志同志对出版的挚爱与真情，体现得淋漓尽致；叙述描写，将宪志同志对出版的理想和追求，刻画得入木三分。没有执著的追求，就不可能有如此深厚的情感；没有深情的热爱，就没有如此默默的奉献。细说的是出版，抒发的是人生。出版人，以文化传承为己任，天生的责任就是为他人做嫁衣裳。职业也罢，使命也罢，你必须习惯于执著、坚守；市场竞争，优胜劣汰，你又必须灵活、善变。

三十年来，他年复一年、日复一日地做着同样的一份工作——出版，在编辑的岗位上他踏实、严谨、细致，融入了理想、胸怀、眼光和气魄，以浓烈的情怀书写着出版业一个个传神的故事。

也许，宪志同志代表了广东出版人的风格和特质，低调、从容、务实、进取，还有始终如一的敬业奉献精神。社会总是会不断地变革，出版业也必然发生剧烈的变革，但宪志同志这种精神却永远不会变，并像珠江之水奔流不息，化为宝贵的精神甘露，润泽读者的心田！

众里寻他千百度，蓦然回首，那人却在，灯火阑珊处。

广东教育出版社有限公司原党委书记、董事长、总经理　曾宪志

理想　在不懈的追求中实现

——曾宪志风采录

我们应该在一种理想主义中去寻找精神力量，这种理想主义使我们不骄傲，而能使我们把我们的希望和梦想达到高尚的境界。

——［法］艾芙·居里

珠江河畔的奇迹

袅娜而又矫健的珠江，千百年来奔流不息。她执著，坚韧，无论遇到什么艰难险阻，都向着大海，直奔那浩荡的汪洋。她孕育的儿女，也有这种禀赋，在各自岗位各显其能，绽放异彩。于是，我们见到了一个斑斓的花城，日新月异的花城，奇迹迭出的花城。仅就图书出版界而言，这些年就使人看到了接踵而来的奇迹：

一个出版社出版的图书，一年中获 7 个国家图书奖，1 个全国“五个一工程”奖；

一个出版社，在抗击“非典”的日子里，仅一个半月就高效优质出版 4 种图书，发行 97 万册，4 种图书获得4个全国大奖；

一个出版社，有13种新课标教材通过审核并在全国使用，科目之多，在全国出版社中位居前列；

这个出版社，年度总码洋在两三年内由3.5亿元跃升至5.5亿元。

这些奇迹，都与一个人密切相关，他，就是曾宪志。

“这才是书啊！”

1982年8月，结束了四年大学生活的曾宪志，来到了广东人民出版社工作。当编辑，出版图书，这是他的执意选择。报到之日，当老编辑带他去见社里的著名作家、出版家岑桑先生时，一种神圣的、莫名的激动在他心底油然而生。是的，岑桑的《当你还是一朵花》、《在大海那边》等作品伴随他度过了难忘的小学和初中阶段。如今，自己十分崇敬的人就在眼前，今后能与这样的老前辈一起工作，共同为社会提供精神食粮，真是何其荣幸！他暗自高兴，自己选择这一行，是选对了！自此，他再也没有离开过自己挚爱的事业，在编辑出版的一线岗位默默地耕耘了近三十年。

在出版社的历史编辑室干了近十年并取得了不少重大成果后，1991年，曾宪志被调到岭南文库编辑部当主任。《岭南文库》是有重要文化思想积累意义的大型综合性地域文化丛书，是国家“八五”重点图书出版项目，也是广东省重点文化建设工程，由广东人民出版社出版。

编辑大型综合性丛书，对曾宪志来说，是一个新的挑战。他深感责任重大。在那段寝食难安的日子里，他多方搜集有关编辑丛书的资料，同时向广东人民出版社老社长、岭南文库编辑委员会执行副主编岑桑求教。对曾宪志了解颇深的岑桑，十分干脆地指着他说：“你，就是参谋长！”

曾宪志后来回忆说：“岑老的一句话使我茅塞顿开，我当时就意识到，编辑出版《岭南文库》，就像是打一场大仗。岑老是司令员，我是参谋长，参谋长的职责，就是制订作战计划，落实作战计划，在司令员的统率下，带领大家把仗打好，夺取胜利。”当曾宪志把自己所理解的“参谋长”角色向岑桑汇报时，岑桑微笑着认可了。

一场“大仗”由此揭开序幕。曾宪志在上任后主持召开的第一次编辑部会议上，就将自己为编辑好这套丛书的所思所想归纳为四点，向大家和盘托出：一、我们编辑的《岭南文库》是重大文化建设工程，作为出版人，如果没有高度的责任感和使命感，是做不好这项重要工作的；二、要树立精品意识，《岭南文库》丛书规模宏大，要想使整套书成为精品，那么每种书都应是精品，这样才能保证总体质量；三、要加强学习，在工作中不断提高编辑自身的学识修养，提高编辑业务水平。四、在编辑部设立一个工具书、参考书专柜，购置必要的工具书、参考书，供编辑随时使用，以更有利于保证编校质量。他的话语浅近简朴，提出的措施明确扎实，自然得到编辑部全体同仁一致赞同。

设立文库编辑部工具书柜的设想得到了社里的全力支持。随后他跑遍了广州的几家大书店，挑选了一批工具书和参考书，第一次就用去了五千多元。不久，又购进第二批。两次共花了一万多元。20 世纪 90 年代初的图书，尤其是 1985 年之前出版的图书，书价十分低廉，成千上万元的图书，不是一个小数目。这些工具书、参考书，既有全套“二十五史”，十三经，诸子百家，各类字典、词典，《辞海》,《辞源》，还有《太平御览》等类书，以及广东地方文史资料和有关编辑业务参考书……岭南文库编辑部四壁都排满了书柜，编辑们“坐拥书城”，工作时所需的资料，随手便可翻阅，给工作带来极大的方便。为了购置这些图书，曾宪志一天跑几家书店，忙得不亦乐乎。有一次又累又饿，呕吐不止，竟晕倒在北京路的马路边，苏醒后推着自行车步行一个多小时才回到出版社。实践证明，在编辑部设立这样一个图书专柜十分必要。二十多年过去了，直到现在，这个书柜在编辑工作中仍然发挥着它的重大作用。

凭着扎实的学术功底和丰富的编辑经验，曾宪志协助主编、执行副主编明确总体指导思想，制订出并着手组织实施《岭南文库》总体编纂出版规划。《岭南文库》大的框架基本确定后，接着就要进入组稿阶段了。对此，曾宪志也想得很多很远。他认为，《岭南文库》虽然是综合性地域文化丛书，但同时也是整个中华文化的一个组成部分。有些内容，比如人物方面的孙中山、洪秀全、叶挺、叶剑英等，皆是全国性乃至世界性的。而研究岭南文化的专家学者，虽然以广东为多，但也绝不限于广东一地。由此他明确提出，组稿必须面向全国，向一流学者组一流的书稿。这一招果然管用，《岭南文库》的作者，虽然以广东为主，但也有北京、上海、广西、武汉、南京以及香港、澳门、台湾等地的，而且都是某专题的研究权威，这就有效地保证了这套丛书的内容质量。这里且以曾宪志所负责的《郑观应》一书的组稿经过，印证一下“向一流学者组一流书稿”的重要理念。

郑观应（1842～1921），广东香山（今中山）人，是近代中国一位著名的实业家，又是影响深远的《盛世危言》一书的作者，他的传记入选《岭南文库》，自在情理之中。曾宪志在大学时读过华东师范大学历史系夏东元教授所著《郑观应》一书，印象不错。1992年初想向他约稿，但又担心作者由于没有新的内容而把旧稿拿过来。当然，他也想过向其他学者组稿，但又对作者的学术研究水平把握不准。就在举棋不定的时候，他想起了自己的老师——母校中山大学历史系主任、中国近代史研究权威陈胜粦教授，便向他请教。陈胜粦教授随即回复说："你向夏东元教授约稿是对的！他是研究郑观应的权威。特别是，最近他到美国讲学，新发现了一批有关郑观应研究的非常珍贵的资料，现在他正在整理这批资料，《郑观应》一书看来要修订了……"得到这一重要信息，曾宪志喜不自禁，很快与夏东元教授取得联系，说明组稿意图，夏东元也非常爽快地答应将作了重大修订的《郑观应》一书交《岭南文库》出版。于是乎，一本"一流学者的一流书稿"就这样组成功了。在编辑部的努力下，一大批学有所长的专家，纷纷拿出了他们多年的研究成果，加盟《岭南文库》。像《洪秀全》（苏双碧）、《梁启超》（耿云志、崔志海）、《胡汉民》（陈红民、周聿峨）、《广东的方言》（李新魁）、《南越国史》（张荣芳、黄淼章）、《岭南思想史》（李锦全等）、《岭南史地与民俗》（曾昭璇）等等，作者均是一时之选。正因如此，中国社会科学院历史研究所所长、国务院学位委员会委员李学勤先生在浏览了《岭南文库》首批图书之后，盛赞这套丛书"作者阵容强大"。

作为出版社的分管领导和编辑部主任，曾宪志为编辑部制订了三条具体措施，并要求严格执行。一是既要从宏观上把握整体质量，又要对每种书稿严格把关，尤其要注意学术上是否有开创性，并关注有无现实意义。二是坚决落实“三审四校”制度，严格把好书稿的政治关、学术关、文字关。三是严格把好最后一道关——检查付型样这一关。曾宪志既是这三条措施的制定者，也是以身作则的实践者，他在书稿的初审、复审、决审中，多次纠正书稿的各种差错，有效地保证了整套书的质量。

1997 年，这套丛书获得我国图书出版最高奖——国家图书奖（这是广东省新闻出版局直属出版社首次获得国家图书奖正式奖），一举成为广东人民出版社乃至广东出版界的一个著名品牌，多次参加国际书展，曾被省政府领导作为礼品书赠送国际友人。陈胜粦教授生前面对一本本精致的《岭南文库》图书，禁不住由衷地赞叹：“这才是书啊！”

在抗击“非典”的日子里

一个出版家，可贵之处不但在于经常向读者提供精美的精神食粮，难得的是胸怀使命感和责任感，以出版家的特有姿态，全力应对突如其来的灾难性事件，为民众解难，为国家分忧，为社会造福。曾宪志就是这样一位满腔热血、充满活力的出版家。

2002年，曾宪志已调任广东教育出版社总编辑。2003年初春，一场凶猛的“非典”突然袭来。一位敏感的编辑与广东省人民医院一位专家沟通，组织了一本《非典型肺炎防治指南》书稿，当时曾宪志和出版社社长都出差北京。从电话中得知此事之后，凭着敏锐的政治意识和强烈的社会责任感，他们都认为此书可以帮助人们正确认识“非典”，对缓解社会恐慌有大作用，于是同意尽速上马，并立即启动应急机制。责任编辑拿到书稿后，首先给曾宪志看。曾宪志通读书稿，发现原稿结构脉络不够清晰，正文内容亦显单薄，于是提出修改意见，并建议将原稿附录部分内容充实到正文中，得到作者和编辑的赞同。很快地，仅用了短短的九天时间，就把这本书印出来了。而按照平常的速度，出这样一本书，一般都要两到三个月时间。

书印出来后，曾宪志他们首先想到的是尽快让书与广大读者见面，发挥其抗“非典”的重要作用。在上级出版集团的统一组织下，他们决定先在社会上免费赠送。于是，在人群密集的广州火车站、白云机场等地，人们看到了一条十分醒目的大横标——“非典不可怕《指南》送万家”，免费领到了广东教育出版社赠送的《非典型肺炎预防指南》一书。此书一共印行68万册，其中免费向社会赠送17万册。这是广东省第一本防“非典”图书，也是全国第二本这样的书。对于人们科学认识、防治“非典”，缓解人们的恐慌心理，这本书发挥了重大的作用。

根据抗“非典”的迫切需要，曾宪志还及时参与组织编辑人员策划出版了《护士长日记》、《传染性非典型肺炎临床诊断与治疗》、《传染性非典型肺炎预防与控制》，与前面的《指南》一起，四种书从不同角度全面反映了人们对“非典”的科学认识和防治方法以及抗击“非典”的英雄壮举。这四种书的所有书稿，曾宪志都审阅了，并牢牢把握好了质量关。比如，为《护士长日记》取定书名，提出在书中增加省委、省政府给医务人员的慰问信，附录增加读者来信等（这些建议都被接纳了），既充实了书稿内容，又提升了书的质量。

为了尽快推出社会急需的这四本书，曾宪志与编辑人员一起，连续奋战了一个半月。广东教育出版社出版这批抗“非典”图书，创造了几个第一：全省第一本抗“非典”图书，全国第一本宣传医务人员抗“非典”先进事迹图书，全国第一个向社会免费赠送抗“非典”图书。

该社出版的这4种抗“非典”图书，其中3种获得了第六届国家图书奖特别奖。就在这一年，该社还获得1个国家图书奖、3个国家图书奖提名奖和1个全国“五个一工程”奖，创造了一个出版社一年获 8 个全国大奖的奇迹。出版社在非常时期创造了非常业绩，这当中自然有身为总编辑的曾宪志的一份辛劳和贡献。

对祖国的未来负责

作为一家教育出版社，教材教辅生产是它的主业和经济支柱，是全社的核心竞争力所在。从调进教育出版社的那天起，曾宪志就不断深化这一认识，并将这一认识贯彻到每个员工，落实在行动上。为此，他带领编辑忘我地投入到新课标教材的开发中。

2000 年起，国家实行新的中小学课程标准，各出版社经立项批准，编写的教材又经国家教育部审查合格，就可在全国使用。这是一块极具诱惑力的蛋糕，为了分得这块蛋糕，出版社之间展开了十分激烈的竞争。还好，广东五家出版社共拿下 18 科新课标教材，就省份来说，在全国名列前茅。而在这 18 种新课标教材中，广东教育出版社就占了 13 种，在全国出版社中，亦是位居前列。教育社能取得这样突出的成绩，也与曾宪志其人密不可分。

本来，曾宪志在大学里学的是历史专业，来到出版社后，也是长时间在历史编辑室工作。20 世纪 80 年代中期，还在广东人民出版社时，由于工作需要，他参与了沿海版历史教材的编辑出版工作。与编辑一般图书不同，教材，有其独特的要求和较强的专业特色，因为它的对象就是中学生。刚踏进教材编辑这道门槛，曾宪志心里也不够踏实，好在他善于思考，善于学习。他找来人教版的中学历史教科书，反复阅读，反复思考，最终悟出一个道理，要编好教材，除了透彻理解教学大纲的要求外，从内容到语言，一定要适应使用的对象。比如就初中历史而言，面对的既然是初中学生，一定要顾及初中学生的特点，内容要循序渐进，语言要晓畅、明白、简洁、生动，要使学生看得明白，看得入脑。为此，在审稿中曾宪志除了在内容上把好关外，还特别注意教材的语言问题。原稿由于作者有十多人，存在着语言表达良莠不齐、风格不一的现象，曾宪志与教材的主编和作者频繁联系，反复沟通，不断修改，最终将这一问题妥善解决了。

曾宪志认为，比对其他图书，编教材要特别认真，不能出任何差错，尤其是供中小学生用的教材，编辑的责任十分重大，因为孩子的识别能力不强，教材一旦出现差错，就会误了孩子，甚至贻误其终生。要对孩子负责，对祖国的未来负责。曾宪志是这样要求别人，更是这样要求自己。1992 年 5 月 27 日，《羊城晚报》头版以《中小学沿海版教材打响》为题作出了如下报道："国家教委最近发出通知，停止使用原统编《中国历史》课本，沿海版《中国历史》课本提前通过复审，成为目前全国仅有的两种替换本之一。”这里提到的沿海版《中国历史》课本，就是曾宪志掏尽心血，一丝不苟地编辑而成的。这套教材提前通过国家教委的复审，为广东出版界争得荣誉，也是对曾宪志为实现理想而不懈追求的一种回报。

正是得益于编辑沿海版教材所获得的宝贵经验，在率领编辑们编辑新课标教材时，曾宪志驾轻就熟，十三科教材获审查通过，取得了令全国同行刮目相看的好成绩。要问其中的诀窍，应该说，曾宪志所具有的那种坚忍不拔、不屈不挠的献身精神和严密精细、追求完美的工作作风是起了榜样作用的。在工作中，曾宪志身先士卒，和大家一起日夜加班，曾三天三夜没有离开办公室。他从政治、学术、知识到语法修辞，对每科教材都严格把关，即使在赶着送审的节骨眼上，也不容丝毫松懈。他详细列出每种教材送审的时间表以及三审四校进度表，并指定责任人，自己则掌握总体情况和亲自检查督促。有一次，曾宪志在检查时发现有一册教材未经四校和质检就打出了送审样，于是跟踪追查，及时堵住了这个漏洞。总之，严格认真、一丝不苟、追求完美的作风，贯串了新课标教材编辑工作的始终。

百分之百：罕见的满意度

精通编辑出版业务，善于组织出版重大出版项目，所编图书屡获大奖……所有这些，使曾宪志在业内有着良好的口碑和广泛的影响。而在经营管理方面，特别是涉足单位的体制改革，他照样勇立潮头，乘风破浪，作出了难得的贡献。

2005年起，曾宪志任广东教育出版社社长，翌年，广东省出版集团被列为全国文化体制改革试点单位，广东教育出版社按集团的部署和要求，开展劳动、人事、分配三项制度改革，曾宪志一下子被推上了文化体制改革大潮的风口浪尖。

三项制度改革，不但关系到员工的切身利益，更关系到出版企业未来的发展。如何改？曾宪志抱定一个宗旨：改革为的是今后的发展，发展和多出好书才是最终的目的；改革过程中，必须以人为本，正确处理好改革、发展、稳定三者之间的关系。为了使全社员工正确认识和理解转企改制的重大意义，曾宪志已经记不清主持召开了多少次会议，多少次找员工谈话。每次他都敞开胸怀，推心置腹地把自己对改革的理解和盘托出，帮助大家提高对改革的认识。他同时十分清醒地意识到，作为管理者，在改革中为公还是为私，为个人还是为大家，群众都看在眼里，记在心上。改革是否成功，取决于群众是否拥护，是否积极参与。比如，他按既定部署和要求，带头调低自己的固定工资，为建立竞争机制作出表率。他的言行，得到了全体员工的信任和支持，极大地提高了员工参与改革的积极性。出版社按现代企业的管理要求，建立和健全了各项规章制度，有力地促进了企业的发展，实现了改革的初衷。这里，改革前后有些数字及事例是颇能说明问题的：

1. 2005 年，在全国出版社综合实力评估中，广东教育出版社进入全国出版社总排名第 42 位，2006 年跃升至第 17 位，一年之间跃升了 25 位，并因此进入全国成长性排行（提升能力）第 3 位。

2. 全社年度总码洋从 2005 年的 3.5 亿元跃升至 2007 年的 5.5 亿元，总码洋和利润每年均以 20% 多的速度递增。转企改制后，连续三年超额完成集团下达的经营指标。

3. 2006 年，广东教育出版社被国家人事部、新闻出版总署评为“全国新闻出版系统先进集体”，2008 年参加全国经营性图书出版单位首次等级评估，被新闻出版总署评定为一级出版社，授予“全国百佳图书出版单位”称号。

4. 在此期间，全社有 1 种图书获中宣部第十届“五个一工程”优秀图书奖，1 种图书获首届中华优秀出版物（图书）奖，1 种图书获第二届中华优秀出版物（图书）

提名奖，1 种图书获“抗震救灾”特别奖，3 种（套）图书入选新闻出版总署“三个一百”原创图书出版工程。

在转企改制的当年，曾宪志被评为广东省企业文化建设优秀工作者。

数字，也许是枯燥的；事迹，却是鲜活的。因为其中浸透了出版家的辛劳、汗水和心血。

2008 年 7、8 月间，曾宪志卸下了广东教育出版社有限公司党委书记、董事长、总经理（社长）职务。这时，正值开展全省行风大检查。由上级派来的检查人员从出版社员工中（不含各级干部）随机抽出二十多名群众，对出版社行风进行测评，按测评要求打分，测评时社领导班子成员不在场。测评中有一项是对领导班子的评价，经统计，满意度竟然达百分之百！在当场宣布测评结果后，上级人员也深有感触地说，这种情况是很罕见的，行风正不正，关键在领导班子，事实也证明，你们单位的行风的确是经得起检验的。

一个单位，在进行重大改制之后，群众对领导班子的测评达到百分之百的满意度，这种情况的确罕见。这不但说明改制后企业得到了长足的发展，更体现了工作中领导班子以人为本，行事公平公正、不谋私利的道德品性。这些，在曾宪志看来，只不过是履行了党员干部和企业管理者应当履行的职责而已。

“理想主义者”

如果深入一点了解曾宪志在出版社的足迹，就不难发现，几乎所有第一次领受、接触的工作任务，他都干得那么圆满，那么出色。比如，20世纪80年代他刚出道不久，第一次当责任编辑出版的《广州革命胜迹史话》一书，即获广州市优秀社科研究成果三等奖；第一次编辑大型辞典，担当主持责编的《中华文化辞典》，即获第四届中国图书奖二等奖；第一次接触大型综合性地域文化丛书的编辑工作，担任主持责编出版的《岭南文库》，即获第三届国家图书奖；第一次编辑教材，即在全国率先获得教育部审查通过。

三十年来，曾宪志从事图书出版工作，担任责任编辑所出版的图书，获省部级以上奖的，有18种共36个奖项。组织、管理方面的贡献尚且不算，一个人光能够做到这一步，就可谓不虚此生了。然而，这绝不是偶然的，其中必定有精神层面的东西在支撑着，在照耀着，在激励着。谈起这些，曾宪志毫不掩饰他对出版事业的向往和酷爱。这种向往和酷爱，由来已久。在漠阳江畔长大的曾宪志，从小学三年级起，就经常利用课余时间，到县新华书店看书，到文化馆、工人文化宫阅读报纸杂志，常常一看就是几个小时，甚至在考上中学刚读了一个学期因家庭生活困难而停学期间，他仍然背着年幼的妹妹到书店看书。让他终身难忘的是沉浸在知识海洋中的乐趣以及书店营业员们那和善的目光。在那物质生活十分匮乏的年代，正是图书，像甘霖一样滋润了一位少年干渴的心田。从那时起，曾宪志就逐渐对图书、对出版图书的人充满了亲情和景仰。即使当知青、下农场十年间，在紧张的劳作之余，阅读的兴趣也从未稍减，对理想的憧憬也从未消退。在恢复高考的1978年，还在农场的曾宪志以所在考区历史单科最高分的成绩考进中山大学历史系。他知道，自己能在3年初中尚未读完的情况下被中山大学录取，在很大程度上得益于这么多年大量的课外阅读。感谢作者和图书，感谢书店和出版社，一旦机会来临，怀着深深的感恩之心，曾宪志毫不迟疑地选择了图书出版行业。

曾宪志视韬奋先生为自己的榜样，把毕生精力投入到编辑出版工作中，把为社会为读者多出好书当作一辈子的理想和追求。为此，他几十年如一日，殚精竭虑，忘我工作，无论在哪个岗位，是编辑还是主任，是总编还是社长，出版的情怀总是那么浓烈，那么高涨，那么昂扬。用曾宪志自己的话说，当编辑是一个人出好书，当领导是带领大家出好书，目标始终如一。

曾宪志特别推崇韬奋先生关于认真做事的一席话："我自己做事，没有什么特长，凡是担任了一件事，我总要认真，要负责，否则不干。""我的工作当然偏重于编辑和著述方面，我不愿一字或一句为我所不懂的，为我所不称心的，就随便付排……看校样的聚精会神，就和在写作时一样，因为我的目的，要使它没有一个错字。”事实上，他自己做事的风格，最突出的，也就是认真，这既是出版家、著名作家、第九届韬奋出版奖获得者岑桑先生对他的评价，也是业内人士对他的普遍评价。他是把认真做事贯彻到底的人。这种精神，在他编辑第一本图书——《广州革命胜迹史话》时，就表露无遗。在动手编辑加工书稿之前，他邀约作者骑自行车，用几天时间跑遍了书中所写的革命胜迹，从而加深了对书稿内容的理解，并提出了中肯的修改意见。这本书能获奖，并不是偶然的。对此，曾宪志也有他的体会，认为第一次做编辑工作时认真做好了，既容易出成果，也容易养成良好的习惯，影响今后，甚至影响一生。

在出版社，由于抓图书质量十分严格，事事处处都提出很高的标准要求，追求最好的结果，而且以身作则，因而，大家都称曾宪志为“理想主义者”和“完美主义者”。对此，曾宪志向大家袒露心迹：“‘完美’我还未做到，不过作为出版人，的确有我的理想和追求。我希望你们也有这样的理想，这样的追求，在工作上对自己提出高标准严要求，只有这样，才能不断推出精品图书。”获得韬奋出版奖后，在省出版集团公司一次全体编辑人员大会上，公司董事长王桂科在发言中对曾宪志褒奖有加，说：“曾宪志这辈子只做了一件事，就是编辑图书，他几十年如一日做好了这件事，很不容易，也很值得！”这真是知人之言。曾宪志的确做好了这件事，哪怕付出再多，“为伊消得人憔悴”，而成功的喜悦足以补偿一切，超越一切。

大江流日夜。在人类文明史的长河中，图书出版业自诞生之日起就在其中担当了重要角色。从某种意义上说，图书出版史，就是人类文明的进化史。薪火相传，作为一位卓有建树的出版家，曾宪志有理由为自己的理想，为自己一辈子所献身的事业感到自豪和骄傲。虽然年逾花甲，他对事业的执著，对理想的追求，至今仍未稍息。他仍然是重点出版项目《岭南文库》副主编、《岭南画库》副主编，是广东省出版业协会副会长兼秘书长。他多次在全省举办的编辑上岗培训班和继续教育培训班上授课，传授自己多年积累的丰富经验，为编辑出版队伍的建设尽心尽力。美丽的珠江河畔，到处都有他活跃的身影，都有他辛勤的足迹……

（作者　黄　环）

坚守社会责任与文化担当的女编辑

——孙桂均小传阅后感言

新华文轩出版传媒股份有限公司董事长　龚次敏

作为出版湘军里的一位女性编辑，湖南科学技术出版社科普·生活图书事业部主任孙桂均巾帼不让须眉，以一线编辑身份获得第十一届韬奋出版奖。在近三十年里，她始终保持着一个优秀出版人的社会责任和良知，体现出一个优秀编辑的特质：对作品的独特判断力和前瞻性思考，以深厚的学养、人文精神和创新精神为读者奉献高质量的优秀图书。由她编辑出版的百余种图书中，有二十六种获得省、国家级别的多种奖项，包括《时间简史》、《世界是平的》在内的多种代表世界科技前沿、社会科学学术前沿的优秀图书，不仅创造了畅销神话，还成为引进国外经典图书版权的成功典范。“当太阳升起时，你最好开始奔跑”，这既是孙桂均具备忧患意识，全身心投入工作和始终如一的敬业精神的写照，更是以她为代表的一代代中国优秀出版人，不断开拓创新、拼搏进取精神的写照。他们在文化产业的改革大潮中，以勇立潮头、敢为人先的改革创新精神，承担起用先进文化引领社会进步的重任，突破传统思维定势，探索现代出版新理念和新模式，参与并见证中国出版业的腾飞巨变与蓬勃发展，成为中国出版业的脊梁。

湖南科学技术出版社科普·生活图书事业部主任　孙桂均

那些平凡而又深邃的感动

孙桂均

还记得20世纪80年代某个春天里的早晨，阳光很灿烂，空气中有音乐流淌。我跨进出版社的大门，心里涌动着莫明的激动。从此，我在图书出版人的职业道路上一路走来，至今已近三十年。这些年来，我时常要面对彷徨、无奈、失落情绪的包围，心力憔悴甚至滋生过放弃的念头。也就在这些时刻，眼前便会浮现出一些人和事，他们总让我感动着，总让我觉得正在做的这些事是有价值的值得付出的，总能把我带出那些低落情绪的包围，让我无怨无悔地继续走下去。

2012年5月的一天，我接获通知，荣获第十一届韬奋出版奖，当时心中既感动又十分平静。感动于党、政府和人民给了我出版行业的最高荣誉和肯定，给了我这个一线普通编辑的一份厚爱和鼓励。二十余年来我出版了二百余种图书，其中三十余种获得国家以及省的多种奖项。2003年至今，图书码洋过亿元，利润三千余万元。这些工作数据我看得很淡很平静，如果要作为工作成绩来看，我看到的是这些成绩后面，我有幸成为中南传媒·湖南科学技术出版社这个优秀团队中的一分子，这个优秀团队的良好文化和工作氛围对我的影响，以及许多师长、同仁、作者和朋友们对我的教诲和指引。

养成严谨的工作作风

我来到湖南科学技术出版社，首先到校对室做校对，到出版科、印刷厂去熟悉工作流程和产品线，大约过了三年时间，才到我大学所学的医学专业对口科室——医药卫生编辑室。到医药卫生编辑室又做了一段时间的编务，然后才做编辑。到医药卫生编辑室的第二天，老主任拿来一叠书稿袋和几套稿件，说你先读读这些稿件，都是要退回给投稿者的，她简单说了这些稿件的退稿理由，嘱咐我好生一一回信，“要认真要恭敬。”她说。我花了一天的时间将几本稿件粗读了一遍，然后根据老主任的退稿理由一一给作者写了退稿信，将信和稿件分别装进书稿袋中，双手捧着送到老主任的办公室。老主任听到我进来的声音，只是抬眼看了我一下，又指指拼放在办公桌一侧的茶几说，你先放在茶几上，就埋下头去继续看她的稿件了。我注意到她是用毛笔蘸了红墨水在稿件上划划点点，字迹刚正清秀，一丝不苟。我悄悄退了出去。第三天一上班，老主任就来到我的办公室，拿着我写的一封退稿信，指着文章中的一处字迹说："这个字是 2 还是希腊字母 α？"

"2。"我说。我做学生时凡写 2，笔起头先是从里往外顺时针画一个扁圆，到 2 收笔的那一横不是从左至右规规矩矩写，而是顺时针在下面又画一个扁圆，这 2 写完了有些像英文的花体字母 Q 了。自己觉得好看满喜欢的。

"嗯，看是满好看的，龙飞凤舞。但是小孙，这样一来，2 和 α 容易引起混淆。自然科学讲究的是严谨和精确，来不得半点含混和模糊。"她勾着头，从老花镜的上方看着我，目光慈祥而温和，"我们做科技编辑，也必须养成严谨和精确的习惯与风格，否则会出差错。"

"知道了。"我说，内心感到一阵羞赧和不安。"我全部检查一遍，不对的重新写过。"我跟着老主任来到她的办公室拿回那些要退的稿件，开始仔细检查回信。

从此规规矩矩写 2。

要出好书，功夫在书外

20 世纪 80 年代中期，中国实行改革开放之初，正值世界进入以计算机、信息化和网络化为特征的新的技术革命时代，用未来学家托夫勒的话说，世界正在迎来第三次产业革命的浪潮，简称"第三次浪潮"。我国政府、思想界、学术界及时抓住这一难得的机遇，给我国的改革开放事业注入了强劲的动力。1986年，中共中央组织部牵头，联合中宣部、科技部、科学技术协会、新华社等国家六部委，邀请数十名我国当时的科学家和各学科带头人，在新华社的礼堂做新技术革命的观念和新知识普及的系列报告会，来听报告的都是省、部级领导，军队、各条战线和国营大企业的领导和技术骨干们。当时，有九家出版社及时得到了这个系列报告会的信息，欲将系列讲稿编辑成书出版，竞争很激烈。而最终由我们湖南科学技术出版社争得讲稿的出版权，出版了名叫《迎接新的技术革命》的书。此书首次印刷发行就有一百八十余万册，在全国引起巨大反响，迅速掀起全民关注和学习新技术革命知识的持续热潮。湖南科学技术出版社也因出版此书一炮而红，名声大振。当时北京本地有上百家出版社，参与竞争的九家出版社中，湖南科学技术出版社就名气和整体实力而言都是排在靠后的，却为何能得到书稿的出版权？当时我刚到出版社不久，未能参与这一重大出版事件的过程，但全程密切关注和了解得到书稿的过程让我大受裨益，学到了很多书本上学不到的知识，增进了我的职业素质。

首先，获得报告会的精确信息后，湖南科学技术出版社领导班子就组织了一次严谨的选题组稿论证会，详细分析和研判当时的组稿形势和各参与出版社的实力、优势条件和不足，以及我社的优势和不足，制定了详细的组稿方案，充分考虑了各种情况出现时的应对措施，尤其是作者们最为关心的图书质量和出版速度等问题，事先就制定了可行的方案，组成了一个专门的组稿编辑团队赴京找方方面面的领导和作者开展组稿工作。最终得到出版授权后，立即在全社组成专项出版团队，从策划、编辑、印刷到宣传发行等各个环节组成了一条龙的服务流水线。为了保证书稿质量和提高出书速度，我社派出四名文字编辑，就坐在报告会主席台的后排，报告人的报告一念完，稿件就传到了后排我社编辑的手上，当即对文稿进行编辑加工，有疑问及时与报告人沟通协商。编辑完成后，立即有出版科人员等在会场外拿到报告即坐飞机飞回湖南，马不停蹄赶往承印厂——当时在邵阳的新华印刷二厂，有六位文字编辑已等候在那里，跟随铅字排版工人的校样细心校对文字。实际上整个出书发行过程都是现场完成的。由此，我社创造我国出版界铅字手工排版印刷时代的最快出版速度——从拿到稿件到出书，只用了二十一天时间。这个速度即使是今天的计算机网络化电子文稿时代，也是很高的速度了。

那么，作为远在千里之外的一家默默无闻的地方出版社，又是怎样得到北京的迎接新技术革命知识普及讲座会议的信息的呢？参与最初组稿的一位前辈编辑告诉我，他完全是无意中得到的消息。但这个无意又隐藏在时刻关注和获取兴趣的必然之中。他告诉我，在这次迎接新技术革命知识普及讲座会议召开之前，国内许多媒体，尤其是新华社，已经开始陆陆续续报道和介绍一些国外新技术革命的相关信息与知识。他有每日看《参考消息》的习惯，有一段时间，《参考消息》每天都会在最后一版的下面，用大约四分之一到五分之一的篇幅，介绍关于新技术革命的一些常用词汇，譬如“信息革命”、“计算机与互联网”、“七大前沿科学”等等。他读到这些文章后，萌生了出版一本关于新技术革命的相关知识的普及读本的想法，与编辑室同仁讨论获得认同后，写了一封信与《参考消息》报社联系。大约一个多月后，《参考消息》报社回信同意商谈出版事宜。随即一行三人赴北京新华社《参考消息》报社洽谈，正值此时，获得六部委将组织迎接新技术革命知识普及讲座的消息，在掌握了一些详细信息后，立即赶回长沙向社委会做详细汇报，社领导拍板全社动员参与组稿活动。

“古人有云：汝果学诗乎？功夫在诗外。”他语重心长地说，“换成我们行业语言就是——要出好书，功夫在书外。”从那时候起，这句话就一直留在了我的脑子里。

我心存感念的师长·领导·智者

我有幸于20世纪90年代认识堪称当今中国出版界的硕德耆宿沈昌文先生，得其指点和帮助于无形，受益匪浅。每去北京，但凡有时间安排得过来，必当拜见沈先生。和沈先生在一起，很多时候其实没有什么事找他，就是想和他吃饭喝茶聊天，这就是开眼界长知识且开心快乐的时候，而且许多灵感和启发从聊天中得来，很多时候他开心得像个老顽童，听他天南海北地聊起出版界的很多历史、掌故和人物，就觉得他是个出版智囊和宝库，就觉得他是文化人脉资源的源头。于是工作中很多时候遇有疑难，常常便想到沈先生，请他出主意，请他帮忙引荐人物。譬如我社的环境保护系列图书引进前美国副总统戈尔的著作《难以忽视的真相》以及德文版的《森林中的孩子》，前书的译者是梁从诫先生，后书与我国民间环保组织“自然之友”达成合作出书协议，都是沈先生从中穿针引线玉成之事。

中宣部多位领导，对我们湖南科学技术出版社及我个人的工作都有过直接的支持与帮助。《世界是平的》一书中文译本出来后，原书中涉及对世界几大宗教派别及问题的专门论述，谈到全球化趋势对各个宗教派别的影响。对这些章节究竟要如何把握和处理，当时我心中没有谱，于是打通中宣部主管部门的电话，跟他们谈到我的困惑，多有解惑和指点。我们曾带译稿到北京，找中宣部联络到相关的专家及主管部门审读稿件，特别是对指导我们就删节这些章节的问题如何与原著作者弗里德曼沟通，得到作者的许可授权，起到了至关重要的作用。

《世界是平的》、《世界又热又平又挤》、《不可思议的年代》的译者何帆，是我的老师和挚友，其学问深且广。多少回，他向我描绘世界经济危机的影响和未来趋势，让我强烈地感到震撼，而头脑也变得冷静和清醒。那些时候，他的眼神中，总是流露出一种深刻的危机和忧患意识，让我深深的感动。那是一种传统中国知识分子的悲情和美德之传承与再现——位卑未敢忘忧国。

幸运总是关照勤奋和时刻准备着的人

自霍金的文字版《时间简史》推出并获得成功之后，我就一直在想一个问题——霍金是否还有别的著作出版？2002年法兰克福国际书展上，我社参展员工得知霍金有新书出版的消息，而且当时国内有多家出版社也得到消息，都在想方设法获得详细的信息并打算购买版权。但是，所有国内出版社得到的信息都不清晰，甚至连霍金新书的书名都不知道。我得到这一消息后，连续多日上网搜寻，终于找到了霍金的《时间简史》插图本，一看版权页上的出版时间——1996年。我当时有些不敢相信，这本书出版都六年了，难道中文版权没有被买走？于是我打电话给台湾的版权代理商，我和台湾的版权代理商因为工作关系相识多年，成了彼此十分信赖的合作伙伴。代理商接我电话后告诉我说，霍金出新书了，在台湾译成《坚果中的宇宙》，因为有多家出版社在争购，只好采取竞价的方式选择出版社。我连忙和她商量购买《坚果中的宇宙》的版权事宜，同时请她帮忙查询《时间简史》插图本的中文版权是否已经被买走。代理商很快回复我说插图本中文简体字版权还没买走，我一听，大喜过望。由于多年来我们的良好合作与信誉，以及译者吴忠超先生的鼎力支持，最终我社同时拿下了《时间简史》插图本和后来译成简体中文版书名《果壳中的宇宙》两本霍金著作的版权。这两本书的推出奠定了湖南科学技术出版社出版霍金著作简体中文版的权威性地位。

霍金的宇宙

2006 年 3 月的一天，我专程拜访了霍金。在剑桥大学霍金的办公室里，我第一次见到这位头发花白的、蓝眼睛的、瘦弱的传奇老人。眼前的情形让我感到非常震惊，这位令无数世人崇敬的世界级科学大师，是如此软弱无力，无奈地蜷缩在那张为他特制的金属轮椅中。我想起了我们中国的一则古老的传说，好像在《聊斋》中都有记载，说凡是知道上天和神界太多秘密的凡人都将遭到上帝的嫉妒和处罚。这就是传说中通天彻地，能与上帝对话的人吗？除了那如闪电般照亮宇宙深渊的思想和智慧无法被剥夺外，上帝拿走了他作为普通人的几乎所有的快乐和尊严，加之以难以言状的折磨和痛苦。但这位可敬的老人依然一如既往地开心地笑着面对一切，快乐地活着，工作着，不断地告诉世人他揭示的宇宙的奥秘、时间的过去、现在及未来的模样。他和同事们轻松随意地讨论最艰深的科学理论，一起将这些神圣而严肃的思想和命题随意地涂鸦在黑板上，在严谨的数学表达式的字里行间信手画上两只怪物。而这块被涂鸦的黑板从此成了我们人类最珍贵的思想财富，被刷上清漆，小心翼翼地保存起来。矗立在办公桌边的一个乐谱架上，我看到一行英文字，译成中文意思是："我在宇宙的中心。"我默默地注视着轮椅中这位虚弱的老人，想象他拿着开启宇宙大门的钥匙，穿过无数迷宫般的房间，在上帝那到处都是交叉小径的后花园里溜达时，正好碰到上帝也出来散步，于是他迎上去说："嗨，我在宇宙的中心！"上帝吃惊地看着这位来自人间的勇敢闯入者。

霍金是人类智慧的一个标杆，是这个星球上最宝贵的财富。

这次拜会霍金取得的成果完美且具有长远的影响：一是获得了霍金新作《乔治开启宇宙的秘密钥匙》及另外两本正在写作的书的出版授权；二是他同意了由我策划与构思的选题和写作计划——《中国读者给霍金教授的信》，应允将挑选部分信件给予回复；三是霍金同意将他未来所有著作的简体中文版都交由中南传媒·湖南科学技术出版社出版。至此，湖南科学技术出版社获得了出版霍金图书简体中文版的垄断性优势地位。

缘悭一面韦尔乔

自第一本《时间简史》简体中文版推出以来，我们就不断收到许多读者来信以及不少媒体的报道——此书不好懂。以致后来，本书的商业广告都做成了这样——“读霍金，懂与不懂都有收获”。直到如今，如何让普通读者读懂霍金，一直是我心中的一个结。

2005年下半年，一次我去北京出差，顺便逛美术馆东街的三联韬奋图书中心，在书堆间游走时，突然被一本叫《梦游手记》的书给紧紧抓住了。拿起来细细翻看，竟被书中的那些画深深地吸引和震撼。在我看来，韦尔乔的画风，不但有我们的丰子恺国画大师的影子，还有世界闻名的西班牙现代派画家毕加索大师的影子，其主题后面浸透了韦先生生命最原始最本能的感动和探问；一种忧郁、孤独、寂灭的美感，一种深厚的学问根底在低调和不经意间的自然展露。一查询，韦先生之前还出了不少配图插画图书，如《西方哲理漫画》、《孔子西游记——中西人格研究方法之比较》、《东方的曙光——新文化运动中的人格追寻》、

《古希腊智慧》等等。回到宾馆住处，心中就有了一种莫明的躁动。

回长沙后不久，渐渐明白了躁动的原因——能否请韦尔乔先生做一本绘画版《时间简史》，以他的视角来解读本书？我将此想法与《时间简史》译者吴忠超先生商量，得到了吴先生的赞赏和鼎力支持，而且他说他了解并喜欢韦尔乔的作品。我如是打电话给沈昌文老先生，索要韦尔乔的联系电话，沈先生将韦尔乔的电话告诉我，我打通韦尔乔哈尔滨家的电话，韦先生接电话，我告知打扰的原因，没想到韦先生愉快地接受了做绘画版《时间简史》的邀约，只是要等一段时间才能开始，一是因为要阅读消化《时间简史》，二是刚动了大手术需要恢复一段时间。我答应马上寄一套霍金的系列著作给他，并与他相约，等他休息一段时间后，我和吴忠超先生将去哈尔滨看望他并商谈绘画本《时间简史》写作计划。不想这次通话竟成诀别，翌年8月，韦先生因肺癌复发不幸溘然长逝，呜呼哀哉！

所读到的韦尔乔的作品，以及多年来的职业生涯意识让我感觉到，韦先生若能留世并做出绘画本《时间简史》，必将是一本很受读者欢迎的好书，对国内《时间简史》读者将有很好的启发和引导作用。好一个莫大的遗憾和痛惜！

至今，我都在等待和寻找新的韦尔乔。

当太阳升起时，你最好开始奔跑

引用《世界是平的》一书中一句经典语言作为段落标题，个人认为它客观地反映了21世纪人类必须追求的一种价值观：高效与完美。无论是一个国家，或一个团队，或一个人，无论你愿意与否，当太阳升起时，你最好开始奔跑，否则就有可能失去机会或者落伍。做了多年的外版书的编辑工作，我对这句经典语言感触良多，它也是我许多时候工作状况的一种写照。

未来学家托夫勒在撰写他的《第三次浪潮》时，中国在世界政治经济格局中的分量和影响力微不足道，未能纳入未来学家和趋势学家们关注和研究的视野。不过是弹指之间的三十年，中国（包括印度等）的发展与崛起让全世界感到震惊，让托夫勒们刮目，于是乎，新一代的未来及趋势学代表人物之一——托马斯·弗里德曼在他的名著——《世界是平的》一书中以专门的章节论述了中国等的发展对当今世界的深远影响。该书在问世后很短的时间内，即被翻译成包括汉语繁体字版在内的多种文字，风靡全球近百个国家和地区，在2005年的西方商业社会，该书的影响力被认为是一场无法回避的“文化盛事”。

“世界是平的”——这是全球化时代的一种全新观念。因技术的进步而变得“平坦”的世界，全球各国、各族人民将更易于交流、沟通与合作，在从未有过的平等格局中同场竞技，从而和谐相处，和平发展。这就是《世界是平的》一书的主题，这个主题与我国政府当前倡导的“和谐世界，和平发展”的理念是一致的。书中提出了一系列新观念、新理论，被包括比尔·盖茨在内的商界领袖不厌其烦地推荐，被所有MBA的学生谈论。该书在国内出版发行，也必将对正处于改革发展关键时期的今日中国产生正面的积极的影响，注入新的改革动力，也将给当今中国的思想界、文化界、商界注入新的活力。托马斯·弗里德曼或许在书中暗喻了一个即将到来的事实：未来的中国不再是追赶，而将是引领时代发展的历史潮流。

毫无疑问，它是一本很不错的书。我想尽全力争取获得它的简体中文版的出版授权。但是，作为一家地方出版社的编辑，我们获得国内外图书信息的方法和渠道并不比其他同行更多、更快。版权代理公司的一位朋友告诉我，在我们之前，国内已有几家出版社已盯上了这本书。而湖南科学技术出版社最终能得到出版授权的原因是，当纽约的出版商要求将《世界是平的》出版、营销策划报告翻译成英文发给他们时，我们是第一个送达的——二十四小时之内。

有意思的是，对于很多有关该书的信息和背景资料，我在下决心获得简体中文版的授权时并不十分了解，因此，出版后它获得广泛的好评和可观的经济效益真是有些出乎我的意料。我只是凭着多年来的职业敏感，觉得它应该是一本不错的书，认为书中表述的许多观点新颖而具有启发性、震撼性，很有必要传播给我国广大读者而已。

当然，好书也需要营销。为了宣传推广《世界是平的》，我找到IBM大中华区公司，说服IBM赞助和支持，请IBM大中华区前董事长周伟焜作序。双方合作策划、联络并参与了在北京举办的《世界是平的》高峰论坛会议，邀请弗里德曼先生与会并发表了演讲。

《世界是平的》简体中文版自2006年9月推出以来，至今已售出了百余万本，曾长时间荣登国内畅销书排行榜前三名，而且好评如潮，备受政界、学术界、商界精英的推崇，是一本名副其实的“双效”图书。凭借《世界是平的》所获得的成功，我们于2009年再次引进出版了弗里德曼的另一本畅销书《世界又热又平又挤》，同样获得了巨大的成功。

湖南科学技术出版社出版的每一本图书的封二上，都印有一个读书标签——达·芬奇的《维特鲁威人》和一句话：读一流书，做一流人。这是我们多年来奉行的出书理念。这一理念的形成，就是上述那些人和事，还有许许多多的作者、读者、老师、朋友们教给我们、传承给我们的最宝贵的精神财富，是鼓励、支持我们出好书，打造湖南科学技术出版社高端科普品牌图书的信念和精神支柱。

忧患意识与创新意识

2012年中期，我们即将推出弗里德曼与曼德鲍姆合著的新书《曾经的辉煌》，此书是继《世界是平的》《世界又热又平又挤》之后的第三部曲。另外，2011年我们推出的雷默的《不可思议的年代》，这四本书有一个共同的特点是忧患与危机意识，弗里德曼、雷默和曼德鲍姆这些美国的公共知识分子们，对美国被中国、印度这些发展中国家快速追赶上来感到忧心忡忡，他们担心被赶超，美国将会失去在这个世界上的头号话语权。他们的担心源自于全球化和数字化给人类带来的飞跃性进步与深刻变化，从根本上改变了人们的思想和生活方式，地球人缩短了时间距离，拉近了空间距离，前所未有地紧密联系在一起，各种文明、文化与思想、信仰的交织与碰撞，加速了新的思想与文明的融合、分解与诞生，而同时并生出新的全球问题与危机。

真实世界里的一切都可以而且在迅速被数字化。而拥有这一切，对任何人都很容易、方便和廉价——你只需有一台显示器、一只鼠标和一个虚拟的空间。

全球化和数字化对传统纸质出版产业的冲击几乎

是灾难性的。电子图书和在线阅读的快速普及，夺去纸质图书的大量读者，尤其是年轻读者，日益挤压着纸质图书的生存空间；社会的快节奏进步、信息的爆炸式增长，驱使人们越来越选择快速浏览和学习，追求独特的文化品位、个性化的兴趣及广泛的涉猎，使单本图书的读者拥有数量越来越少，图书的生命周期越来越短暂，退货图书和库存图书的死亡率越来越高。三十年前我走进出版社的时候，传统图书出版业正逢国家改革振兴的大好时机到来，图书业成了高速增长的朝阳产业；三十年后，面对数字化网络化，纸质图书正被很多人放弃，市场日益萎缩和萧条，成了夕阳产业。我们面临深刻的行业生存、发展危机。而作为职业出版人，我们应该怎样应对？

弗里德曼和雷默的书另一个最大的共同特点就是创新意识，以创新来解决问题和应对危机是他们的著作一直贯穿和强调的主题。这给了我很深的影响、教育和启发。

面对全球化、数字化的潮流，地球上所有的国家和人民都面临各自的系列机遇的同时也面临各自的问题和危机。中国快速发展三十年后，同样面临自己的问题和危机。要解决这些问题和危机，没有现成的提示和方案，都只能继续“摸着石头过河”，不但要稳，还要走好。这就需要我们全体人民紧密团结在中国共产党的旗帜下，努力奋斗，共克时艰，走出中国特色的发展与建设之路。这就需要我国人民必须具有忧患意识和紧迫感，更重要的是培养我们中华民族的创新思维和创新能力，依此凝聚我们的核心竞争能力，才能在未来的生存与发展中主宰自己的命运和一切。如果没有创新精神与创新能力，那我们就只能永远跟在别人的身后，被他们一直带着跑。

而传统纸质图书产业应对生存危机的根本思路也只有创新——创新的精神与意识。

我们在科普书的出版中，近年来也一直尝试创新之举。譬如，在收到《不可思议的年代》译稿后不久，我就向作者雷默和译者何帆建议，将作者的名作《北京共识》作为附录收在《不可思议的年代》之中。这样做最初的想法当然有明显的商业运作目的，因为在中国，说起乔舒亚·雷默，没有几个人知道，不会引起人们的关注。可是只要提到雷默是《北京共识》的作者，那可就是如雷贯耳了。然而，当我们把《不可思议的年代》的书稿编辑审读加工完成后，才深刻地意识到，收入《北京共识》是对《不可思议的年代》非常完美的补充，或者换句话说，前者原本应该是后者一个重要的篇章。但是，我们没有简单地将《北京共识》作为附录排在《不可思议的年代》正文之后，而是将《北京共识》单独做成一本书，其封三与《不可思议的年代》封三黏结在一起，随书赠送读者。这样做的结果使图书的宣传和销量收到了很好的效果。雷默见到样书后，很高兴地对我说，这是一个不错的创新之举。

在“北京共识”之后，雷默又提出了他的新观念——“后中国特色时代”。雷默希望“中国将不再把国外的东西拿来，然后增加一些‘中国特色’”。当中国不是将外国的东西拿来加一些中国特色，当中国有完全的独立自主的创新思想和体系的时候，就是“后中国特色时代”来临的时刻。雷默说，那是下一个三十年中国将可能出现的不可思议的变化。

改革 + 开放 + 自主创新 = 后中国特色时代——这是未来中国最具特色的、有生命力的可持续发展模式。